U0089639

古代歷史文化 研究輯刊

十六編

王明蓀 主編

第 17 冊

清代武科舉制度之研究（上）

王曉勇 著

國家圖書館出版品預行編目資料

清代武科舉制度之研究（上）／王曉勇 著 ── 初版 ── 新北市：
花木蘭文化出版社，2016〔民105〕
目 4+206 面；19×26 公分
（古代歷史文化研究輯刊 十六編；第 17 冊）
ISBN 978-986-404-762-8（精裝）
1. 科舉 2. 清代
618   105014270

ISBN-978-986-404-762-8

古代歷史文化研究輯刊
十六編　第十七冊　　　　　　　　　ISBN：978-986-404-762-8

清代武科舉制度之研究（上）

作　　者　王曉勇
主　　編　王明蓀
總 編 輯　杜潔祥
副總編輯　楊嘉樂
編　　輯　許郁翎、王筑　美術編輯　陳逸婷
出　　版　花木蘭文化出版社
社　　長　高小娟
聯絡地址　235 新北市中和區中安街七二號十三樓
　　　　　電話：02-2923-1455 ／傳真：02-2923-1452
網　　址　http://www.huamulan.tw 信箱 hml810518@gmail.com
印　　刷　普羅文化出版廣告事業
初　　版　2016 年 9 月
全書字數　372847 字
定　　價　十六編 35 冊（精裝）台幣 68,000 元
版權所有·請勿翻印

清代武科舉制度之研究（上）

王曉勇　著

作者簡介

王曉勇（1985～），男，河北石家莊人，廈門大學教育學博士，石家莊學院教育學院教師。主要研究方向爲考試制度史和科舉史。主持河北省社會科學基金課題——「清代直隸武科舉研究」，河北省社會科學院規劃基金課題——「清代武科舉世家研究」等相關課題，在《福建師範大學學報》、《河北師範大學學報》等刊物發表「清代殿試軍事類策問研究」、「清代武科舉廢除的歷史反思與借鑒」、「清代武科舉童試探析」等相關研究論文多篇。

提　要

　　清代武科舉集歷代之大成，規程完備，取士之多、社會影響之大均到達歷史頂峰，本書在總結前代武科選士的基礎上，專門對清代武科舉考試運行規制及相關考試群體進行深入探討，力圖對清代武科舉有一個完整詳細的認識和定位。

　　第一章探討清代之前的武科人才選拔，介紹我國古代以武取士的發展歷程，對於唐宋金明四代武科舉的發展演變歷程進行考察，較爲透徹全面地掌握我國古代武科舉取士的發展脈絡，爲清代武科舉的研究提供借鑒和參考。

　　第二章對清代武科舉考試程序進行分析，討論武科舉考試的舉辦時間和地點、士子的應試資格和報考程序、考試內容與方法、取士標準、考試運行流程、取士中額的分配等問題，較爲完整地考察清代武科舉的內在機制。

　　第三章研究清代武科舉考官群體，以清代武科舉鄉試、會試、殿試的考官群體爲主要研究對象，考察考官種類設置、考官職責、取士方法、科場防弊等內容，並依據相關史料對武科舉考官地理分佈進行量化分析，探析不同級別武科考試中考官群體的特點。

　　第四章對清代武科舉士子群體進行研究，主要探討武科舉中式者的地理分佈、中式年齡和歷史貢獻，結合實例闡述清代武科士子在政治、軍事和社會等諸多方面的歷史貢獻。

　　第五章在分析清代之前唐宋時期武科舉的變革和興廢曆程基礎上，探析其武科舉在清代中前期、鴉片戰爭時期、洋務運動時期和維新變法時期四個時代發展與變革歷程，從中歸納出清代武科革廢的歷史原因，並對當今人才選拔提出借鑒。

目

次

第一章　清代之前的武科人才選拔

　　「文武並重」和「文治武備」向來被我國古代統治者奉爲信條：「有文事者必有武備，有武備者必有文事。」〔註1〕「國家必有文武。」〔註2〕以武取士的傳統最早可以上溯至原始社會時期，儘管當時關於以武取士時間、地點、規程的確切記載文獻因爲年代久遠極爲稀少，但原始人群出於同野獸進行鬥爭的自衛和獲取生活資料的需要，在氏族中通過勇力來選拔青壯年男子的現象已經出現。進入部落時代以後，隨著生產力的發展，生產和生活資料出現剩餘，各個部落之間爲了互相爭奪財富不斷地進行鬥爭，據《史記》載：「軒轅之時，神農氏世衰，諸侯相侵伐，暴虐百姓，而神農氏弗能征，於是軒轅乃習用干戈。」〔註3〕《山海經》中也有「蚩尤作兵伐黃帝」〔註4〕的記錄。到了夏商周時期，「國之大事，在祀與戎」〔註5〕，此時國家的兩件核心事務是祭祀與征戰，其它事務都服從於這兩個中心。以武選士在殷商時期開始形成：「凡執技論力，適四方，贏股肱，決射御。」〔註6〕國家擢取出征四方的武士，需要士子有高強的射御技術，必須經過武技和勇力方面的考核和選拔。西周時期則是有信史記載的以武取士的源頭「周禮賓舉三，日六藝，而較射

〔註1〕　（漢）司馬遷，史記，卷四十七，孔子世家十七〔M〕，北京：中華書局，1959：1915。
〔註2〕　（戰國）韓非子著，劉建生編，韓非子精解〔M〕，北京：海潮出版社，2012：170。
〔註3〕　（漢）司馬遷，史記，卷一，五帝本紀第一〔M〕，北京：中華書局，1950：3。
〔註4〕　章行，山海經〔M〕，上海：上海古籍出版社，2007：18。
〔註5〕　李夢生，左傳譯注〔M〕，上海：上海古籍出版社，1998：578。
〔註6〕　楊天宇，禮記譯注（上）〔M〕，上海：上海古籍出版社，2004：159。

之典，古人尤重之……後世武選即以是起家。」〔註7〕春秋戰國時期，諸侯國之間「苦戰鬥不休」，各路諸侯爲求得生存和發展，十分注重武備人才的培養和選拔。秦漢以來，開始出現皇帝下詔，請中央和地方官員舉薦合適的武備人才的做法，以武選士無論從統治者的重視程度，還是詔令頒佈的頻率都達到了一個新的高峰。魏晉南北朝時期世卿世祿制度造成了「上品無世族，下品無寒門」的局面，對武備人才的選拔造成一定的衝擊，但是統治者也能認識到武備人才對於維護統制安全的作用，下詔取士的現象並未絕跡，也在一定程度上保障了武備人才選拔的持續性。進入唐代後，武科舉的開創既豐富充實了科舉制度，使科舉制度從原有單純選文變爲了文武兼選，結束了一直以來的單軌運行狀態，同時又籠絡和安置了大量優秀武勇人才，使這些精通武藝卻不善詩書的武士能夠憑藉武力進入仕途，有利於社會的穩定和封建統治的加強。此後武科舉在宋、金、明等朝代不斷發展完善，爲清代武科舉產生奠定了堅實的基礎。

第一節　唐代之前的以武取士

　　武科舉作爲古代武備人才選拔的一種方式並不是自古就有的，但在武科舉出現之前，武備人才的各類選拔方式就已經存在和不斷發展，如春秋時期的選士、兩漢和魏晉隋時期的詔舉武選等等。先秦至隋朝的這些武備人才選拔方式雖然存在著應時而召、無固定程序的不足，但它受到統治者重視，以考察勇力與謀略作爲主要內容，是選拔優秀武備人才的重要渠道。唐代之前的武選，其目的是爲軍隊選拔傑出軍事才能的人以滿足戰備需要，這一點與武科舉在本質上是一樣的。作爲武舉制度的濫觴，先秦至隋朝武備人才選拔對唐代及以後武科舉誕生和發展起到了不可忽視的啓迪作用。

一、原始社會的武選

　　自二十世紀六十年代雲南元謀人考古發現後，我們祖先在中華大地上的生存和繁衍時間已經延伸至近 170 萬年，元謀人及其後的藍田人、北京人、山頂洞人等原始人群都在中華大地上留下了生存的足跡。這個漫長的年代是原始人群從猿到人的過渡時期，即從摩爾根在《古代社會》中所提到的「過著

〔註7〕王雲五，清朝文獻通考（卷五十三），選舉七〔M〕，北京：商務印書館，1936：5352。

原始群團的生活」〔註8〕向有組織的人類社會逐步邁進的時期。此時的原始人類尚未擺脫動物的原型，還處在相當蒙昧落後的階段，「古者未有火化，食草木之實，鳥獸之肉，飲其血，茹其毛」〔註9〕，過著類似於動物的生活。由於生產力十分低下，僅能使用粗笨的打製石器和木棒，個人的力量十分渺小，「凡人之性，爪牙不足以自衛，肌膚不足以捍寒暑，筋骨不足以從利辟害，勇敢不足以卻猛禁悍。」〔註10〕為了能夠生存下去，原始人群會自然地聚集在一起，共同抵禦嚴酷的大自然所帶來的挑戰。低水平的生存技術使原始人群在和大自然的鬥爭中處於弱勢，所有努力僅能達到維持最基本的生存需要，加之生活圈子的有限，此時中華大地呈現出地廣人稀、各原始群體間缺乏交流的狀態。傳說「曼古之世」，「川谷不通，則不相併兼、士眾不聚，則不相攻戰」，「干戈不用、城池不設」〔註11〕，大體能反映此時的特點。由於文字尚未出現，原始社會早期的情況只能通過口耳相傳的模式進行，迄今為止所留下的記錄十分罕見，但可以推斷的一點是，為了生存與大自然進行鬥爭，原始人群中的青壯年男子因為自身在年齡和性別上的優勢，會自發地承擔起採集現成的天然產物、圍捕飛禽走獸和防禦野獸入侵保衛群體安全的任務。

原始社會發展中期出現了基於血緣關係的原始氏族，最著名的氏族為有巢氏、隧人氏、伏羲氏和神農氏。古史傳說中的原始群落首領有巢氏，針對「禽獸多而人民少」的情況，帶領民眾「晝拈橡栗，暮棲樹上」〔註12〕，發明了巢居樹上以躲避野獸的居住方法。遂人氏發明的「鑽隧取火」技術，使原始人群擺脫了自然的限制，能夠自如地製造出火，使「民食果窳蚌蛤，腥躁惡臭，而傷害腸胃，民多疾病」〔註13〕的窘況得到很大程度的緩解，增強了原始人群體質，火在禦寒，抵禦野獸入侵方面也有很大用處。伏羲氏尤善於打獵和捕魚，「伏羲氏之世，天下多獸，故教民以獵」〔註14〕，「古者伏羲氏……作結繩而為綱署，以佃以漁」〔註15〕。處於新石器時代開端的神農氏

〔註8〕　馬克思，摩爾根〈古代社會〉摘要〔M〕，北京：人民出版社，1965：10。
〔註9〕　張維羆，原始社會史〔M〕，蘭州：蘭州大學出版社，1994：69。
〔註10〕　韓喜凱，民本利民篇〔M〕，濟南市：齊魯書社，2001：253。
〔註11〕　吳玉貴，華飛主編，四庫全書精品文存（6）〔M〕，1997：675。
〔註12〕　束世編，中國通史參考資料選輯第1輯原始時代〔M〕，新知識出版社，1955：127。
〔註13〕　孫通海，王頌民編，諸子精粹今譯〔M〕，北京：人民日報出版社，1993：562。
〔註14〕　趙德潤編，炎黃文化研究第13輯〔M〕，鄭州：大象出版社，2011：20。
〔註15〕　四庫全書存目叢書編纂委員會編，四庫全書存目叢書經部（第20冊）易類

則創造了農耕的生活方式：「因天之時，分地之利，製耒耜，教民農作。」〔註16〕。通過開發自然界的可再生資源解決了「古之人，皆食禽獸肉……人民眾多，禽獸不足」的困境，使人口得以大量增長。人們不再局限於適宜狩獵的森林，大量適宜農耕的原野得以開發。

人工取火、狩獵、漁業技術的提高和農耕的出現使社會生產力不斷增長，原始氏族逐步擺脫原有居住地點的限制，擴大了活動範圍，增進氏族之間的交流。而氏族間交流過程中不可避免會出現衝突，傳說中曾有神農伐捕遂之戰，雖起因、經過不得而知，但反映出氏族時代的衝突和鬥爭確有其事。儘管這種爭鬥從嚴格意義上講還不能算是戰爭，更多的帶有血親復仇色彩而非為了掠奪和奴役，也並非為保護一種所有制而反對另一種所有制，但在形式上已經具有兩軍戰場拼殺的特點，使狩獵中的拼搏技能漸變為戰事服務。而應對氏族間的衝突和爭鬥，也在客觀上促使武備人才選拔的出現。

原始社會進入末期後，生產力提高使得社會物質財富積累不斷增長，氏族時期的傳統觀念逐漸被新的價值觀念所取代，財富成為值得誇耀的資本和追求的目標。出於佔有更多資源和財富的渴求，氏族之間的衝突開始加劇，「神農氏既歿，以強勝弱，以眾暴寡。」〔註17〕為了適應時代發展的要求，有著共同血緣或居住在共同地域上的氏族，為了自保和掠奪的需要，開始組成了新型社會組織——部落聯盟。原始社會進入了一個崇尚武力「強則分種為酋豪，弱則為人附落，更相抄暴，以力為雄」。〔註18〕這一時期，中華大地上部落聯盟間的戰爭十分頻繁，出現了許多著名戰爭，如黃帝和炎帝的阪泉之戰，黃帝和蚩尤的逐鹿之戰，以及後期顓頊與共工爭帝的戰爭，堯舜禹征三苗等等。部落之間頻繁的戰爭使有傑出軍事才能、帶領部落在爭取利益的鬥爭中獲勝的軍事統帥開始受到尊重，氏族制度時期有某項發明或專長的「能者」和道德品質高尚的「賢者」被選舉為氏族或部落的首領的方式逐漸被代替，軍事統帥型人材開始在領袖選拔的過程中佔據重要地位。與氏族時

〔M〕，濟南：齊魯書社，1997：281。

〔註16〕趙德潤編，炎黃文化研究第13輯〔M〕，鄭州：大象出版社，2011：21。

〔註17〕羅琨，張永山，中國軍事通史第一卷〔M〕，北京：軍事科學出版社，1998：21。

〔註18〕羅焱編，二十四史中北方民族文化史料長編（1）〔M〕，哈爾濱：黑龍江教育出版社，1994：150。

期創造發明型的領袖燧人氏、伏羲氏和神農氏不同，部落聯盟時期的首領職務無一不由軍事才能或勇力出眾者擔任，如華夏集團的首領黃帝曾「內行刀鋸，外用甲兵」，歷經「五十二戰而天下大服」、〔註19〕九黎族部落的酋長蚩尤「食鐵石」，「人身牛蹄，四目六手，耳鬢如劍戟，頭有角」。〔註20〕在一些地區的部落之中，出現以武力選拔領袖的記載，據《世本‧氏姓篇》載，生活在四川東部的古代巴族有以投擲劍的方式確定首領的風俗：「未有君長，俱事鬼神，乃共擲劍於石穴，約能中者，奉以爲君。」〔註21〕

　　部落聯盟時期頻繁的戰爭除了帶來部落聯盟領導人選拔方式的變更外，也使得使聯盟內部重視「武備」即干戈軍旅之事，因爲將部落內部孔武善戰者聚集起來組成軍隊，是獲得部落戰爭勝利的重要保障。雖然受制於原始史料匱乏，武選的具體選拔內容、手段、方法等尚有待進一步考證，但據《史記》記載，黃帝曾在征戰中改革氏族制度下的武裝構成，「以師兵爲營衛」〔註22〕，建立起初級的軍隊組織。軍隊的出現必然會帶來針對軍隊人員的選拔，由此可以確定「以武選士」在原始社會晚期的部落聯盟時代已經初露端倪。

二、夏、商、西周時期的武選

　　進入奴隸社會後，由於國家的出現，出現了常備軍，這對於選士也提出了新的要求。

（一）夏朝的武選

　　夏朝是中國歷史上的第一個奴隸制王朝，是中國社會由氏族制度向奴隸制過度的時期。部落聯盟時期最後一位首領禹去世後，他的兒子啓奪取天下並廢除「禪讓制」，開啓了長達兩千餘年的「家天下」時代。由於夏朝是建立在夏后氏政權及一批擁戴夏后氏的方國部落及強宗大族軍事力量之上的，受到當時社會發展的局限，夏后氏無法建立統一的中央集權的國家政權，因此在建國初期動亂不斷。從啓與伯夷爭奪領袖之位、啓與有扈氏的甘之戰，到太康之亂、后羿代夏、寒浞代夏、再到少康中興才逐漸穩定，夏朝的許多領

〔註19〕張增立，洪忠傑主編，長短經新編第三冊〔M〕，北京：國際文化出版公司，2000：1406。

〔註20〕楊東晨，古史論集〔M〕，西安：陝西人民教育出版社，1994：331。

〔註21〕（宋）范曄著，後漢書〔M〕，北京：團結出版社，1996：834。

〔註22〕孫皓暉，中國原生文明啓示錄〔M〕，上海：上海人民出版社，2012：39。

袖也延續了原始社會部落聯盟首領軍事技能出色的傳統：啓能除掉禹的繼任者伯益，並與反對者有扈氏「大戰於甘」並最終獲勝，使政權得以鞏固、少康在僅「有田一成，有眾一旅」〔註23〕的情況下起兵擊敗寒浞成功復國、即使是夏朝亡國之君夏桀，也是「手搏豺狼，足追四馬，勇非微也」〔註24〕。除了這些被奉爲正朔的夏代統治者，后羿這種短暫獲得國家統治權的地方伯侯軍事技能也十分高超，有關其高超射術的傳說至今廣爲流傳。

統治階級內部戰爭的頻頻發生和國家統治者的勇武有力也使得軍事人才在夏朝受到重視。夏朝軍隊有兩種類型：直屬夏王的衛隊式常備武裝和兵民合一的民軍。《夏書》有之曰，「眾非元后何戴，后非眾，無與守邦。」〔註25〕這裏的「眾」即是有土可耕的自由民，由此可見夏朝實行的是「寓兵於農」的制度。在軍隊的招募上，《司馬法》提到「有虞氏戒於國中，欲民體其命也、夏后氏誓於軍中，欲民先成其慮也。」〔註26〕可見夏朝下令徵集兵員編成軍隊，然後向軍隊發佈命令，帶有強制徵兵的性質，與處於氏族部落時代的有虞氏通過「欲民體其命」而勸告民眾當兵的方式有顯著不同。在夏朝的軍事人才培養方面雖沒有明確的直接記載，但是夏代的軍隊裝備較之前代已經十分精良，根據碳十四測定的年代數據〔註27〕，在河南偃師二里頭遺址中出土了夏代紀年範圍內青銅戈、戚和鏃，在山西東下馮遺址出土青銅鏃。戈是我國專用於戰鬥中殺敵的一種古老兵器，鏃俗稱箭頭，是遠距離作戰的武器。這些戰爭器具是平時務農的自由民無法接觸到的，因此可以推斷，夏朝已開始出現對於兵士的訓練和培養。

（二）商朝的武選

夏代末期政治腐敗，民不聊生，商的領袖湯閥桀滅夏，建立起了我國的第二個奴隸制國家。爲了鞏固統治，商代也建立起一整套軍事制度。商代軍事領導體制中由商王作爲軍隊的最高統治者，直接決定軍事行動，親自或指

〔註23〕公孫策編，史記〔M〕，北京：中央編譯出版社，2006：40。

〔註24〕（漢）司馬遷著，劉興林點注，史記〔M〕，北京：中國友誼出版公司，1993：110。

〔註25〕左丘明著，焦傑校點，國語〔M〕，瀋陽：遼寧教育出版社，1997：7。

〔註26〕（明）劉寅直解，張實、徐韻眞點校，武經七書直解〔M〕，長沙：嶽麓書社，1992：175。

〔註27〕中國社會科學院考古研究所，中國考古學中碳十四年代數據集〔M〕，北京：文物出版，1983：15～17、7～74。

派將領主持兵員徵集、戰鬥動員並率軍出征。而軍隊的高級軍職則多由王室貴族擔任，族邑之長是各級地方武裝的首領。同時，王朝對封國、封邑有垂直領屬的軍權，各級編制單位有嚴密的隸屬關係。〔註28〕族邑之長平時管理具有平民身份的眾人及奴隸從事生產勞動，戰時受商王調遣，率領由眾人組成的軍隊協助商王征戰。隨著冶銅業的進步，商代的軍事裝備水平得到顯著提高，出現了戈、矛、鏃、刀、戚、鉞、戰車等攻擊性武器和甲冑、皮甲等防護裝具。武器裝備的提升也使兵種逐漸豐富，出現了步兵、車兵、騎兵、射手和舟兵等。

　　由於各兵種需要承擔不同的作戰任務，對於士兵素質的要求也各不相同，因此在士兵的選拔過程中必然會呈現多樣化的趨勢。商代在官員的任用上，仍然是基於血緣的世卿世祿制度，奉行任人唯親、用人唯舊的原則，即「古我先王，亦惟圖任舊人共政」，這就使得商代中後期世祿國恩的貴族只知享樂沒有經國濟世之能，導致國勢日漸衰微，一些意欲振興國力的開明君主打破常規，任用非宗族親貴集團的賢能之輩以挽頹局，如「起於版築之間」的傅說，輔佐商王創造了「武丁中興」。值得注意的一點是，商代天子「不拘一格降人才」是一種很偶然性的行為，需要明君出現和統治階級腐朽無能同時具備，且選拔的都是政治人才。在軍事領域還是由世家大族以及各地的地方豪強們把持，至今沒有奴隸或者普通自由民成為軍事統帥的記載，民間的武藝和韜略傑出的武備人才的上進之路此時尚未出現。

（三）西周時期的武選

　　商代末期政治腐敗、民不聊生，導致各地的起義不斷，最終被周朝所滅。西周建立後，周代統治者意識到民眾在政權更迭中的重要作用，意識到「小人難保」，開始重視民眾的意願，提出順應天意和民意的「天視自我民視，天聽自我民聽」和「敬德保民」觀念，其中重要一點就是人才選拔上糾正了商代時期完全「惟圖任舊人共政」的路線，將原始社會時期「選賢任能」的選人方法重新納入國家人才選拔體系中。

　　西周時期人才選拔主要是「鄉舉里選」和「諸侯貢士」，在這兩種選拔方式中，舉薦人才的軍事素養被認定為一項重要的考核內容。西周的「鄉舉里選」主要由負有各鄉教化之責的民政官員——「司徒」來主持，他命令各鄉

〔註28〕左丘明著，焦傑校點，國語〔M〕，瀋陽：遼寧教育出版社，1997：7。

大夫考察薦舉鄉里有德行道藝的優秀人才，每三年向中央舉薦一次，被稱爲「大比」。據《周禮‧地官‧司徒》記載：「三年則大比，考其德行道藝，而興賢者能者。」這些鄉老和鄉大夫將賢能推薦給王之後，還要「以鄉射之禮五物詢眾庶：一曰和，二曰容，三曰主皮，四曰和容，五曰興舞」，其中的第三項「主皮」之射講究「不貫不釋」，即要求被薦舉者能夠射中並且貫穿箭靶，可見對於鄉舉例選的被選者，不僅重視其思想和道德行爲規範，對於勇力和武藝的考量也佔有重要的地位。除了周王直轄區域的鄉里舉薦人才，由於西周實行分封制，存在許多諸侯國，這些諸侯也有向中央進貢士子的義務。周天子對諸侯貢士的時間和人數都有相應的規定，據《禮記‧射義》記載：「諸侯歲獻貢士於天子。」鄭玄注曰：「歲獻，獻國事之書及什偕物也。三歲而貢士。舊說云：大國三人，次國二人，小國一人。」這些諸侯國進貢的人才也是以武藝考核作爲評定質量優劣的因素，「古者天子之制，諸侯歲獻貢士於天子，天子試之射宮。」可見不論是鄉里選士還是諸侯貢士，武力考核都是人才選拔中十分重要的一環。

除此之外，對於射箭的重視還體現在對諸侯的任命和參與祭祀上，周天子以射選諸侯、卿、士大夫，將射技高低作爲評定才能、決定封號的一個考核標準——「天子之大射，謂之射候，射候者，射爲諸侯也。」當然其中「射中則得爲諸侯，射不中則不得爲諸侯」的說法有些絕對，並不一定能夠反映當時的史實，但也從側面反映出射箭技能的重要作用。何休在《春秋公羊傳解詁》宣公十五年注：「行同而能耦，別之以射，然後爵之。」即賢能在道德品行和技能相同的情況下，以考核射箭技術高低來區別，授予優勝者一定爵祿，也從側面印證了這一點。在國家生活中另一件大事——祭祀活動中，參與人選的選拔也是通過射箭考試進行：「天子將祭，必先習射於澤，澤者，所以擇士也。」凡射中者，才能取得參加象徵著奴隸主貴族權力和地位的祭祀活動的資格，得到益地的封賞。

在西周培養未來統治者的預備學校——周天子設立的辟廱和諸侯設立的泮宮的課程設置和考核中，也能體現出對於人才武備水平的重視。學校的學習內容爲「六藝」即禮、樂、射、御、書、數，其中射是練習弓箭，御爲駕車，這兩項在當時倍受重視，周天子常在辟廱主持習射儀式的典禮，並根據射御技術的高低來進行賞罰。

無論是鄉舉里選、諸侯貢士還是學校考核，習武比射都是選拔士子的一

個最重要的手段，甚至超越了禮、樂等知識和禮儀內容的考量，這也反應出在西周這個生產力水平不是很高、各地的動亂不斷的時代，在人才選拔中重視武藝水平的高低，而弓箭因其獨特的遠程攻擊效果，使得射術高低成爲衡量一個人能力大小、威望高低的重要標準，同時也體現出上古部落時期尙武精神在西周時期還有很大程度上的遺存。

　　在西周時期以武選士受到重視，但對其評價也不宜過高。西周和夏商一樣是宗法制度嚴格的國家，在官吏特別是高級官吏的任用上，採用世卿世祿的方式仍十分普遍。具體到軍事領域，由於軍隊是保障國家安全、維護統治的重要部門，因此儘管存在從平民中提拔人才的現象，但這些人才似乎沒有受到重視，受制於西周強大的宗法制影響，軍隊官員隊伍仍多採用世襲的方式。據周禮記載：「軍將皆命卿」、「師帥皆中大夫」、「旅帥皆下大夫」〔註29〕，也就是說軍隊自旅以上高級軍官都是從奴隸主、貴族中卿大夫這些等級中選拔，充分體現了周代奴隸制社會的階級結構。軍隊是按階級組織起來的奴隸主貴族專制的武裝集團，還是以奴隸主貴族爲領導者，可見這一時期的武選在任官方面仍有很大的局限性。而且到了西周後期，隨著射箭活動禮儀化、形式化加重，其實戰性質降低，通曉射御技能、屬於「執技以事上者」行列的武士漸漸失去了原有的地位，不能進入君子之「士」的序列，甚至一度被視爲賤人，據《禮記王制》載「凡執技以事上者，不貳事，不移官，出鄉不與士齒。」〔註30〕

　　西周時期的以武選士確實存在諸多問題，與後世「以武取士」相比在許多方面還是有較大差距：如考核的內容相對單一，僅限於射箭一項、選拔的士子只能充任低級武官，仕途發展空間有限，沒有湧現出傑出的武將等。但西周畢竟重開一條平民通過勇力而謀求上進之路，雖不是專門針對武備人才進行的選拔，但在各種人才選拔和考核過程中，都將武備因素作爲一個重要乃至決定性的考量內容，這也是以武選士的進步，正如清人馬端臨較爲客觀的評價：「周禮賓舉三，曰六藝，而較射之典，古人尤重之，容比於禮，節比於樂，藉以觀德，後世武選即以是起家。」西周的「以武選士」做爲古代「以武取士」的濫觴，是比較令人信服的。

〔註29〕馮紹霆著，周禮——遠古的理想〔M〕，上海：上海古籍出版社，1997：108。
〔註30〕（清）孫希旦撰；沈嘯寰、王星賢點校，禮記集解〔M〕，北京：中華書局，1989：369。

三、春秋戰國時期的武選

　　春秋戰國時期，社會政治制度、經濟制度、階級關係和思想文化等諸多領域發生巨變。周天子王權衰落後逐漸失去了西周時期「號令天下、莫敢不從」的領袖地位，各地諸侯割據四方，力量不斷增強。各個諸侯國之間為爭奪霸主地位、爭奪土地和資源，維護同盟關係和緩解國內階級鬥爭矛盾不斷發生戰爭，天下呈現出互相征戰不止的動盪局面，如晉國太史蔡墨之言：「社稷無常奉，君臣無常位」，〔註31〕司馬遷在史記中也記載「《春秋》之中，弒君三十六、亡國五十二，諸侯奔走不得保其社稷者不可勝數。」〔註32〕由於諸侯割據混戰，各諸侯國為了在戰爭中立於不敗之地，謀求自保並且擴大勢力，開始積極的擴軍備戰。西周晚期曾規定軍制：「王六軍，諸侯大國三軍、次國二軍、小國一軍。」〔註33〕到春秋時期，諸侯無論領地大小、爵位高低都開始建立「三軍」，如鄭國、齊國、宋國、吳國、越國，一些大的諸侯國甚至建立四軍、五軍、六軍。在這樣一個群雄並立相互征討的動盪環境下，各諸侯國為求得生存和發展，開始注意招賢納能，爭取天下人才，正所謂「諸侯並爭，厚招遊學。」〔註34〕武備人才由於在軍事戰爭中發揮著重要的作用而倍受關注，西周末期武藝人才被視為異類、賤人的陰霾一掃而空，取而代之的是對以武選士的進一步重視，如春秋時期的齊桓公在任用管仲為相時，實行「軌里連鄉之法」，曾要求地方舉薦勇武之士，「於子之鄉，有拳勇股肱之力，筋骨秀出於是眾者，有則以告，有而不以告謂之蔽才」〔註35〕，追究不盡力舉薦的地方官員責任。在這種政策的引導下，齊國尚武之風興盛，徒手搏擊等勇力技能得到很大提高，為齊國成為春秋時期的首個霸主做出了一定的貢獻。

　　自春秋時期以來，「士」成為在社會歷史舞臺中最為活躍的一個階層，「士」的種類繁多，其中重要的一種「士」就是武士，這些武士或力大無窮，或技勇出眾，抑或是韜略過人，很多人受到諸侯國的重視，為各個諸侯國的

〔註31〕中國社會科學院哲學研究所中國哲學史研究室編，中國哲學史資料選輯先秦之部〔M〕，北京：中華書局，1984：218。

〔註32〕（漢）司馬遷著；劉興林等點注，史記〔M〕，北京：中國友誼出版公司，1993：605。

〔註33〕王雲五編，周禮今注今譯一冊〔M〕，臺北：臺灣商務印書館股份有限公司，1972：289。

〔註34〕司馬光，資治通鑒（上）〔M〕，北京：中國友誼出版公司，1993：60。

〔註35〕趙守正撰，管子注譯（上）〔M〕，南寧市：廣西人民出版社，1982：202。

軍事發展起到了不可忽視的作用，成爲以武入仕的典範，如春秋時期的司馬穰苴、孫武，戰國時期的樂毅、李牧、白起、龐涓等人。

除了軍事將領的選拔，春秋戰國時期不斷爆發的各類戰爭，使得各諸侯國重視軍功入仕，按照作戰功勞大小賞給爵位。魏文侯任用李悝變法，實行「食有勞而祿有功，使有能而賞必行，罰必當」，〔註36〕對組成軍隊的武士進行考核，在選拔合格時免除其全家徭役、賜予田宅、韓國申不害爲相時「見功而興賞，因能而受官」，〔註37〕對有軍功者也賞賜田宅、楚國之相吳起也認識到武藝人才的重要性，強調「一軍之中必有虎賁之士」，這種人才能夠「力輕扛鼎，足輕戎馬，搴旗取將」，應當「愛而貴之」，「有工用五兵，材力健疾，志在吞敵者，必加其爵列」〔註38〕，使楚國很快興盛起來，一時「南平百越，北並陳蔡，卻三晉，西伐秦」〔註39〕、秦國商鞅爲相時，定軍功爵制，「五甲首而隸五家」，「宗師非有軍功論，不得爲屬籍」〔註40〕，通過鼓勵軍功獎賞軍事人才，使秦國從一個邊境小國迅速崛起於西部邊陲，奠定了其一統天下的根基。

相比於夏商西周，春秋戰國時期的以武選士具有以下幾個顯著特點：第一是選拔考核內容豐富。無論是夏商時期側重力量考核還是西周時期以射選士，考核的內容相對單一，都局限在勇力範疇。而春秋戰國時期以武取士的考核則將勇力、技術和韜略相融合，所選拔的人才不僅僅是力大無窮或射技高超的赳赳武夫，很多人因韜略過人被徵召或舉薦，留下了流芳百世的軍事理論著作，後世推崇備至的武經七書中的五本：《孫子兵法》（孫武）、《吳子兵法》（吳起）、《司馬法》（司馬穰苴）、《尉繚子》、《姜太公六韜》都成書於這個時代，此外孫臏、李牧、王翦等人也流傳下了許多軍事理論思想。第二是組織武選的主體不同。由於夏商西周都是統一的王朝，以武選士的實施者

〔註36〕　（漢）劉向著，左松超譯，說苑集證〔M〕，臺北：臺北國立編譯館，2001：428～429。

〔註37〕　（周）韓非著，張素貞譯，韓非子（外儲說左上）〔M〕，臺北：臺北國立編譯館，2001：843。

〔註38〕　張增立，洪忠傑編，長短經新編第八冊〔M〕，北京：國際文化出版公司，2000：3427。

〔註39〕　譚國清編，中華藏典・傳世文選，武經七書〔M〕，北京：西苑出版社，2003：10。

〔註40〕　（漢）司馬遷撰，鄭強勝、季榮臣點校，史記〔M〕，臺北：臺海出版社，1997：618。

爲中央政府。到春秋戰國時「禮崩樂壞」王室衰微，各地群雄並起，社會秩序重建的動盪時期，武力是解決很多問題的最好方式，因此，各路諸侯卿大夫爲求自保和擴張，都重視選拔武略之士，選拔的方式也多種多樣：有諸侯下詔求賢、有大臣擇良舉薦、有士子懷才自薦等等。選士主體的豐富和選拔手段的多樣化，使得擁有武力技能的武士能夠有更多的入仕空間，進而推動了尚武之風的盛行。各地尚武之風的濃鬱，又爲各個諸侯國能夠有大量習武的人才可供選擇創造了條件，進而形成了一個良性的循環。第三是以武入仕者的成就不同。在西周時期受宗法制度的制約，「軍將皆命卿」，以武取士者難以在軍隊中佔據較高的職位，仕途發展有限。春秋戰國時期摧毀了夏商至西周以來憑著宗法及血緣關係世代傳襲官位的宗法制度，使社會人才的縱向流動加強，許多出身社會下層或非宗法系統的人能夠得以憑藉自身的才能進入官僚系統，大量白身出身或宗室遠支的人能夠被任命爲軍隊高級統帥，湧現出的很多的人才。如孫武、白起、樂羊、廉頗、王翦等都是自非宗法系統入仕而成爲了中國戰爭史上的一代名將。

四、秦漢時期的武選

公元前 221 年秦王朝建立，中國社會結束了春秋戰國時期的動盪局面，又重新進入大一統的時代，隨著國內戰爭的逐漸減少，選拔武備人才的方式也開始逐漸發生轉變。

（一）秦朝的武選

公元前 221 年，戰國七雄之一的秦國建立起統一的中央集權君主制帝國。與後世一統天下後走向興起之路的王朝不同，秦朝自周平王遷都時候即立國，至統一六國時已經延續五百餘年。自秦國立國起，特別是戰國初期任用商鞅爲相進行變法之日起，就不斷地走向國富和兵強，戰國時期的秦國具有強烈尚武精神，「秦之尚武，是其積極進取精神的反映」〔註41〕，商鞅時期定下「獎勵耕戰」政策一值得到沿用，國內廣泛使用軍功爵制，將爵位分成二十等「量功授官」。對於軍功的考察，一般隨著軍隊戰鬥同時進行，《商君書境內》曾記載「其攻城圍邑也……將軍爲木臺，與正監，與正御史參望之。其先入者，舉爲最啓、其後入者，舉爲最殿。」〔註42〕即通過考察兵士

〔註41〕黃留珠，秦漢歷史文化論稿〔M〕，西安：三秦出版社，2002：195。
〔註42〕馮國超主編，商君書〔M〕，長春市：吉林人民出版社，2005：147。

的戰鬥表現分別予以擢升和懲處。期間還有「以力取士」的情況，「武王有力好戲，力士任鄙，烏獲，孟說皆至大官。王與孟說舉鼎。」〔註43〕儘管這種選士入官的情況並未形成制度化，更像是君主個人喜好而偶然為之的舉動，也從一個側面反映出了秦國的尚武精神。

　　秦統一天下之後，卻在對待武士方面產生了一百八十度的大轉彎。秦皇嬴政鑒於全國平定不久，諸侯國常年相互「苦戰鬥不休」，需要「求其寧息」，同時更是為防止各地的反抗勢力，對內實行禁武的政策，於是「大酺。收天下兵，聚之咸陽，銷以為鍾鐻。」〔註44〕對各地的習武器具進行嚴格的驗收、保管、收藏：「公甲兵各以其官名刻久之，其不可刻久者，以丹若霖書之。其限（假）百姓甲兵必書其久，受之以久。人暇而毋久及非其官之久也，皆沒人公，以貨律責之」〔註45〕，僅保留了有一些兼具娛樂性和強身健體功能的角抵（摔跤）活動，「講武之禮罷為角抵」。〔註46〕秦朝統一後基本沒有對內戰爭，兵力多耗費在對匈奴的防禦和南越的戰爭中，曾「使將軍蒙恬發兵三十萬人北擊胡，略取河南地。」隨著禁武政策的實施以及戰爭形勢的變化，戰國時期秦國依靠軍功獲爵位做官的途徑被日漸削弱，一方面戰爭的減少使得立軍功的機會變得稀少，另一方面全國的主要任務轉移到國內政務管理，需要一定的文化素養，而僅憑軍功入仕者大多空有武藝和膂力難以勝任時代的需求，此時選拔官員使用更多的是徵召等方式，但由於短命的秦朝僅二世而亡，這些辦法也沒有及時和充分的推展。

　　秦朝作為我國歷史上首個統一多民族的中央集權制國家，結束了春秋以來五百餘年的社會動蕩，處於舊有統治秩序破壞殆盡、新秩序尚未及時建立的歷史交接點上。由於其立國時間較短，在選士方面所留下的史料記錄十分稀少，尚未發現通過選舉武藝人才補充武臣上太多詳細的記錄。但它對於古代武選的發展並非毫無影響，它自戰國時期一直倡導的尚武精神並未因禁武政策施行而滅絕，禁武政策改變的只是形式，在民間根深蒂固的尚武信念並沒有被輕易地抹殺而是不斷地蔓延發展，一直延續到秦朝末年爆發出了驚人

〔註43〕　錢玉林，黃麗麗主編，中華古代文化辭典〔M〕，濟南市：齊魯書社，1996：487。

〔註44〕　（漢）司馬遷，史記〔M〕，北京：中華書局，1982：239。

〔註45〕　睡虎地秦墓竹簡整理小組，睡虎地秦墓竹簡〔M〕，北京：文物出版社，1978：71。

〔註46〕　（元）馬端臨，文獻通考〔M〕，浙江古籍出版社，1988：1307。

能量，爲後世武選人才基礎擴展做出了一定的貢獻。

（二）漢朝的武選

自秦末統治殘暴，激起民變，陳勝吳廣揭竿起義之後，中原大地歷經無數的混戰，在八年的楚漢相爭後劉邦打敗項羽，建立起了統一的漢王朝。漢朝建立後，由於連年的戰亂，人才大量散落民間，而新建立的龐大統一王朝需要補充大量管理人才，國內缺乏治國安邦之士。時代呼喚著新的選人制度誕生。漢高祖劉邦在打天下時就能夠知人善任，籠絡了一批才幹出眾者在身邊，立國後更是採納儒生陸賈「馬上得天下，不可馬上治之」的建議，下詔求賢：「賢士大夫有肯從我遊者，吾能尊顯之。布告天下使明知朕意。」〔註47〕此後又下幾道招賢令，求賢若渴的精神非常明顯。此時的官員任用多爲幫助劉邦打下江山的軍功者和通過徵辟延攬的地方名士，同時開始出現皇帝下詔求賢、地方官員舉薦的察舉方式。到漢文帝時察舉制度逐漸建立起來，漢文帝即位第二年（前178年）下詔「舉賢良方正及直言極薦之士，以匡朕之不逮」，前元十五年（前165年）九月又下詔：「諸侯、王公、卿、郡守舉賢良能直言極諫者，上親策之，傅納以言。」此次詔令下達後，「對策者百餘人。」漢武帝時也曾在元封五年（公元前106年）詔令天下：「蓋有非常之功，必待非常之人」，要求各州郡長官察「吏民有茂材異等可爲將相及使絕國者。」〔註48〕

秦人尚武的風俗也對漢代統治者有所影響，漢代統治者自漢高祖劉邦自斬蛇起義與項羽爭奪天下，景帝時平定七國之亂，漢武帝屢次北擊匈奴，宣帝「高材好學，然亦喜游俠，鬥雞走馬」，一直以來延續在統治者血脈之中濃鬱的尚武精神，使得他們在招攬人才的過程中較爲重視對武備人才的選拔。漢朝剛建立時，由於有許多參加過楚漢之爭的軍事將領需要安置，加上大量分封同姓諸侯王，可以說漢初二十年，公卿皆軍吏，偶而舉行的人才選拔尚未涉及武選，徵辟所延攬的人才多爲志行高潔、博學多才或學富五車隱居民間之士，以文士居多。察舉的賢良方正之士也大多是明於國家之大體，通於人事之始終，能直言極諫者，有文墨的才能學者。而自漢武帝起，開始逐漸重視武士的選拔和培養，察舉制度在這一時期得到進一步豐富發展。在「獨

〔註47〕（東漢）班固，中華傳世精品珍藏文庫——漢書〔M〕，鄭州：中州古籍出版社，1996：13。
〔註48〕季旭升編，古文觀止〔M〕，北京：中央編譯出版社，2006：198。

尊儒術」方針指導下，察舉制度逐步完善成爲了漢代選士制度的核心：一方面察舉制中的孝廉和賢良方正成爲了常科、另一方面察舉制度的科目擴展，在孝廉、賢良方正、茂才、明經等科目之外，有關武選內容也作爲不定期的考核內容之一出現在察舉制度之中。武帝初即位時，即下詔：「徵天下舉方正賢良文學材力之士，待以不次之位。」〔註49〕以此爲開端，武選雖未被立爲常科，但歷朝統治者屢次下達求取武備人才的詔令，內容涉及「勇武知兵法」、「明曉戰陣」、「武猛堪將帥」等多項內容，對於武備人才的選拔始終沒有間斷過。

　　漢代對武備人才的重視也體現在習武入仕者除了察舉制度中的詔舉武選之外還可以通過軍功入仕。以材力入官，屬於軍功入任的一種。漢代根據對外戰爭的需要，建立武功爵，凡不屬於商賈、巫醫、百工、士科謫之家均稱爲良家，他們可以應招參軍，憑軍功入官爵。後來漢武帝設羽林郎，期門郎等官，是皇帝遊幸馳獵時的武裝扈從，多由六郡良家子弟充任。所謂六郡，是指隴西、天水、安定、北地、上郡、西河六郡，「山西天水，隴西，安定，北地處勢迫近羌胡，民俗修習戰備。高上勇力鞍馬騎射，郎官乃武士侍從，出則成軍，而當時以二千石以上子弟，及明經、孝廉、射策、甲科博士弟子高第，及尚書奏賦軍功、良家子充之。又可見時人尚武習軍事之風矣。」〔註50〕很多人任郎期間，在皇帝的衛隊中接受軍事訓練、學習各種禮儀，爲以後任職奠定基礎，而戰爭時期通過對這些「良家子」的重視與提拔，使得這些出身低微的武士有了成爲將帥的可能，湧現出一批彪炳史冊的將帥如「李廣，以良家子從軍擊胡，用善射，殺首虜多，爲郎，騎常侍」、隴西趙充國「始爲騎士，以六郡良家子善騎射補羽林」、甘延壽「少以良家子善騎射爲羽林，投石拔距絕於等倫，嘗超逾羽林亭樓，由是遷爲郎」。〔註51〕

　　作爲歷史上第一個較長期的大一統國家，漢代的以武選士呈現出了幾個顯著特點：

　　第一，以武選士正式納入國家主流選士制度中。漢代人才的選拔方式多樣，有徵辟、軍功、任子、貲選等等，但察舉制是其最爲主流和影響深遠的方式。在察舉制中有關武選方面的科目出現的次數雖不及賢良方正和孝廉科

〔註49〕司馬光，資治通鑒（上）〔M〕，北京：中國友誼出版公司，1993：159。

〔註50〕錢穆，秦漢史〔M〕，北京：生活・讀書・新知三聯書店，2004：155～156。

〔註51〕（漢）班固，漢書，卷七十，第九冊甘延壽傳〔M〕，北京：中華書局，3007。

多，但武選能在察舉制度中佔據一席之地，也算是一種進步。有些武選科目的頒佈還能根據國內具體情況而靈活變通，如漢成帝於元延元年（前 12 年）七月，詔「與內郡國舉方正能直言極諫者各一人，北邊二十二郡舉勇猛知兵法者各一人。」〔註 52〕內郡國和邊境郡國所舉士子類型的區別，體現出了對內地和邊郡經濟文化發展不平衡和人員特點的考量。

第二，武選受到國家長期重視。在西漢和東漢相對長期的統一時代，中央頻頻下發選武的詔書多達十次，短暫王莽代漢而建立的新朝也留下了選武的記錄，「王莽徵天下能為兵法者六十三家數百人，並以為軍吏、選練武衛，招募猛士，旌旗輜重，千里不絕。」〔註 53〕

第三，取士主要通過兩種途徑，其成效差別大。以武取士主要有兩種途徑：一種是軍功制選士，選拔出了一批將領、一種是詔舉，詔舉者中數量不少，但是青史留名者並不多，正如後世武選乃至武舉成將者不如行伍出身多一樣。究其原因，軍功者有著常年的軍事鬥爭經驗，能夠在戰爭中嶄露頭角，而詔舉的武選人員是否由中央組織考核情況尚未可知，即使進行考核，其難度也難以與戰場的摸爬滾打相提並論。而且詔舉武選的時間多集中在兩漢的中後期，此時的察舉主要被地方望族把持，在政治日趨腐敗的情況下，更多的看出身而非被舉薦者個人才幹，也使得所舉薦的人才質量也難以得到保證。

兩漢時期這兩種主要的選拔武備人才的方式中，詔舉武選屬於特科，受限於資料的記錄，武選考試內容和科目尚無法祥察，但已經被納入了察舉制度正式的軌道，表明在王朝中以武取士有規範化的武備人才選拔機制、通過軍功入仕能夠適應對外戰爭的需要，也選拔出一批戰功卓著的軍事將領，由此可以看出漢代的武備人才選拔取得了長足的進步。

五、魏晉至隋朝的武選

魏晉南北朝時期是中國歷史上一個持續近 400 年的大動蕩時期。其間除西晉皇朝的短暫統一外，大部分時間裏，社會處於極度動蕩和混亂的狀態，朝代更迭頻繁，政權對峙紛爭不斷，社會矛盾、民族矛盾都十分尖銳，錯綜複雜。早在東漢中後期，豪強地主已處於左右政局的重要地位，他們大肆兼

〔註 52〕（漢）班固，漢書，卷十，成帝本紀〔M〕，北京：中華書局，1962：3025。
〔註 53〕（晉）范曄，後漢書，卷一，光武帝紀第一〔M〕，北京：中華書局，1965：1。

併土地，在政治上、經濟上、文化上廣泛地滲透，以擴大自己的勢力範圍。
〔註 54〕庶族地主也參與到了爭權奪利的鬥爭中，天下重新進入了分裂的狀態。而在人才選拔領域，隨著漢朝統治日久，吏治逐漸廢弛，風氣日趨腐敗，察舉制度也開始逐漸被廢弛，外戚和宦官集團把持朝政和地方豪強勢力坐大，加上很多主管考核的官員並不盡責，「察舉失所，多非其人」，導致人才的選拔上「竊名偽服，浸以競流，權門貴貴，請謁繁興」〔註 55〕現象普遍存在。察舉制基本上已難以完成其肩負的歷史使命，走到了變革的邊緣。

東漢末年社會離亂，各地大量的地主集團擁兵自重，割據為王，各地豪強相繼興起，經過長期的進行混戰，最終形成魏、蜀、吳三國鼎立的局面。此時掌控天下朝政的是「挾天子以令諸侯」的漢相曹操，他非常重視人才的選拔和培養，在選人做官的問題上的一個重要特點是重視才能勝過德行，大膽提拔出身微賤的士人，一再下令用人唯才。建安十五年（210 年），曹操下令：「今天下尚未定，此特求賢之急時也，唯才是舉，吾得而用之。」〔註 56〕可以說曹操所倡導的這種「唯才是舉」的做法是對漢代中後期以來察舉制僵化導致的「尚名背實」、朋黨林立等弊端的有效糾正。曹操在建安十九年（214年）便闡釋了其重視才能的選人理念：「夫有行之士未必能進取，進取之士未必能有行也……有司明思此義，則士無遺滯，官無廢業矣。」〔註 57〕在建安二十二年（217 年）的《舉賢勿拘品行令》中更進行了進一步的闡釋：「今天下得無有至德之人放在民間，及果勇不顧，臨敵力戰；若丈俗之吏，高才異質，或堪為將守，負污辱之名，見笑之行，或不仁不孝而有治國用兵之術，其各舉所知，勿有所遺。」〔註 58〕只要有高才異質，堪為將守，即使「負污辱之名」甚至「不仁不孝」都可以被任用。曹操的這種用人觀念，雖有偏頗之處，但是的確改變了東漢以來世家大族名士主持鄉閭評議，外戚宦官干政、任人唯親的政治黑暗局面。曹操為打破三國鼎立的局面，贏得兼併戰爭的勝利，在人才的選拔中也比較重視傑出的軍事人才，招攬許多英俊豪傑：

〔註 54〕陳茂同，中國歷代選官制度〔M〕，上海：華東師範大學出版社，1994：86。
〔註 55〕（晉）范曄，後漢書，卷六十一，列傳五十一〔M〕，北京：中華書局，1965：2035。
〔註 56〕（晉）陳壽著，前四史，三國志〔M〕，北京：大眾文藝出版社，1998：8。
〔註 57〕（晉）陳壽著，裴松之注，三國志〔M〕，天津：天津古籍出版社，2009：31。
〔註 58〕唐長孺，魏晉南北朝史論叢〔M〕，北京：商務印書館，2010：299。

「拔于禁樂進於行陳之間，取張遼，徐晃於亡虜之內，皆佐命立功，列爲名將、其餘拔出細微，登爲牧守者，不可勝數。」〔註 59〕

　　曹操時期的「任人唯才是舉」手段固然能夠拔取一批能人，但是這些成績的取得有賴於統治者個人的知人善任，決定了這種方式不具備長久施行的特點。曹丕廢漢建立魏國之後，針對地方名門望族把持人才入仕選舉的情況，將兩漢時期延續以來的察舉制進行改革，採用吏部尙書陳群的建議，制定了「九品中正法」來選舉官員：即由中央政府委派中央官員出任各州郡的中正，州設大中正，郡設小中正，由這些大小中正官員負責對轄區內的人才評判，從上上到下下分九等，然後上報，中央按照中正官評定的等級安排人員就任。同時規定了舉薦官員對保舉人員負責：「黃初三年（222 年）春正月，下詔曰：其令郡國所選，勿構老幼，儒通經術，吏達文法，到皆試用。有司糾故不以實者。」〔註 60〕以中央收歸任用官員權力、抵抗地方大族把持選舉用人局面的初衷而推行的九品中正制，在曹魏初期尙能恪守一定的標準拔取人才，到西晉之後就將選人的大權集於名門氏族出身的大、小中正之手，在很大程度上起到了鞏固「門閥制度」的作用，從而促進了這一時期官僚「貴族化」的傾向。如馬端臨在《文獻通考》所言：「魏晉以來，雖立九品中正之法，然仕進之門，與兩漢一而已，或公府辟召，或郡國薦舉，或由曹抹積累而升，或由世宵承襲而用，大率不外此三四途轍。」〔註 61〕施行於魏晉南北朝這一特殊政治環境和社會狀況時期特有的九品中正制度，實際上也是察舉制的延續和變異，實行的仍是由地方推薦、中央考核，與漢代舉孝廉、賢良在本質上有類似之處。

　　魏晉時期的武選在九品中正制中體現得並不多，但魏晉時期由於戰亂動蕩不止，仍舊沿襲兩漢以來下詔舉選良將勇武的傳統，詔舉的科目名稱較爲豐富多樣。據《三國志魏書》記載：「明帝太和二年（228 年），詔公卿近臣舉良將各一人。」〔註62〕晉武帝泰始五年（269 年）對東吳作戰，爲補充武備人

〔註 59〕 繆鉞編注，三國志選〔M〕，石家莊：河北教育出版社，1999：68。

〔註 60〕 （宋）司馬光撰，資治通鑒（第 2 卷）〔M〕，北京：當代中國出版社，2001：491。

〔註 61〕 續修四庫全書編纂委員會，續修四庫全書（756）史部政書類〔M〕，上海：上海古籍出版社，1995：576。

〔註 62〕 王雲五主編，陳壽撰，萬有文庫第二集，三國志附考證〔M〕，北京：商務印書館，1936：80。

員曾下詔：「東吳未平，宜得猛將士以濟武功，雖舊有辟舉之法，未足以盡殊才，其普告州郡，有壯勇秀異材力傑出者，皆以名聞。將簡其優異，擢而用之。苟有其人，勿限所取。」〔註63〕泰始七年（271 年）六月「詔公卿以下舉將帥各一人。」〔註64〕晉成帝咸和八年（333 年）「令諸郡舉力人能舉千五百斤以上者。」〔註65〕

　　進入南北朝後，長期實行的「世傾世祿」制度保證了大量士族地主子弟不經過任何競爭就能夠出任官職，許多人日漸意志消沉、能力低下，甚至出現「膚脆骨柔，不堪行步，體羸氣弱，不耐寒暑，生死倉促者往往而然」的現象。〔註66〕這些士族地主子弟不屑出任庶務之官，認為「有損家代」、既無能力勝任，也看不起武官，認為就任武職是「屈意戎族」。許多庶族地主和寒門士子開始嶄露頭角，在新的時局中佔據有利地位，許多軍權和機要部門都被寒族所控制，甚至南朝的宋齊梁陳四代君主本身都為庶族出身，士族與庶族力量對比的此消彼長也影響到了南朝各個朝代，宋齊梁陳都曾改革選官制度，逐漸淡化出身門第在人才選拔中的影響。北朝自西晉滅亡後即進入五胡十六國的大混戰時期，匈奴、鮮卑、羯、氐、羌和漢族在一起進行大混戰，直至北魏太武帝公元 424 年統一北方，社會的動盪才得以結束。北魏初期，文職官員的地位較高，武職官員不受重視。武人的入仕、遷轉都得不到與文士相同的待遇。為了壓制武人，征西大將軍、冀州大中正張彝之子張仲瑀上書皇帝，建議銓別選格，排抑武夫，不使武人入清品，這件事引起武夫的憤怒，羽林虎賁聚集千人，把張彝父子殺死，焚其私弟。這樣一鬧，靈太后做了讓步，准許武官和文官一體依資入選。北魏末期，又爆發了涉及邊地六鎮、關隴、河北等地的武裝起義，許多世家大族遭到重創，北朝的門閥世族勢力也日趨走向衰落。南北朝時期不斷的動盪社會環境，使得統治者重視武備人才的選拔，曾提出「今取士拔才，必先弓馬、文章學藝，視為無用之條。」〔註67〕

　　魏晉南北朝時期在取士用人上主要採取「九品中正制」，由於世家大族長

〔註63〕（唐）房玄齡，晉書，馬龍傳〔M〕，臺北：鼎文書局，1990：1554。
〔註64〕（唐）房玄齡，晉書，卷三，帝紀第三〔M〕，北京：中華書局，1974：61。
〔註65〕（唐）房玄齡，晉書，卷七，成帝紀〔M〕，北京：中華書局，1974：177。
〔註66〕簡修煒等著，六朝史稿〔M〕，上海：華東師範大學出版社，1994：228。
〔註67〕（清）湯球，十六國春秋輯補，卷八九，叢書集成新編（114 冊），史地類〔M〕，北京：中華書局，1985：196。

期把持中正官員，在人才選拔和官員的任用上形成了「上品無世族，下品無寒門」的局面。把持朝政士族地主的世襲世祿制度堵塞大量有才幹的庶族地主和普通寒門士子的進身之路。在武選方面，與漢代頻繁的詔舉武選、軍功制又能得人甚眾相比，魏晉南北朝的武選也回落到一個相對低潮階段，無論從詔舉的次數、選士的人數，還是選拔的規範性上，都難以和兩漢相提並論。由魏晉進入到南北朝後，氏族地主沒落和庶族地主、寒門子第的興起。士庶的界限開始被破除，九品中正制度生存的土壤被破壞，各朝都開始著手選官制度的改革，重視考課方法廣收人才，逐漸打破了門閥世族時代承襲的選人方法，為隋代科舉制度的出現以及唐代武舉制度的誕生奠定了基礎。

隋代建立後，結束了長期以來的分裂割據局面，中國封建社會又一次進入了大一統的集權發展時期，對此明代思想家王夫之曾做出評價：「隋一天下……以啓唐二百餘年承平之運。」〔註68〕在選士制度上，起初由於各項典章制度尚未齊備，仍沿用魏晉南北朝時期的九品中正制。很快地隋文帝發現九品中正制是實行中央集權的一個很大的阻礙，遂將分科舉人設立為新的官員任用制度，文帝開皇二年（582年）正月詔舉賢良。文帝五年詔「徵山東馬榮伯等六儒」，〔註69〕十八年（598年）「以志行修謹，清平幹濟二科舉人」〔註70〕。自此九品中正制被廢除，「海內一命之官，並出於朝廷，州郡無復有辟屬之事。」〔註71〕中央也由此將選舉官員的權力徹底由門閥世族收歸己有。「舉選不本鄉曲，故里閭無豪族，井邑無衣冠，人不土著，萃處京畿」實現了中央對於各地官員的控制，「五服之內，政決王朝，一命免拜，必歸吏部。」〔註72〕開啓了選士制度的新局面。到隋煬帝時，出於補充各類官員的需要，擴大分科取士範圍，對於武將的選拔開始出現在選士詔令之中，煬帝大業三年（607年）四月下詔「十科舉人」〔註73〕要求「文武有職事者，五品

〔註68〕王夫之著，讀通鑒論卷十九〔M〕，北京：中華書局，1975：628。
〔註69〕（唐）魏徵著，隋書，帝紀高祖上卷一〔M〕，北京：中華書局出版社，2000：15。
〔註70〕（唐）魏徵著，隋書，帝紀高祖上卷一〔M〕，北京：中華書局出版社，2000：16。
〔註71〕萬有書庫版古今圖書集成（660冊）〔Z〕，北京：中華書局，1934：43。
〔註72〕李鳳梧，中國歷代治吏通觀〔M〕，濟南：山東人民出版社，2010：1123。
〔註73〕此十科具體為：孝悌有聞、德行敦厚、節儀可稱、操履清潔、強毅正直、執憲不撓、學業優敏、文才美秀、才堪將略、膂力驍壯。

已上」，的官員推舉賢才。其中「才堪將略、膂力驍壯」即爲武選的科目，並且明確了這兩科的具體任官途徑：「才堪將略，則拔之以禦侮，膂力驍壯，則任之以爪牙。」〔註74〕煬帝大業五年（609年）六月又下詔四科舉人，詔令各郡以「學業皆通，才藝優洽、膂力驍壯，超絕等倫、在官勤慎，堪理政事、立性正直，不避強禦」〔註75〕舉薦人才，其中「膂力驍壯、超絕等倫」之士即是對於武備人才的選拔。

隋代由於國祚短促，加之各項典制並未齊備，分科取士亦無固定的程序，多爲偶而應時而詔，因此針對武備人才的選拔出現的次數並不太多，但隋初的幾次下詔中武選科目始終佔據一席之地，可以看出隋代對武備人才的需要是較爲迫切的。從「才堪將略」、「膂力驍壯」作爲科目要求來看，士子的謀略和勇力技能更受到青睞，目的是爲軍隊選拔有軍事才能的人，滿足軍事需要，與唐代誕生的武舉在本質上相似，因此可以看做武舉制的前身。

通過以上歷代武選沿革的探析可以看出，自先秦至隋代武備人才選拔具有以下三個特點：

其一，武選受到重視。由於武備人才具有安邦定國、抵禦外侮的重要作用，對其的選拔受到幾乎所有朝代最高統治者的重視，除了秦代沒有最高統治者下令選拔人才的記錄外，在周、兩漢、魏晉、隋等朝代都出現專門選拔武備人才的情況，而且自信史可查的西周以來，所有的選拔命令均由天子或皇帝親自發佈，這也從一個側面體現出以武取士的重要地位。

其二，在選拔的程序和方式方面，武備人才選拔沒有固定的選任制度，大多是中央政府應對諸如戰爭、內亂等時局變動而下詔求賢所做的臨時性舉措、在選拔的方式上，絕大多數是由「州郡公卿」等地方官員薦舉，而民間習武之人無法自主投考，沒有給士子自我展示的平臺。此外從選取的範圍上看，相當一部分的選拔名額十分有限，所涉及的地域也僅有幾個郡縣，距離全國範圍大規模錄取還有很大差距。

其三，在考核內容方面，武備人才的選拔雖沒有正式的考試科目，但從其詔令要求中不難看出考核的內容呈現出不斷豐富的態勢。春秋戰國之前的選拔更多的側重勇力、射箭、駕車等專項技巧考核，到漢代以後逐步轉化爲

〔註74〕（唐）魏徵著，隋書〔M〕，北京：中華書局，2000：47。
〔註75〕（唐）魏徵著，隋書〔M〕，北京：中華書局，2000：47。

勇力和謀略並重，對軍事理論素養的考核所佔分量不斷提升，實現由選拔勇敢有力氣、掌握戰鬥技能之兵士向選拔通曉兵法有謀略之將才的轉變，對於促使習武之人向文武兼備的方向發展有積極意義。

第二節　唐代武科舉探析

　　唐代自建國後對以武選士十分重視。太宗貞觀三年就下詔令：「文武材能、著然可取者。」〔註76〕之後各朝亦屢次下詔求取武備人才。唐初曾一度施行九品中正制以籠絡各地豪強勢力，這其中就包含武備人才的推舉。隨著科舉選官制度的確立，九品中正制很快停止，對於武備人才的選拔逐漸從薦舉開始轉而被納入新的人才選拔體系之中。到武周時期，武則天對科舉進行改革，將「武科」作為常貢內容之一，正式納入到科舉考試制度之中。據《新唐書》記載「武舉，蓋其起於武后之時，長安二年，始置武舉。」〔註77〕《唐會要》記載：「長安二年正月十七日敕：天下諸州，宜教武藝，每年准明經、進士貢舉例送。」〔註78〕此外，唐宋兩朝人所撰寫的其它史籍如《資治通鑑》、《通典》、《冊府元龜》、《玉海》等均對長安二年唐代武舉的創立有過相關記錄。自此，以武科舉常貢制度的確立作為標誌，長達1200餘年的武科舉正式拉開帷幕。

一、唐代武科舉誕生的背景

　　唐朝武則天時期確立的武科舉是當時政治、軍事、社會風氣和歷史傳統等因素綜合作用下的產物，具有多方面的原因。

（一）武科舉的誕生是武則天維護其政權穩固、謀求政治革新的政治需要

　　武則天取代唐朝建立周朝之初，其女子身份登基帝位在當時的封建社會環境裏掀起軒然大波，招致朝野上下一片反對之聲乃至軍事威脅。徐敬業、駱賓王等人於光宅元年（684年）以擁戴李顯為號召，從揚州起兵反對武則

〔註76〕（宋）宋敏求編，洪丕謨等點校，唐大詔令集〔M〕，上海：學林出版社，1992：416。

〔註77〕（宋）歐陽修，新唐書，卷四四，選舉志（上）〔M〕，北京：中華書局，1975：1170。

〔註78〕（宋）王溥，唐會要，卷五九，兵部侍郎〔M〕，北京：中華書局，1955：1030。

天。垂拱四年（688 年）唐宗室諸王又在博州、豫州等地發動變亂，韓王李元嘉、琅邪王李沖起兵討伐武則天，越王李貞也隨之在豫州舉兵響應。雖然這幾次軍事變亂最終均被武則天成功地派兵鎮壓，卻令武則天深刻地認識到軍事優勢對維護政權統治安全的重要性和培養嫡系軍事人才的必要性。長安二年（702 年），武貢舉制度即宣告創立，可見武則天希望借助武科舉的祿位來收取天下人心的迫切心情。

在軍事鎮壓了屢次叛亂確保政權的安全後，作為一個有著雄心大略的皇帝，武則天在朝廷內部力求擴張自己的勢力以革新朝政，但李唐王朝自起家以來所仰仗的關隴集團一直把持朝政，大多數皇親國戚、高官重臣由關隴集團「世襲」，且勢力呈現膨脹之勢。從高宗即位到立武則天為后的六年間，朝廷任用的六位宰相，即：于志寧、宇文節、柳奭、韓瑗、來濟、崔敦禮都出自關隴集團的主要家族，其中柳奭、韓瑗還和李唐皇室有姻親關係。這些關隴集團的大臣勢力衷心擁立李唐，反對武則天「以周代唐」的舉動。在徐敬業起兵反對武則天的特殊時期，關隴集團對於「以周代唐」的反對甚至達到了公開化的程度，以顧命大臣宰相裴炎為首，對徐敬業起兵「不汲汲議誅討」，暗中支持。當武則天問計於裴炎時，裴炎說「皇帝年長，不親政事，故豎子得以為辭，若太后返政，則不討自平矣。」要求武則天歸還李氏政權。當武則天以謀反罪處治裴炎時，文武大臣「證炎不反者甚眾」。社稷歸屬問題成為統治階級內部矛盾的焦點。種種不利於執政的局面迫使武則天重視對於人才的籠絡，盡力擴大統治基礎和爭取社會更為廣泛的支持。

其實早在武則天執政前的輔政期間，她就曾「不惜爵位，以籠四方豪傑自為助」，[註79] 培植擴大其親信勢力。在執政後更是以鐵的手腕剷除反對她的長孫無忌、褚遂良等關隴軍事集團的領袖人物及餘黨，同時將贏得民間支持的希望放到了科舉考試上，繼續廣開仕途「務取實才真賢」。針對國家雖設文科舉，但中第者有限，進科錄取人數少則幾個人，多的也不過三、四十人，且其中出身寒微者鳳毛麟角的情況，武則天通過提倡自薦、主持殿試、特設武科等多種途徑擴大科舉範圍，從寬取士，破格用人，吸納大量寒門庶族地主甚至草野布衣之士「釋褐入仕」。據記載，進士科的錄取人數在武則天時代增加了百分之五、六十，甚至一天之內給一百三十多個文筆出眾的人授

〔註79〕 （宋）歐陽修，宋祁撰，新唐書，卷七十六，則天武后傳〔M〕，北京：中華書局，1975：2851。

以拾遺、補闕之類的官職。〔註 80〕

在不斷拓寬文官的仕進之路的同時，歷經多次殘酷政治軍事鬥爭的武則天深知掌控武備人才對於控制朝政、推進改革具有重要保障作用。因此，在推行以儒家經典和策論詩賦等爲考試內容的進士科的同時，特別注意通過武科舉的施行吸納那些不善屬文卻嫻於騎射、精通武藝的普通地主階級子弟，使這些人才得以憑籍武藝進入統治集團。由於武科舉的殿試由皇帝親自主持，因此優秀武備人才的獲取既擴大了國家的人才來源，又鞏固和加強了武則天的統治基礎，對其掌握軍權、鞏固武周天下起到了極爲重要作用。

（二）武科舉的誕生是應對當時國內外軍事環境的必然選擇

作爲一項軍事人才的選拔制度，武科舉的產生與唐代的內外部軍事環境是分不開的。

從內部因素來看，唐代建立後在武德七年（624 年）頒佈了均田令。〔註 81〕此舉確保了很多青年男子有大量的私人耕地。在此基礎上形成了府兵制度，從均田戶中選拔出人員服兵役，自備戰鬥和後勤設施，如「弓一、矢三十，胡祿、橫刀、礪石、大觿、氈帽、氈裝、行滕皆一，麥飯九斗，米二斗」〔註 82〕等。由於這些府兵戶有一定的經濟保證，根據均田制原則能夠分配到足夠多的土地，作戰有功還能夠獲得勳賞，因此能夠在疆場之上發揮出強大的戰鬥力，成爲唐王朝前期主要的軍事力量。而唐朝自貞觀之治以來，到高宗中後期，隨著農業生產力的提高和工商業的發展，均田制這種存在於農業技術水平相對低下的封建土地所有制度已經不再適應時代發展，人口的急劇增加令原有的府兵戶很難獲得足額的應受田額，經濟逐漸衰退下來。同時，官僚、地主、商人、高利貸者、僧侶等通過各種方式兼併土地，使政府掌握的土地進一步陷於枯竭狀態。唐高宗咸亨元年（670 年）以後，「戰士授勳

〔註 80〕徐友根，武舉制度史略〔M〕，蘇州：蘇州大學出版社，1997：7。
〔註 81〕（唐）杜佑，通典，卷二食貨典下〔M〕，北京：中華書局，1984：15。注：唐代男子年齡劃分：丁男（21～59 歲）、中男（16～20 歲爲中男，中男年 18 歲以上，亦依丁男給田），每人授田 100 畝。其中 20 畝爲永業田，80 畝爲口分田。口分田到了丁男年老時（60 歲曰老），由政府收回 50 畝，保留永業田 20 畝，口分田 30 畝。身死，口分田也由政府全部收回。
〔註 82〕（宋）歐陽修；宋祁撰，新唐書，卷五十兵制〔M〕，北京：中華書局，1975：1327。

者，動盈萬計」，國家卻沒有土地進行封賞，對建立戰功府兵只能「虛有賞格而無其事」，以致「賞絕不行，勳仍淹滯」。在府兵經濟消退和士子從軍需要自備戰鬥、後勤物資的雙重原因下，府兵制的兵源出現了較大的困難，「河北之地，人逐漸逃散，年月漸久。逃死者不補，三輔漸寡弱，宿衛之數不給」〔註83〕、甚至出現了逃亡他鄉、自殘肢體、投附寺院等方式來逃避徵役的現象，府兵制開始逐漸廢弛。而唐朝前期戰事比較頻繁，為了不致削弱軍事力量，朝廷開始採用募兵制。唐太宗出兵攻打高麗、高宗攻打百濟、高麗、吐蕃時都曾經進行過募兵，到武則天時期募兵規模更大。萬歲登封元年（696年），為防禦契丹，武則天募罪人和士民家奴隸當兵，又「令山東近境州置武騎團兵」，不久就擴展到河北、河南兩個道的範圍〔註84〕。募兵制的實行在兵源補充上起到一定的作用，但招募的士兵戰鬥力並不強，士氣也不高，武舉制度正是在這樣的情況下誕生的。武舉制度成為一項激發民間習武熱情、提高軍隊對士兵的吸引力和軍隊戰鬥力的一項有效舉措。

　　從外部因素來看，唐初在均田制基礎上推行的府兵制度在初期兵源穩定、人材驍勇、組織嚴密。加上歷經隋末戰爭，朝中有許多能征慣戰之將。至高宗中後期，隨著府兵制的瓦解，唐朝軍隊逐漸由盛極而衰。武則天執政後期為壓制關隴集團的勢力，曾誅殺程務挺、李孝逸等一大批優秀的軍事將領，這一舉動雖有利於鞏固武周政權，卻給國家安全帶來了極大的惡果。由於武周政權並不被少數民族所認可，其與吐蕃、實厥、契丹等少數民族關係持續緊張，不斷發生衝突。對此，武則天的態度是予以堅決打擊。然而唐軍與吐蕃在河西、隴右激戰，屢為吐蕃所敗，最後被迫罷安西四鎮。東突厥多次糾集殘部侵擾唐境，東北的契丹也經常南下，嚴重威脅河北等地的安全。在萬歲通天元年一年之內連續四次慘敗，其中平定契丹的戰爭中二十八員大將出征，竟然落了個全軍皆沒的下場，可見，這一時期軍事人才的短缺和府兵制的廢弛使得北部邊疆出現了空前的危機，國家面臨很大的危險。如何有效地選拔出具有軍事才能的將領，組建一支有實力迅速反擊、將入侵之敵驅逐出境的常備部隊，打退少數民族軍隊的進攻，扭轉被動挨打的局面，保衛邊疆的穩定，成為武周政權面臨的一個極其嚴峻的問題。武則天本人重視賢

〔註83〕二十五史補編編委會編，二十五史補編（6）〔M〕，北京：中華書局，1956：7599。
〔註84〕（宋）王溥，唐會要，卷七十八〔M〕，北京：中華書局，1955：1438。

才，曾提出「九域之至廣，豈一人之獨化，必佇才能，共成羽翼」〔註 85〕，多次下詔求賢，要求內外各級文武官員都「各舉所知」，凡能「定邊疆」、「經邦國」的人才，「無隔士庶，具以名聞」。然良將匱乏之時薦舉所得之人並不足以應對緊張的外部環境。嚴峻的形式迫使武則天不得不考慮採取各種新措施選拔武猛將材，以此再度激發人們參軍參戰的熱情。武科舉正是在這種內外軍事環境的雙重壓力下應運而生。

（三）歷代以武選士的積累和科舉制度的運行為武科舉的誕生打下了基礎

我國自古有重視軍事人才選拔的傳統。西周時期的「以射取士」、春秋戰國時期各諸侯國在國內推選孔武有力的人才，如齊桓公在任用管仲為相時實行「軌里連鄉之法」，要求地方「於子之鄉，有拳勇股肱之力，筋骨秀出於是眾者，有則以告，有而不以告謂之蔽才。」〔註 86〕楚國吳起強調「一軍之中必有虎賁之士」〔註 87〕，對這些能夠力輕扛鼎，足輕戎馬，搴旗取將，應當愛而貴之。漢代察舉制度逐漸建立後更是屢次下詔求取良將、魏晉時期曹操為了贏得兼併戰爭的勝利，在人才的選拔中重視具有傑出軍事才能的人，「拔于禁樂進於行陳之間，取張遼，徐晃於亡虜之內，皆佐命立功，列為名將、其餘拔出細微，登為牧守者，不可勝數。」〔註 88〕魏明帝詔公卿近臣舉良將，晉武帝為補充武備人員，普告州郡，有壯勇秀異材力傑出者，皆以名聞。將簡其優異，擢而用之。苟有其人，勿限所取。兗州舉隆才堪良將。泰始七年詔公卿以下，舉將帥各一人。晉成帝令諸郡舉力人，能舉千五百斤以上者。隋朝的取士制度也將「才堪將略」、「膂力驍壯」作為必選科目。由此可見，唐代之前遴選勇武之士的活功由來已久，歷代武備人才選拔的方式為武科舉的出現積累了豐富的經驗。

進入唐代以後，在武官的選拔方面又出現了很多詳細有效的方式和方法，如貞觀十二年（638 年）規定「始置左右屯營於玄武門，領以諸衛將軍，號（飛騎）。其法：取戶二等以上，長六尺闊壯者，試弓馬四次上，翹關舉五，

〔註 85〕 （清）徐松，登科記考〔M〕，北京：中華書局，1984：90。

〔註 86〕 （清）高士奇撰，左傳紀事本末（全 3 冊）〔M〕，北京：中華書局，1979：186。

〔註 87〕 張增立，洪忠傑主編，長短經新編，小資治通鑒（第 8 冊）〔M〕，北京：國際文化出版公司，2000：3427。

〔註 88〕 繆鉞編注，三國志選〔M〕，石家莊：河北教育出版社，1999：68。

負米五斛行三十步者。復擇馬射爲百騎，衣五色袍，承六閒駁馬，虎皮鞭，爲遊幸翊衛」、〔註89〕總章、咸亨年間也頒佈「武官選授」之法：「試能有五。五謂長垛、馬步射、馬槍、步射、應對。互有優長，即可取之。較異有三。三謂驍勇、材藝及可統領之用也。審其功能，而其留放。」〔註90〕這些取士考核的規定與武舉內容基本相似，唐代武選制度中較成熟的選拔武士武官的方法爲武科舉的創立和順利實施打下了基礎。在唐代之前重視軍事人才選拔的傳統和唐代武選制度的雙重作用下，再加上隋朝創始的文科舉在唐代卓有成效地推行了多年，科舉制度中出現武科舉就成了水到渠成的事情。

　　綜合以上幾個方面的因素，武科舉誕生於我國歷史上僅有的一個女皇——武則天執政時期，在看似極爲偶然的現象背後蘊含著歷史的某種必然性。我國古代長期以來以武選士活動的不斷發展和隋代科舉制的創立爲武科舉這株幼苗孕育出了一片肥沃的土壤，而武則天的個性特點及執政時期獨特的社會政治、軍事環境又成爲激發其生根發芽的催化劑。從此時開始，我國古代社會的「以武選士」開始擺脫以往無固定選士時間、無固定選士科目、無固定授官規定的「三無」狀態，逐步邁入制度化、規範化的新進程，並最終延續千餘年，成爲科舉制度的重要支柱和國家主要選士途徑之一，選拔出大量保家衛國的傑出軍事人才。武科舉正如一株微不足道的幼苗，歷經風雨的磨礪最終成長爲一顆參天大樹，護衛著其所紮根的廣袤大地的和平與安寧。

二、唐代武科舉的形式內容

　　從廣義的範圍來看，唐代的武科舉存在兩種形式：一種是武科制舉，與之前朝代的武選制度相類似、另一種武科貢舉，即狹義上的武舉。兩種形式並存且相得益彰是唐代武科舉的一大特色。這兩種以武選士的方式有些差別，在探討唐代武科舉的形式和內容時需要分別對待。

（一）武科制舉

　　「其天子自詔者曰制舉，所以待非常之材焉」〔註91〕。武科制舉形式早

〔註89〕（清）曾國藩纂，孫雍長標點，經史百家雜鈔下〔M〕，長沙：嶽麓書社，1987：1289。

〔註90〕耿相新，康華，標點本二十五史，舊唐書〔M〕，鄭州：中州古籍出版社，1996：342。

〔註91〕錢玉林，黃麗麗主編，中華古代文化辭典〔M〕，濟南市：齊魯書社，1996：411。

在漢代察舉制時就出現過。魏晉南北朝一直到隋朝都在沿用。唐代的武科制舉最早出現於唐太宗貞觀三年（629 年），其形式主要是由皇帝下詔，然後由各地的官員根據詔書的要求進行審查舉薦，最終由中央審核並授予一定的官職。就目前所查到的資料統計來看，唐代武科制舉呈現出三個顯著的特點：第一，詔舉的次數較多，從太宗貞觀三年（629 年）詔舉「文武才能、灼然可取」起，到昭宗天祐元年詔舉「武藝絕倫」科爲止，總共舉行過 47 次、第二，詔舉的頻率較高，自儀鳳元年起，平均每十年間都有二到三次制舉出現、第三，科目內容涵蓋豐富，武科制舉包含「文武材能」、「堪任將帥」、「軍謀越眾」、「武藝超絕」、「軍謀宏遠」、「勇冠三軍」等許多科目。

（二）武科常貢

唐代武科常貢，即我們通常所說的武科舉。唐武則天長安二年（702 年）武科被正式納入科舉考試的範疇，其考生資格、考試時間、設置機構、銓選程序和明經、進士科的文科舉有諸多類似之處，由於選拔的是武備人才，也存在考試目標及實施過程中有自己的獨特之處。

武舉考試和文科一樣分爲州府組織的地方性解試和由中央組織的省試兩級，對於考生有著不同的要求。

在考試資格的確定上，唐朝規定凡是曾經觸犯法令者、工商之子以及州縣衙門小吏不得參加科舉考試，如果學校負責人或地方長官把不符合條件的人推舉到朝廷參加考試，則會追究推舉者的責任。參加科舉考試的考生來源主要有兩類：一類是生徒，生徒是國家在地方和中央所設學校中的學生，學校考核合格的可以參加朝廷於尙書省舉行的省試。學界關於唐代武科舉是否存在生徒這一途徑歷來有爭議，潘孝偉認爲：「唐代武舉考生的來源，因當時未設武學，各類學校通常亦不教授武藝，故惟有鄉貢一途。」〔註 92〕許有根也認爲「因未設武學，故武舉初創時，舉子來源唯有『鄉貢』一途。」〔註 93〕而許繼瑩則認爲：「唐代各都督府的學校中學習武學的『生徒』也可以以『生徒』的身份參加貢舉考試。」〔註 94〕由於目前尙未發現明確記載唐代設立武學的史料，故唐代武舉是否有「生徒」一途有待於進一步的考證。另一類是鄉貢，鄉貢是指那些不在學校學習而學業有成者向州縣「投牒自舉」，並經

〔註 92〕洽孝偉，唐代的武舉〔J〕，安慶師範學院學報，1994（1）：43。
〔註 93〕許友根，武舉制度史略〔M〕，蘇州：蘇州大學出版社，1997：10。
〔註 94〕許繼瑩，唐代武舉制度初探〔D〕，西北師範大學，2007：24。

地方州府官吏考核合格的人。這些人被地方隨每年的貢物一併解送到京城長安參加尚書省的省試，故名「鄉貢」。《新唐書》對鄉貢情況有較爲詳細地記載：

> 每歲仲冬，州、縣、館、監舉其成者送之尚書省；而舉選不壽
> 館學者，謂之鄉貢，皆懷碟自列於州、縣試已，長吏以鄉飲酒禮，
> 會屬燎，設賓主，陳姐豆，備管絃，牲用少牢，歌《鹿鳴》之詩，
> 因與者艾敍長少焉。既至省，皆疏名列到，結款通保及所居，始由
> 戶部集閱而關，於考功員外郎試之。〔註95〕

唐武舉被列爲常舉科目後，每年考試一次。與吏部文選略同，分爲解試和省試。武鄉試主要由各府州掌管武官選舉工作的官員進行舉薦，《唐六典》卷三十《三府督護州縣官吏》記載「兵曹、司兵參軍掌武官選舉、兵甲器仗、門戶管鑰、烽候傳驛之事。」〔註96〕由此可見，包含京兆、河南和太原三府和各都督府在內的各府州兵曹、司兵參軍掌管本州府的武舉選拔和舉送工作。在選拔的內容上，主要對士子的謀略和武力兩個方面進行考核。「每歲貢武舉人、有智勇謀略強力悍材者舉而送之。試長垛、馬槍、翹關、擎重，以爲等第之上下，爲之升黜，從文舉、行鄉飲酒之禮，然後申送。」〔註97〕考試項目有長垛、馬槍、翹關和擎重諸項，根據成績定出等次，確定及第與落地情況。參照文科舉的做法，及第者有參加鄉飲酒禮的資格，在開元十九年曾詔「武貢舉人與明經、進士同行鄉飲酒禮。」〔註98〕在舉送的時間和程序上，據《唐六典》記載：「若州、府歲貢，皆孟冬隨朝集使以至省，勘責文狀而引試焉；亦與計科偕。」〔註99〕《唐會要》亦記載：「凡武舉，每歲孟冬，亦與計偕。」〔註100〕可見，參加完鄉試武舉的士子隨各地歲貢的官員一

〔註95〕　（宋）歐陽修，新唐書，卷四十四，志三十四，選舉志上〔M〕，北京：中華書局，1975：1161。

〔註96〕　（唐）李林甫等，唐六典，卷三十，三府督護州縣官吏〔M〕，北京：中華書局，1992：739。

〔註97〕　（唐）李林甫等，唐六典，卷三十，三府督護州縣官吏〔M〕，北京：中華書局，1992：740。

〔註98〕　（唐）杜佑著，通典（上）〔M〕，長沙：嶽麓書社，1995：181。

〔註99〕　（唐）李林甫等，唐六典，卷五，兵部員外郎〔M〕，北京：中華書局，1992：160。

〔註100〕（唐）李林甫等，唐六典，卷五九，兵部尚書〔M〕，北京：中華書局，1992：1029。

同進京。

　　武舉省試也是每年舉行一次，主管機構為兵部。在玄宗開元二十六年（公元 738 年）以前，科舉均由員外郎級別的官員充任主考官，文科由吏部考功員外郎主持，武科則由兵部員外郎主持。但由於開元二十四年（公元 736 年）進士科發生了「李昂事件」，原有的知武舉官員也因為「品位既卑，焉稱其事」而相應地提升品級，在開元二十六年下詔：「所設武舉，以求材實，仕進之漸，斯為根本，取捨之間，尤宜審慎，比來所試，但委郎官，品位既卑，焉稱其事。自今以後，應武舉人等，宜令侍郎專知。」〔註 101〕武舉人在參加省試前須由兵部「勘責文狀」。舉人文狀，史載不詳，但參加銓選之人的文狀其主要內容包括：郡縣鄉里名籍、父祖官名、內外族姻、年齒形貌、遣負刑犯等，以上內容必須寫清楚才能應選。由於鄉貢武舉人的文狀也和參選之人的文狀一樣要先交戶部進行資格審查，因此二者的文狀很可能是類似的。〔註 102〕

　　武舉省試的考核內容相對於鄉試而言要豐富很多，考核的標準也更為詳盡。省試分為兩大類，一類是武科的非常科目，即不經常舉行的科目。據《唐六典》記載「凡應舉之人有謀略、才藝、平射、筒射皆待命以舉，非有常也。」〔註 103〕武舉的這些非常科目包括謀略、才藝、平射、筒射四科，均須「待命以舉」。因為是「非有常」，因此與常貢武舉科略有區別，但此等考試亦由兵部員外郎職掌，非常科目及第後也同樣須參加兵部的武選，與制舉武科有較大的差別，因此應歸入武科常貢的範疇。

　　另一類是武舉科，這也是唐代武科常貢舉中最為常見、考核內容最豐富、標準制定最詳盡的一科，主要的考試內容和評價標準為：

1、長垛

　　畫帛為五規，笠之於垛，去之百有五步〔註 104〕，列坐引射，名曰長垛〔註 105〕。在《唐六典》卷五規定三院制及其等第：「入中院為上，入次院為次

〔註 101〕（唐）李林甫等，唐六典，卷五九，兵部侍郎〔M〕，北京：中華書局，1992：1030。
〔註 102〕徐友根，武舉制度史略〔M〕，蘇州：蘇州大學出版社，1997：13。
〔註 103〕（唐）李林甫等，唐六典，卷五，兵部員外郎〔M〕，北京：中華書局，1992：160。
〔註 104〕注：內規廣六尺，摵廣六尺，餘四規，每規內各廣三尺，懸高以三十尺為限。
〔註 105〕注：弓用一石力，箭重六錢。

上，入外院爲次。」〔註106〕《通典》規定爲五規，《唐六典》中規定則爲「中院、次院、外院」三等，具體規與院的區分尙待進一步詳考。

2、騎射

《通典》對騎射的記載爲：穿土爲埒，其長與垛均，綴皮爲兩鹿，歷置其上，馳馬射之，名曰馬射〔註107〕《唐六典》規定其等第分爲上、次上、次三等，發而並中爲上，或中或不中爲次上，總不中爲次。〔註108〕

3、馬槍

「斷木爲人，戴方板於頂上，凡四偶人，互列埒上，馳馬入埒，運槍左右觸，必版落而人不踣。」〔註109〕《唐六典》規定其等第爲上、次上、次三等：「三版、四版爲上，二版爲次上，一版及不中爲次。」〔註110〕

4、步射

《唐六典》規定：「射草人，中者爲次上，雖中而不法、雖法而不中者爲次。」〔註111〕

5、材貌

《唐六典》規定：「以身長六尺已上者爲次上，以下爲次。」〔註112〕

6、言語

《唐六典》：「（答策問）有神采，堪統領者爲次上，無者爲次。」〔註113〕

7、翹關舉重

舉重的方法是舉翹關，《新唐書》載：「翹關，長丈七尺，徑三寸半，凡

〔註106〕（唐）李林甫等，唐六典，卷五，兵部員外郎〔M〕，北京：中華書局，1992：160。
〔註107〕注：鹿子長五寸，高三寸。弓用七斗以上力。
〔註108〕（唐）李林甫等，唐六典，卷五，兵部員外郎〔M〕，北京：中華書局，1992：160。
〔註109〕馮曉林，中國全史（第10卷），中國隋唐五代教育史〔M〕，北京：人民出版社，1994：139。
〔註110〕（唐）李林甫等，唐六典，卷五，兵部員外郎〔M〕，北京：中華書局，1992：160。
〔註111〕（唐）李林甫等，唐六典，卷五，兵部員外郎〔M〕，北京：中華書局，1992：160。
〔註112〕（唐）李林甫等，唐六典，卷五，兵部員外郎〔M〕，北京：中華書局，1992：160。
〔註113〕（唐）李林甫等，唐六典，卷五，兵部員外郎〔M〕，北京：中華書局，1992：160。

十舉，後手持關，距出處無過一尺。」〔註114〕而《唐六典》對於翹關舉重的規定「率以五次上爲第」〔註115〕要求並沒有新唐書嚴格，是新唐書「凡十舉」的一半，徐友根對此的推測爲唐代後期考試要求提高的緣故，尚待史料發掘詳考。

此外，《通典》中還記載了穿箚和負重兩種考試。可能因爲是唐後期增添的項目，這兩項不爲《唐六典》所載。唐代穿箚法失考當爲射穿鎧甲之意，應屬於射箭考試的一種。負重法的方法爲負米五斗，行二十步。

從科目考核來看，唐代武科舉大致可分爲三類：1、一爲武藝，主要是射藝和槍術、2、二爲舉重與體力，即翹關和負重、3、三爲身材和言語。其成績評定按項目不同有兩種記法：武藝、言語、材貌分上、次上、次、翹關和負重達到規定標準即爲中第。雖然史料中記有策問的考試環節，但是「有神采」這一模糊的規定沒有統一可衡量的標準，並不能夠起到很大的作用。唐代武舉還是更爲重視勇力的考核，所選的士子在韜略方面的水平普遍較低，這在一定程度上也制約了他們發揮更大的歷史作用。

三、唐代武科舉的意義和局限

唐代武科舉的出現標誌著我國古代以武選士擺脫了魏晉南北朝以來持續的低迷，開始進入一個穩步快速發展的新時期。而唐代武科常貢的出現和施行更屬於歷史性的進步，將以武取士推進到一個全新的階段。唐代的武科舉具有深遠的意義和影響，歸納起來主要有以下幾個方面：

第一，唐代武科舉的出現使我國古代的以武選士眞正走向常態化，從臨時性取士成長爲一種長期、穩定施行的選士制度，爲社會習武人員入仕提供了一條穩定的晉身之路。而廣攬勇武之士，遴選軍事人才又在一定程度上起到了充實軍官隊伍的作用。

唐代之前的武選，無論是西周時期的「以射取士」、春秋戰國時期的「軍功入仕」，還是兩漢至魏晉以降的「詔舉武選」，普遍都存在著兩個明顯的不足：首先是武選帶有極大的隨意性和主觀性，施行武選多數時間是偶而爲之，武選的名額有限，這一點在兩漢時期體現得尤爲突出。在內部統治腐敗、農

〔註114〕　（宋）歐陽修，新唐書，卷四十四，志三十四，選舉志上〔M〕，北京：中華書局，1975：1165。

〔註115〕　（唐）李林甫等，唐六典，卷五，兵部員外郎〔M〕，北京：中華書局，1992：160。

民起義頻繁、社會不斷動盪的兩漢中晚期，爲求取武備人才曾在短時間內連續 12 次下詔，而有時又長達七十年未舉行過一次，取士活動毫無規律可言，嚴重挫傷了習武人士投身仕途的積極性。其次是各種從上而下的「察舉」、「薦舉」、「詔選」，使得民間的士子處於被動的地位。姑且不論秦代抑制以武入仕和魏晉南北朝世襲制度時期，即使是選舉普遍推行的時期，選拔人才的方法也多限於皇帝詔令、諸侯或地方長官推薦，習武之人入仕需要有各類官員的舉薦和賞識作爲前提，難免會產生唯親是舉、埋沒人才的弊病。

　　唐代以武選士制度的確立，特別是以「武科常貢」爲標誌的武科舉出現，克服了以往歷代武選普遍具有的缺點。首先，唐代武選歷時的時間和舉辦的次數較以往各代都有了極大的提升。就目前所查到的資料來看，唐代武科制舉施行的時間貫穿自太宗貞觀三年（627 年）至昭宗天祐元年（904 年）的幾乎整個唐朝，總共舉行了 30 多次。自儀鳳元年（676 年）起，平均每十年都會詔舉兩到三次，舉辦次數之多、分佈之均勻都創下了唐代之最。而模仿進士科而設的武科常貢（即後世所稱狹義武科舉），更是從武則天長安二年（702 年）創立起，幾乎每年舉行一次，僅德宗貞元十四年（798 年）、文宗大和八年（834 年）兩度暫停。唐代武舉的這種開科時間間隔的固定性爲穩定拔取優秀武備人才提供了可能。其次，在考生資格確定方面，唐武科舉創立後，武科常貢與文科一樣被列爲常舉科目，唐代文科舉子來源分爲「鄉貢」和「生徒」兩種途徑、而武科方面，由於歷史上沒有明確記載唐代設武學之事，潘孝偉認爲：「唐代武舉考生的來源，因當時未設武學，各類學校通常亦不教授武藝，故惟有鄉貢一途」〔註116〕，許有根也有「因未設武學，故武舉初創時，舉子來源唯有『鄉貢』一途」〔註117〕的結論，徐繼英則認爲「武貢舉的生源應該和文舉一樣有兩類：既有鄉貢，也有生徒。」〔註118〕但是對於沒有任何身份背景，憑自身武藝「懷牒自列於州縣」報名參加武科舉考試的武科鄉貢士子，學界的認識比較統一。這種「釋褐入仕」現象打破了門閥蔭襲世官的傳統，武選來源的拓展極大地刺激了士子報名的積極性，大量不善文卻習於騎射的普通地主階級子弟得以憑籍武藝進入統治集團，開拓了「廣收天下奇才異士」的新局面。

〔註116〕潘孝偉，唐代的武舉〔J〕，安慶師範學院學報，1990（1）：43。

〔註117〕許友根，武舉制度史略〔M〕，蘇州：蘇州大學出版社，1997：10。

〔註118〕許繼瑩，唐代武舉制度初探〔D〕，西北師範大學，2007：24。

　　唐代武科舉以其穩定的開科時間、眾多的開科數量以及靈活的考生資格規定，爲天下武士提供了更多的入仕機會，所謂「兵部武舉處持弓挾矢，數千百人入皇城」的說法，也從一個側面反映出了唐代每歲武舉考試的盛況。受年代所限，大量武科及第者姓名已無從考究，但是現存有限的記錄中仍留下四十餘名武科出身者的資料，其中不乏進入《新唐書》、《舊唐書》列傳的士子，更有郭子儀這樣閃耀武科舉史冊的軍事奇才。可以說，唐代武科舉選拔出一批軍事人才，許多通過武科舉入仕的習武之士成爲維護社會穩定、保衛國家安全的中堅力量，「所設武舉，以求材實，仕進之漸，期爲根本」〔註119〕的目標在一定程度上得以實現。

　　第二，唐代創立了一整套的武選流程，爲後世武科舉發展提供了可資借鑒的模板。唐代武科舉的創立使我國古代軍官的選拔活動走向經常化、制度化，在對報名資格作出基本限定的前提下允許考生「懷牒自薦」、選士的時間上固定爲每年秋天舉辦一次、考核的層級上確立了鄉試和省試兩級相互獨立的考核、在選拔的標準上包含謀略、技勇、力量等在內的多項內容、主考的部門由兵部負責，並確定了主考官員知武舉的品級規定等等。唐代武科舉在考試的內容、方式、及第標準等一系列選拔規格和程序方面建立起一個條理清晰、內容明確的基本框架，形成了一套定期面向社會選拔軍事人才的制度，既是對我國古代軍官選拔活動的總結和規範，更爲唐代之後武科舉的實施提供了可資借鑒的藍本，宋、金、明、清各朝相繼踵襲沿革，使武舉制度久行不衰。比如宋朝上承唐制繼續推行武舉，將時間改爲「三年一試」並基本延續至清末，考試層級中擴展爲「解試」、「省試」、「殿試」三級，依次分別由州府、兵部、皇帝主持，試以兵書策義和騎射武藝。明代中後期到清代形成童、鄉、會、殿四級考試系統，內容分爲外場和內場兩大類，規定了不同的成績評定標準等等。雖然宋、金、明、清各代的武舉制度在完備程度、社會地位取士規模等諸多方面都遠邁唐代，但基本上是對唐代武科舉基本框架的補充和豐富。由此觀之，唐代武科舉的創立和施行使我國古代軍官隊伍的建設步入一個新的發展階段。

　　第三，促進了唐代尚武風氣的形成。我國自古以來就有尚武之風，自西周一直延續到秦漢，社會上習武重軍的風氣一直不斷。自漢代罷黜百家獨尊

〔註119〕（唐）李林甫等，唐六典，卷五九，兵部尚書〔M〕，北京：中華書局，1992：
　　　1029。

儒術以後，社會上文武分途。與文儒日益顯赫的地位相比，武官逐漸不受重視，在「勞心者治人，勞力者治於人」思想影響下，民間習武者的仕途發展空間每況愈下，憑藉武藝加官進爵之可能大大降低。在社會「重文輕武」思想影響下，世人「恥習弓馬」，習武之風自此開始受到影響。到魏晉時期社會開始彌散一種文弱之風。進入南北朝時期，南朝各國沿襲了魏晉以來的陰柔之風，北朝進入了五胡十六國時期，北方各少數民族大量內遷，相繼入主中原，隨之帶進剽悍尚武的習俗，使習武之風開始興盛，統治者「四時閱武」，甚至在堂堂的國子學內也傳授演練擊劍戰射之法。隋朝建立後，這種風氣逐漸推展到全國。唐朝統治集團內部很多人出自關隴，含鮮卑血統，有濃鬱的尚武之風，又剛剛經受隋末戰爭的洗禮，國內廣泛推行府兵制度，「居常則皆習射」，故中原地區仍不乏豪傑武士，中原習武餘波猶存，朝野上下展現出崇尚武力的價值觀念。

到天寶年間，由於國內「承平日久」，府兵制逐步沒落，曾一度出現輕視軍隊的風氣，在一定程度上使民眾對於習武之類的活動有了反覆。武科舉的出現使得「武藝高低」重新納入品評人才的標準，有效地將這種風氣重新扭轉，從更深的層次上瓦解了魏晉時期以來「重文輕武」的陳腐觀念，統治者屢次下令教民習戰，將尚武精神推進到了一個新的高潮。武則天曾公開倡導武藝，主張「教人習武藝，又製為土木馬，於里閭間教人習騎。」〔註120〕

在武科舉的導向下，以武入仕之路的拓寬和統治者的重視極大地激發了民間習武熱情，不僅湧現出大量習武士子，甚至出現棄文從武的現象。據文獻通考記載：「若文吏求為武選，取身高六尺以上，籍年四十以下，強勇可以統人者」〔註121〕。除此之外，隨著尚武精神向全國範圍推廣，許多文人學子也開始喜好武藝，從事擊劍、騎射等活動，普遍形成了一種尚武風氣，表現出很強的俠義精神，許多文豪都有習武的風氣，以至文人學士亦以習武為喜好。詩仙李白「十五好劍術，偏一下諸侯」，又曾言「學劍來山東」，自謂「高冠佩雄劍」，「長劍一杯酒，男兒方寸心」。詩聖杜甫也有「檢書燒燭短，看劍引杯長」和「放蕩齊趙間，裘馬頗清狂，春歌叢臺上、冬浩青丘專。乎鷹息瀝林，玉魯雲雪角。射飛曾縱革空，引臂落贊鴿」的詩文，縱橫弛騁的颯爽

〔註120〕　（唐）杜佑撰，王文錦等點校，通典（校點本）〔M〕，北京：中華書局，1988：355。

〔註121〕　（唐）杜佑撰，王文錦等點校，通典（校點本）〔M〕，北京：中華書局，1988：360。

英姿躍然紙上。至於文人投筆從戎，親歷兵刀弓馬生涯者，亦不乏其人。唐代中前期的詩人大多數是知兵習武者，特別是初、盛唐的著名詩人們大多親歷過大漠苦寒、兵刀弓馬的生涯。

唐代崇尚武藝，文武兼備，一掃魏晉以來的骨脆膚嫩的陰柔、文弱之風，展現出積極進取、朝氣蓬勃的時代精神，而「盛世」氣象的出現與武科舉的推波助瀾息息相關，其提倡習武和獎勵驍勇的政策為唐代尚武之風興盛做出了重要貢獻。

任何制度無論其有著多麼重要的意義，對後世產生了如何深遠的影響，在創立之初由於沒有之前的經驗積累，也尚未經受實踐的檢驗，必然會在運行過程中暴露出一些不足之處，唐代武科舉也不例外。歸納起來，唐代武科舉的局限主要有以下三點：

第一，科目考核中過於重視勇力，對於士子軍事理論素養的考核不足。

唐代武舉主要考量士子武藝和勇力水平，如長垛、騎射、馬槍、步射、翹關舉重等，對於軍事理論修養的考核相對較弱，僅有「言語」一項，其考量的標準「(答策問)有神采，堪統領」〔註122〕又比較模糊，難以考量出士子的真正謀略水平。當時曾有大臣察覺這種以勇力武藝取士做法的弊端，如薛登在天授二年（692年）提出：「取材不以武藝為限，而武事不可單取技藝，須兼知兵學，方足制敵。」唐憲宗時，蔣防即尖銳指出：「取天下之士，以懸的布垛為之標準，捨矢之中否，一跨馬之遲速，以貌第其人，陞降其秩」，乃是「擇士之無本」。因此，他主張：「天下應兵部舉選者，各習兵書一藝，然後試以弓矢，復其武并所謂智勇兼資、材略並運。」〔註123〕但建議最終未能夠施行。以此選用的軍事人才多為身大力猛、孔武有力能夠衝鋒陷陣的勇將，但終究顯得勇有餘而智謀不足，大多難以成長為「智勇兼資、材略並運」的軍事通才，從而制約了軍隊戰鬥力的進一步提高。

第二，武舉出身人員入仕難度較高，整體成就較為平庸。

唐代武科舉為一部分孔武有力者提供了一條通向官吏的道路，一定程度上起到控制民間不穩定因素的作用。不可否認，唐代武科舉的實施確實能夠選拔出傑出的軍事將領，如被史學家認為是天下以其身為安危者，殆二十年

〔註122〕 （唐）李林甫等，唐六典，卷五九，兵部尚書〔M〕，北京：中華書局，1992：1029。

〔註123〕 （宋）李昉，文苑英華，卷七六五，蔣防兵部議〔M〕，北京：中華書局，1966：4028～4029。

的郭子儀。馬端臨在《文獻通考》中更是以他的事跡爲例反駁《舊唐書》中對武舉的不當評價：「郭子儀大勳威德，身繫安危，自武舉異等中班，誠是豈其可概言其不足道耶？」〔註124〕但從總體上看，唐武舉考核的內容眾多，要求相對嚴格，淘汰率比較高，常年雖有數千百人入皇城參加武科舉，而每歲能及第者，不過十人而已。嚴格的考選制度在一定程度上制約了武士人才的儲備。唐代武科舉及第者的成就相對平庸，能夠留下記錄的都很少。已有的武科舉常貢及第者中，只有二名在新舊唐書的列傳中留下記錄，相當大的一部分僅在墓誌銘的碑文中查到其名姓，可見唐代武科舉及第者的仕途發展和成就相對比較有限。

　　第三，武科任官選授方面仍然存在一定出身決定論。

　　在武科舉的及第授官中，武舉及第後就到兵部「告身」，取得了做官的資格。但根據報考者身份的不同，待遇也分爲三等：「勳官五品以上並三衛執仗、乘，若品子年考已滿者」〔註125〕直接放選派充官職、「勳官六品以下並應宿衛人及品子五考已上者」〔註126〕，授予散官，稱爲「軍士戰官」，剩下的平民應考者需要經過一段時間的實際鍛鍊，即「帖仗」之後再授予散官。根據及第士子出身不同而規定出層次不同的三種授官情況，這種現象是魏晉南北朝以來世傾世祿制度出身決定論的一種隱性延續。在武科舉中，這種非因考試成績而是因出身來決定授官的情況一直延續到了宋代，自明朝起才逐步淡出了歷史舞臺，清代任官與武舉考試水平直接掛鈎的現象才徹底建立起來。

第三節　宋金武科舉探析

　　公元 907 年唐代滅亡，武舉制度也隨之中斷，代唐而起的五代十國都沒有再進行武科舉的記錄。後唐同光二年曾允許四品以上清官的子孫補選爲「太子千牛」。後周顯德四年也下令朝廷中文資官及上將軍、統軍大將薦舉堪

〔註124〕（唐）李林甫等，唐六典，卷五九，兵部尚書〔M〕，北京：中華書局，1992：
　　　　1029。
〔註125〕（唐）李林甫等，唐六典，卷五，兵部員外郎〔M〕，北京：中華書局，1992：
　　　　160。
〔註126〕（宋）王溥，唐會要，卷五九，兵部侍郎〔M〕，北京：中華書局，1955：
　　　　1030。

為軍職者若干名，但這些都屬於一時權宜之計。時人王栐曾對此評價：「五代以來皆以軍卒為將，此制久廢」〔註127〕。直到宋朝建立後，武科舉才重新出現，並有了進一步的發展。

一、宋代武科舉

宋代武科舉是其時政治、軍事及社會需求等因素綜合作用下的產物。在政治方面，武科舉的出現與宋代開國皇帝個人政治需要分不開。宋太祖通過陳橋兵變推翻後周、建立宋朝政權後，鑒於五代十國「朝代更迭頻繁，皇帝如走馬燈般輪轉」的形勢，擔心有朝一日會被自己的部下推翻，因此重視兵權的掌控，採取倚仗文臣制約武將的策略，在天下平定之後採用「杯酒釋兵權」的辦法，奪取許多中央高級軍事將領的兵權。由於對武將仍心存顧慮，宋太祖通過擴大仕進之門培植了一批忠於自己的軍事勢力。在這一點上，趙匡胤的動機和武則天創立武科舉有些類似，也是促使武科舉出現的最直接原因。在軍事方面，宋朝立國之後，西部和北方的少數民族政權對其虎視眈眈，天下雖然統一但並不太平，客觀上要求進行補充新的武將。在這兩方面的影響下，加之我國自古以來的選士就是文武並重，自唐代科舉制度以來文科舉一直沒有間斷，而武科舉自唐末以來一直中斷，如果說五代十國的混亂時期不開科舉對於政局影響不大，那麼宋代作為一個統一的王朝，民間習武者數量眾多，這些人群的入仕需要是不可忽視的，仕進之路得不到滿足將會成為不小的隱患，而武舉可以將四方之奇才武力悉聚京師，起到強本弱末，消除民間的反對之聲，使保衛皇家的力量逐漸強大，振興國威的作用。因此，在統治者和民眾雙方都有需求的情況下，武科舉的出現就水到渠成了。

（一）宋代武科舉的發展歷程

武科舉在宋代的發展演變並非一帆風順，而是經歷了一個從制舉逐漸過渡、中間又暫停施行修改之後重新發揮作用的過程。

公元 960 年，宋太祖趙匡胤登上皇位，在政治上急需一批人才作為官員儲備，軍事上也希望選拔一批素質高的將才充實軍隊，提高整體素質和作戰能力，因此打破等級觀念，堅持「德才為重」的取人標準，面向民間廣開

〔註127〕 （宋）王栐撰，唐宋史料筆記叢刊，燕翼詒謀錄〔M〕，北京：中華書局，1981：44。

「武舉」仕途。開寶元年（968年），宋太祖下詔「令諸道解武舉者，命李防、扈蒙試問所習之業。」〔註128〕可惜選士效果不佳，滿足條件的士子「皆無。悉令罷之。」〔註129〕到開寶八年（975年），又命各州訪察民間賢才，「詔諸州察民有孝悌力田、奇才異行或文武材幹，年二十至五十可任使者，具送闕下。」〔註130〕一年後，各州訪民間選符合條件之人達到740人，選其中370人包含一些「自舉精通武術，熟悉兵法」之士一併送至皇宮，人之多使皇帝感到驚詫，「召對講武殿」〔註131〕，結果仍舊沒有一個合格的人才。可以說在宋朝初年，由於求才心切，加上武選的制度並不正規，取士人員名額沒有限制，地方官吏也沒有進行認真篩選，科考的局面比較混亂，無法保證人才質量，兩次選士的結果都歸於失敗。

宋初選士效果的不理想激發了一些大臣提出向前朝唐代武選學習的念頭。真宗咸平二年（999年），趙安仁上言：「當今有至要者五，其三求軍謀。今武舉已行其軍謀深遠武藝絕倫科。望依唐故事。」〔註132〕提出借鑒唐代以武選士制度的主張。在咸平三年（1000年）「河北守城舉人康克勤等三十人對於便殿，上親閱，試以強弓勁弩。」〔註133〕終於拔取了第一批人才，「克勤善左右射、擊劍。擢中選者十八人，並補三班借職。」〔註134〕此後在咸平五年（1002年）也有施行武舉的記錄，咸平五年（1002年）以應武舉的王淵出任海州懷仁縣主簿。到宋真宗景德二年（1005年）又置「武足安邊、洞明韜略運籌決勝、軍謀宏遠材任邊寄」〔註135〕等科，但選士成果不詳。仁宗朝時，大臣富弼言：「請詔近位及藩鎮於文武官中各舉明兵法有威果習練武略堪任將帥者一二人。」〔註136〕

宋代初期施行的以武選士多屬於武科舉制舉。由於宋朝「重文雅而輕武

〔註128〕筆記小說大觀，六編，七冊〔M〕，揚州：廣陵古籍刻印社，1983：4128。
〔註129〕筆記小說大觀，六編，七冊〔M〕，揚州：廣陵古籍刻印社，1983：4128。
〔註130〕（元）脫脫等著，宋史〔M〕，北京：中華書局，2000：2439。
〔註131〕（清）趙翼著，陔餘叢考，四十三卷〔M〕，上海：商務印書館，1957：591。
〔註132〕（宋）李燾著，宋史要籍彙編，續資治通鑒　長編〔M〕，上海：上海古籍出版社，1986：377。
〔註133〕（宋）李燾，續資治通鑒長編，卷四十七〔M〕，北京：中華書局，1990：1010。
〔註134〕（宋）李燾，續資治通鑒長編，卷四十七〔M〕，北京：中華書局，1990：1010。
〔註135〕曾棗莊，吳洪澤著，宋代編年史〔M〕，南京：鳳凰出版社，2010：28。
〔註136〕（明）邱濬著，大學衍義補〔M〕，北京：京華出版社，1999：1125。

節」，許多「應制科者，恥為將帥寄邊之名」，選士的時間不定，考核沒有統一的標準，名額沒有限制，導致難以對士子進行有效的淘汰，更主要的是，種種不利因素作用下所選拔的人才難以真正滿足朝廷對軍事人才的選充之需要，時代召喚更為規範的武科選舉制度出現。由於唐代施行了武科貢舉制度，因此有人提出將唐代貢舉制度借鑒過來，以提高武選的效果。天聖三年（1025 年），時任興化縣令的范仲淹就在《奏上時務疏》中提出：「至於塵埃之間，豈無壯士，宜復唐之武舉，則英雄之輩願在彀中矣……是國家之福也。」〔註 137〕天聖五年（1027 年）再度上書《上執政書》，指出「四方有逸才之人，朝廷當留意收拾……宜開設武舉，萃拔將材。」〔註 138〕其迫切的心情可見一斑。

在這種情況下，仁宗於天聖七年（1029 年）下詔復置制舉凡六科，包括關於武選的「識洞韜略運籌帷幄科、軍謀宏遠材任邊寄科」，同時，「又置武舉以待方略智通之士，其法皆先上藝業於有司，有司較之，然後試秘閣。中格，然後天子親策之，若武舉，則仍閱其騎射。」〔註 139〕在制舉之後又令設置新的武官選拔制度，將武舉與制科分列，這也象徵著新的武科舉制度即武貢舉開始出現。對此，王栐在《燕翼謀詒錄》中記錄：「唐設武舉，以選將帥。五代以來，此制久廢，天聖七年，以西邊用兵，將帥乏人，復置武舉。」〔註 140〕李燾在《續資治通鑒長編》中也有「初，天聖七年置武舉」〔註 141〕的記載。天聖八年（1030 年），武科貢舉正式實施，「親試武舉十二人，先閱其騎射而後試之。」〔註 142〕由仁宗皇帝親自在崇政殿測試武舉十二人，其中六人合格授官，另外六人「不入等，射不中格，並下落。」〔註 143〕武貢舉的出現標誌著宋代武科舉開始逐步走向正規化。此後在朝臣吳育等奏疏反對下，武貢舉曾短暫停罷。慶曆年間皇帝下詔武科應試舉人「先試以孫（子）

〔註 137〕（宋）范仲淹著，李勇先，王蓉貴校點，范仲淹全集〔M〕，成都：四川大學出版社，2002：202。
〔註 138〕吳芳著，中華教育家思想研究〔M〕，武漢：武漢大學出版社，1992：202。
〔註 139〕（清）畢沅著，續資治通鑒，卷一百七〔M〕，長沙：嶽麓書社，1992：459。
〔註 140〕（宋）王栐撰，唐宋史料筆記叢刊，燕翼詒謀錄〔M〕，北京：中華書局，1981：46。
〔註 141〕（宋）李燾，續資治通鑒長編，卷一百七〔M〕，北京：中華書局，1990：4902。
〔註 142〕脫脫，宋史，列傳第一百二十八〔M〕，北京：中華書局，1977：257。
〔註 143〕脫脫，宋史，列傳第一百二十八〔M〕，北京：中華書局，1977：257。

吳（子）大義，以策對爲去留，以弓馬爲高下。」〔註144〕自此爲宋代武科舉的考核標准定下了基調。此後的考核內容雖有變化，但「程文對策定去留，弓馬水平分高低」的原則一直被保留下來。

宋代武科貢舉在施行之初備受輕視，景祐元年（1034 年）宋庠奏：「近者試制策舉人並武舉人於崇政殿……賢良方正蘇紳就試之日並與武舉人雜坐廡下，泊摛辭寫卷皆俯伏氍上。武舉人才術膚淺，流品混淆，挽弩試射，與兵卒無異，使天子制策之士並日較能，此又國體之深譏者也。」〔註145〕通過這一奏章可以得知此時的武貢舉尚未擁有自己固定的單獨考試，只能與制舉一同舉行，還被認爲是有辱斯文「國體之深譏」而受到奚落，這也從一個側面反映出宋代對於武士的輕視和宋代武貢舉地位不高。皇祐元年（1049 年）由於宋夏議和「邊事浸息，遂廢此科。」〔註146〕直到嘉祐八年（1063 年），樞密院上奏請求復置武舉：「以爲文武二途，所關治亂，不可闕一……況今朝廷所用武人，稍有聲稱者多由武舉而得，則此舉不可廢罷明矣。」〔註147〕雖然對於武舉的作用有些誇大，但對提高武科舉的地位確實起到了一定的作用，此后皇帝下詔要求兵部重新議定「武科」制度。英宗治平元年（1064 年）九月下詔復置武舉，並採納翰林學士王珪的建議，確立「武舉格」，在考試時間、所用科目以及授官評定等方面均作出新規定，一直延續到南宋度宗咸淳年間未嘗更易，持續舉行了兩百餘年。總的來講，宋代的武科舉起於不定期的武科制舉科目，隨著對士子要求的提高而形成常貢科目，期間還曾建立武學與之相輔相成，在發展的前期遇到短暫的停罷，重啓之後將各項規章制度修訂完善，並一直延續到宋朝滅亡。宋朝武科舉經歷了一個產生、發展、停滯、復蘇、修訂的過程，這既是其迂迴發展的眞實寫照，亦可看做是整個武科舉制度從萌芽到曲折發展直至走向輝煌的縮影。

（二）宋代武科舉的應試人員規定

宋仁宗在天聖七年（1029 年）對參加武科舉人員作出限定，主要有三類人可以參加武科舉。第一類是「三班使臣」。宋代初期曾將供奉官、左右班

〔註144〕脫脫，宋史，列傳第一百二十八〔M〕，北京：中華書局，1977：272。
〔註145〕宋庠撰，元憲集（1～4 冊）〔M〕，北京：中華書局，1985：327。
〔註146〕（宋）王栐撰，唐宋史料筆記叢刊，燕翼詒謀錄〔M〕，北京：中華書局，1981：46。
〔註147〕（宋）李燾，續資治通鑒長編，第13～20 冊〔M〕，北京：中華書局，1986：4902。

殿直、殿前承旨稱爲三班，在雍熙四年（987 年）設置三班院增設左右班侍禁，將殿前承旨改爲三班奉職，而原有的借職奉職等官均改爲三班借職。這一類人主要是當時在御前的一些低級武臣階官，在武舉施行之前往往需要通過磨勘循資來升遷。但由於這類低級武官有武選升遷之途，如元豐元年「大小使臣試弓馬藝業出官法」、熙寧五年的「大小使臣出官試格」，因此「三班使臣」並非武舉人員來源的主流。第二類是「雖未食祿、實有行止」者。這一類人沒有官階，對其的要求是「不曾犯贓及私罪情輕」，除了身家清白之外，要想獲得參加武科舉的機會，還需要命三名官員官進行保結，由「主判官看詳所業，閱視人材，審驗行止」〔註 148〕，還要先試一石力弓的平射或者七斗力弓的馬射才能取得應試資格。第三類是「文武官子弟別無負犯者」。這一批人需要「實有軍謀武藝」，同時也需要「命官三人委保行止」，並由有關官員「看詳所業」。從宋代參加武科舉的人員資格界定來看，限制的條件並不多，應試者的來源還是比較廣泛的，雖然有官階的三班使臣無需再經過考核，這點看來有一定的不平等性，但總體上看，還是比較公平公正的。

此外，關於應試人員還有一些特殊的規定。首先是保奏具有一定的時效性，由於應試之人太過繁冗，如果保狀呈送太晚則無法審查，因此一般要求在比試之前幾個月送達兵部，否則不許應考。如淳熙十三年（1068 年）規定保狀於六月終展限至閏七月半以前投下，之後不再接收。其次限制文科舉應試落地者參加武科舉，景祐元年詔令「應進士、諸科取解不獲者不得應武舉」〔註 149〕。隨著日後文武科舉考試時間的統一，這項規定也失去存在的意義。再次是將一些地區報名參加武科舉的人員籍貫限定在當地。熙寧元年十一月敕令河北、河東、陝西三路臣僚奏薦應武舉人「須是本路土著，不得以遊士寄貫人冒冒充數。」〔註 150〕這一政策一直持續到熙寧八年（1074 年），兵部又奏請應舉人至繫別路別州而有戶貫者並得收試。應試武科舉的人員需要各地官員保薦，這一做法能夠保證投考的士子質量，同時在一定程度上起到監督作用，與最高統治者防範武人不測之志的戒心有一定的關係。

〔註 148〕曾棗莊，劉琳主編，四川大學古籍整理研究所編，全宋文，第二十二冊〔M〕，
　　　　成都市：巴蜀書社，1992：539。
〔註 149〕黃留珠著，中國古代選官制述略〔M〕，西安：陝西人民出版社，1989：292。
〔註 150〕黃留珠著，中國古代選官制述略〔M〕，西安：陝西人民出版社，1989：292。

（三）宋代武科舉的層次

目前學界關於宋代武科舉考試層級尚有爭論，有些學者傾向於比試、解試、省試和殿試四級考試〔註151〕，有一些學者則認為有解試、省試、殿試三級〔註152〕，爭論焦點集中於是否存在「比試」。本書支持第一類學者的看法，認為宋代武科舉的「比試」確實是存在的。

1、比試

宋代武科舉的比試，又稱「引試」，屬於解試、省試、殿試之前的一個考試層級，通過對相關史料的梳理，可以看到其存在的痕跡。宋代武科舉中「比試」的記錄最早發現於建言二年（1128 年）二月，據《建炎以來繫年要錄》記載「建炎二年二月乙亥：言者論：望委逐路憲帥司，依弓馬所格法，比試合格人申省部。」〔註153〕此時的比試是一般性的考試還是特指武科舉考試的一級考試程序，文獻記錄中並未明示，尚不能得以確認。到乾道五年（1169 年）「武舉比試、發解、省試三場，依條以策義考定等第，具字號，會封彌所，以武藝並策義參考。今比試自依舊法，其解、省兩場，請依文士例，考定字號先具奏聞，拆號發榜。」〔註154〕自此可明確地看出，在乾道五年（1169 年），比試已經作為武科舉的一級考試存在了，也就是說武科舉中比試的出現在 1169 年之前。此後，不斷有文獻記錄了武舉比試的情況，按其記載時間順序，列於下：

乾道七年（1171 年）應武舉絕倫的進士李岳和顧諒狀，在比試時候弓騺合格，程文取中，在解試時候弓弩合格，程文被黜。淳熙元年（1174 年）應武舉得保官者或入狀互保人：「依前例放行比試，試中即赴解試，俟解試中仍召升朝保官一員赴省試。」〔註155〕淳熙十三年（1186 年）七月武舉在八月內舉行引試、解試兩場，考試所用的弓馬由內軍器庫依條例，出借絕倫兩

〔註151〕持此觀點者有《武舉制度史略》、《宋武舉述略》、《中國武舉與武術之探微》、《中國古代職官科舉研究》、《中國考試通史》、《宋代武舉與武學》等。

〔註152〕持此觀點者主要有《武道彷徨——中國歷史上的武舉與武學》、《中國歷代武狀元》、《武舉考試與孫子兵法》等。

〔註153〕（元）馬端臨撰，四庫家藏，文獻通考〔M〕，濟南：山東畫報出版社，2004：723。

〔註154〕許嘉璐主編，二十四史全譯，宋史（第 5 冊）〔M〕，上海：漢語大詞典出版社，2004：3402。

〔註155〕楊學為主編，中國考試制度史資料選編〔M〕，合肥：黃山書社，1992：202。

石、弓一百張，待到引試畢後發還。淳熙十六年（1189 年）詔令「今後武舉比試弓馬移於城東大教場，可差兵部長二郎官及殿步統帥統制等官監試。」〔註156〕慶元五年（1199 年）詔令「逐州軍如委係土著士人，召丈武官保奏，須要選擇人材精於武藝，於解試年份二月內聽於本部安撫司拍張弓馬合格，不限人數並行取放，仍就本司差官比試程文。將文理稍通人並赴行在解試，別立字號，今項考校取撥十名為額，仍於省試見取放人內撥五額為省額，如解發人數稀少，臨時取旨。」〔註157〕在南宋時，趙汝愚在給文科舉建議中也提到「每引試日，官吏惴惴然」，建議「如武舉法，先行比試一次」〔註158〕，從側面也印證了武科舉比試的存在。通過以上史料可以看出，宋代武科舉的比試屬於解試之前的資格考試，考試的內容有內場程文和外場弓馬兩類。比試在京師由兵部委官主持，在地方上由帥司主持，由於比試屬於參加武科舉考試的入門資格考，因此參加的人數眾多，考試無需「考定字號」，也沒有密封謄錄等要求，總額一般限制在二百人左右，南宋時期由於應考人數眾多，所以對考試人數進行了限制，即「率二人取一名」。淳熙七年應舉人數達到七百人，名額增至一百一十名，錄取率在百分之十五左右，反映出武科舉應考人數逐步增加，武科舉在宋代的影響不斷增強。

2、解試

解試是宋代武科舉考試的第二級，由兵部主持舉行。解試創立的具體時間目前無法詳查，在治平元年（1064 年）曾有「令每開舉則兵部至歲中具所舉人名數以聞，明年三月命館職二人與判兵部同試策一道，命馬軍司試弓馬武藝，具所試等籍送試官參校，合格以名聞」〔註159〕的記載，由此可以推知，宋代武科舉在 1064 年以前就開始施行了。「解試」由行在兵部主持，這與文人發解由地方州府主持不同。在建炎、乾道年間，武舉發解人數為七八十人左右，李心傳曾說：「武舉者。自仁宗以來有之，諸路舊無解額，率以七十人赴省試〔註160〕，大觀二年（1108 年）武舉科場「於舊解額八十

〔註156〕徐寒主編，中國歷史百科全書文化教育卷〔M〕，長春：吉林大學出版社，2005：516。

〔註157〕李英，楊愛華著，三峽庫區民族傳統體育研究〔M〕，成都：四川大學出版社，2008：33。

〔註158〕歷代名臣奏議，卷一六九〔M〕，臺北：新文豐出版公司，1988：749。

〔註159〕趙鐵寒編，宋史資料萃編〔M〕，臺北：文海出版社，1979：42。

〔註160〕（宋）李心傳撰，建炎以來朝野雜記〔M〕，北京：中華書局，2000：275。

人內取二十四人」〔註161〕。靖康年間由於軍事緊急曾詔令諸路州府軍監，如果有習武藝和通兵書之人，不限人數全部進行保舉。北宋時期的解試時間爲每年三月，南宋時期爲每年七月，紹興二十四年之後（1154 年）改爲八月。

解試的具體考試日程爲：「八月十四日揭比試榜，十五日試弓馬，十六日試程文《七書》義」。〔註162〕紹聖四年（1097 年）同知貢舉林希上奏應武舉人止試策一道大略，希望能依照文科進士試三道策論。後來得到皇帝的同意，武科解試添加策論一道。可見與比試一樣，解試的考試內容同樣包括弓馬和程文兩項，其中程文考試主要考核武經七書中的內容或者謀略題一道，其試題分量與省試相仿。此外，解試的考卷需要密封，在考試之後再行發榜，乾道五年（1169 年）規定「武舉比試、發解、省試三場，依條以策義考定等第，具字號，會封彌所，以武藝並策義參考。」〔註163〕爲了照顧到藝優於策或策優於藝的不同士子的特點，發解試中按照武科舉的兩項：絕倫與平科分別進行發解，解額各自結算。慶元元年（1195 年）解試武學生係該七月七日覃恩免解外，有赴終場絕倫三十人，平等三十人，共七十七人。乾道七年（1171 年）則發解正解五十人，免解二十九人，絕倫十一人。

3、省試

省試是由兵部舉行的考試，也被稱爲「兵部試」。省試考核的內容與解試類似，爲弓馬武藝和程文策試。最初程文考試的地點設在秘閣舉行，因此也被稱爲「秘閣試」，弓馬考試安排在軍器庫進行，一直到治平年間，都由直學士與軍頭司一起考核士子的弓馬武藝。南宋建炎二年（1128 年），弓馬考試改爲「行在殿前司試弓馬」〔註164〕，熙寧八年（1075 年）以後，改到貢院舉行，由朝廷選派知貢舉、監試、主考、彌封等官主持考試。在官員的選派上，楊康蓀曾做過這樣的描述：「大致文臣差遣文試官，武臣差遣武藝試官。」〔註165〕宋代武科舉省試的錄取名額不斷變化，在武科舉施行初期並未見到對具體錄取名額的限制政策，此時應試士子人數不多，估計爲合格者全

〔註161〕謝青，湯德用主編，中國考試制度史〔M〕，合肥：黃山書社，1995：134。

〔註162〕王凱旋著，明代科舉制度考論〔M〕，瀋陽：瀋陽出版社，2005：230。

〔註163〕楊學爲等主編，中國考試制度史資料選編〔M〕，合肥：黃山書社，1992：202。

〔註164〕譚吉璁述，歷代武舉考〔M〕，北京：中華書局，1985：1。

〔註165〕楊康蓀，宋武舉述略〔J〕，中國史研究，1985（3）：49～62。

額取送。到熙寧二年確定了取士的比重標準為所取合格者不得過五分，即按照 50%以內的比重來錄取士子。取士人數毋超過三十人。省試錄取比率在大觀元年（1107 年）之後曾略有降低，到南宋時期，省試登榜人數常在二十至四十人之間浮動。〔註 166〕

4、殿試

在武科舉中施行殿試的做法在唐代就曾出現，但是並未形成定制，僅帝王偶而為之。到宋代武科舉中的殿試才真正得以建立，清人趙翼在《陔餘叢考》中提到：「武科殿試實自宋始，是宋時原有武舉及武科殿試之例。」〔註 167〕當代學者祝尚書也持類似的觀點：「殿試始於宋而非唐武則天。」目前可以查到的關於宋代武科舉殿試的最早記錄出現在宋仁宗天聖八年（1030年），「宋仁宗親試武舉十二人。」〔註 168〕此時的武舉殿試仍存在黜落的現象，所試的十二人中有六人「不入等，射不中格，並下落。」〔註 169〕殿試黜落的做法使參加科考的士子壓力過大，甚至出現因殿試不中而心生怨念轉而投奔西夏的現象，因此嘉祐二年（1057 年）詔令「進士殿試，皆不黜落。」〔註 170〕武舉在治平二年（1065 年）重開之後也不再黜落士子。宋代武科殿試舉行時間多集中在九月，如治平二年（1065 年）「九月己巳，策制舉人，又策武舉人」，〔註 171〕熙寧三年（1070 年）「九月乙巳，御崇政殿策賢良方正，又策試武舉人。」〔註 172〕地點多集中在集英殿、崇政殿和幄殿。考試同樣分為內場程文和外場弓馬考試兩種，弓馬考試一般由馬軍司進行考核，內場的程文考試由皇帝親自主持，考核題目由御藥院擬定，「御試武舉人，御藥院初考官撰策題。」〔註 173〕武舉的殿試制度由於不黜落士子，因此淘汰選拔的作用相對較弱，皇帝親自將入仕的恩澤給予士子，令其成為天子門生，可以讓這些習武士子們更好地效忠皇帝本人，在一定程度上起到了加強皇權的作用。此後的明清兩朝也都沿用了殿試的做法。

〔註 166〕許友根，武舉制度史略〔M〕，蘇州：蘇州大學出版社，1997：31。
〔註 167〕（清）趙翼著，陔餘叢考，四十三卷〔M〕，北京：商務印書館，1957：592。
〔註 168〕龔篤清撰，明代科舉圖鑒〔M〕，長沙：嶽麓書社，2007：20。
〔註 169〕龔篤清撰，明代科舉圖鑒〔M〕，長沙：嶽麓書社，2007：20。
〔註 170〕陳登原著，國史舊聞，第二冊〔M〕，瀋陽：遼寧教育出版社，2000：126。
〔註 171〕（元）佚名撰，宋史全文〔M〕，哈爾濱：黑龍江人民出版社，2004：525。
〔註 172〕龔延明著，中國古代職官科舉研究〔M〕，北京：中華書局，2005：643。
〔註 173〕中華書局編輯部編，文史，第 36 輯〔M〕，北京：中華書局，1992：242。

（四）宋代武科舉考試內容

宋代武科舉的考試內容在繼承唐代武舉基礎上有新的發展，考試的內容規定更為詳細，不同的科目之間存在一定的差異。武科制舉與唐代相仿，主要進行策論等程文考試，而武科貢舉則在武藝考試之外增加了大量內場程文考試的內容。由於比試和解試是宋代最初級別的考試，內容設計上較為簡單，故主要對省試和殿試的考試內容進行探討。

1、武舉外場考試

宋代武科舉外場考試內容主要有弓步射、馬射、弩踏、掄刀槍等，其中步射是主要的科目。武舉施行之初對應試者的要求較為籠統：「試步射一石弓，馬射七斗弓力」者即為合格，達不到要求者被淘汰。治平元年（1064 年）八月，主管軍國邊備的最高軍事機關——樞密院確定了武舉考試的四等格，明確考試的內容為：「弓步射一石一斗力，馬射八斗力」〔註174〕和「弓步射一石力，馬射七斗力」〔註175〕，並根據士子不同的表現評定為優等、次優、次等、末等四個等級。淳熙七年（1180 年）頒佈的《武舉貢舉格補官差注格法》進一步降低了考試要求：「第一等，弓一石一斗力兼馬射七斗、第二等，弓一石力兼馬射七斗、第三等，弓九斗力兼馬射七斗」。〔註176〕與唐代不同，宋代沒有出現對於身材等科目的考測，但是在馬射和步射這兩項上並未降低對士子力量的要求。在外場弓馬考核設立之初，無論步射還是馬射都未將命中率列為評價範圍，不重視射箭精度的考量，對此曾有人對「考核但取箭滿，不問中否」的做法提出質疑，吏部尚書蘇頌就認為「唯親命中之法，於令去人，最為急要。」〔註177〕並提出了增加命中率考核的改良方法。此後，對弓馬考試的要求作了修改規定，「步射兩箭，馬射正背共五箭」，「馬射應法而三箭上垛者，於步射等第中遞陞一等」。〔註178〕除了步射和馬射之外，外場考試還有弩踏和掄使刀槍。弩踏考量所用的器具弩屬於弓的一個變種，射程較遠，有

〔註174〕謝青，湯德用主編，中國考試制度史〔M〕，合肥市：黃山書社，1995：135。
〔註175〕謝青，湯德用主編，中國考試制度史〔M〕，合肥市：黃山書社，1995：135。
〔註176〕熊武一編著，軍事大辭海〔M〕，北京：長城出版社，2000：51。
〔註177〕（宋）蘇頌著，蘇魏公文集，附魏公譚訓〔M〕，北京：中華書局，1988：235。
〔註178〕（宋）李燾撰；上海師範大學古籍整理研究所，華東師範大學古籍整理研究所點校，續資治通鑑長編，第 33 冊卷四百九十三〔M〕，北京市：中華書局，1993：11702。

手射和腳踏以及單人和多人等不同類型，武舉考試所用應爲單人手射。掄使刀槍的考量似應是在馬上揮舞刀槍，由於具體的測試辦法尚未被發現，故僅爲推測之談，不敢妄下定論。

從外場考試的內容設置來看，宋代武科舉取消了身材和負重等考核，降低了准入標準，這也是在重文輕武大環境下擴大習武入仕者來源的一個應對手段。由於當時宋軍以步兵爲主，對抗西夏、遼金等少數民族時弓箭是有效的制敵手段，武科舉外場中加強射箭水平的考核更突出了在實戰中的應用，體現了宋代武科舉更高的實用性。

2、武舉內場考試

宋代武舉除了外場考試，還有內場程文考試，考試的形式主要有策問、墨義、兵書大義等，內容幾乎涵蓋當時主流的軍事經典著作。在天聖七年（1029 年），詔令考核策問一道，但具體內容不詳、在慶曆七年（1048 年）對考試範圍作出限制時曾規定「自今策試武舉人毋得問陰陽諸禁書」〔註 179〕。由此可推知，1029～1048 年間武科舉的策問考試內容相當廣泛，不僅包含各類軍事理論著作，甚至一些陰陽學之類的著作也作爲考試的內容之一。到治平元年（1064 年）三月，翰林學士賈黯的上奏「如明經之例，於太公韜略，孫吳司馬諸法及經史言兵事者，設爲問目」〔註 180〕得到朝廷採納，並規定「館職兩人與判兵部同試策一道。」〔註 181〕

由於試策的內容以邊防時務和理論的結合爲主，對應試士子的要求比較高，因此出現開設墨義科的呼聲。熙寧三年（1070 年）三班院言殿直雷珣請求「試《六韜》《孫》《吳》兵書義十道。」〔註 182〕熙寧五年（1072 年）出現兵書墨義科，不能答策的士子可以只答兵書墨義。對此，王安石認爲考核簡單記憶能力的墨義意義不大，考核難度降低容易導致「入官太冗」的弊端。後改爲考核闡釋各類軍事理論著作的兵書大義。熙寧八年（1075 年），考核規

〔註 179〕（宋）李燾，續資治通鑑長編，第 25 冊〔M〕，北京：中華書局，1990：3899。

〔註 180〕（宋）李燾，續資治通鑑長編，第 13～20 冊，卷二零二〔M〕，北京：中華書局，1986：4903。

〔註 181〕（宋）李燾，續資治通鑑長編，第 13～20 冊，卷二零二〔M〕，北京：中華書局，1986：4903。

〔註 182〕（宋）李燾，續資治通鑑長編，第 13～20 冊，卷二百一十八〔M〕，北京：中華書局，1986：5053。

定武舉人「先試《孫》、《吳》、《六韜》大義共十道，爲兩場」，〔註183〕然後再「問時務邊防策一道，限七百字以上。」〔註184〕元豐七年（1084年），測試大義的成績有了具體規定：「武舉及試出身，並依進士試大義一場，第一等取四通，第二等取三通，第三等取二通，並爲中格。」〔註185〕紹聖七年（1097年），朝廷採納翰林學士林希的主張「應武舉人止試策一道大略，欲乞請依進士試三道」〔註186〕，下詔「自今發解、省試添試策一道。」〔註187〕策問數量從此增至二道，並一直沿用到南宋時期。宋代武舉在殿試中只考策論一道，在答題字數上不做限制，不進行兵書大義的考核，體現出了殿試注重士子韜略水平的特點。

宋代武科舉的內場程文考試是武科舉史上的一大創舉，既考核對經典兵書的理解和記憶，又能結合具體邊防時務情況考察士子的韜略水平，要求之高爲歷代武舉所罕見。而寶元三年（1040年）制定的「武舉人程試並以策問定去留，弓馬定高下」〔註188〕的錄取標準，又使內場考試在宋代武科舉中處於十分重要的地位，有助於習武士子提升文武兩方面的素質。

（五）宋代武科舉及第授官

從武科舉層級和考試內容來看，宋代的考核內容比唐代要多，難度也提升不少。然而受到宋代社會「重文輕武」風氣的影響，這些經歷了比、鄉、省、殿層層選拔，並通過內外多項內容考核的武科士子在及第授官方面卻並不受重視，很多以武入仕者的仕途之路需要從最基層的職位開始。

宋代武舉授官的規定最早見於天聖八年（1029年），規定殿試合格者根據成績的高低分別補授三班奉職、三班借職、三班差使等官。景祐元年（1034年）補授三班借職、三班差使和下班殿侍，到治平元年（1064年）規定補授右班殿直、三班奉職、三班借職、茶酒班殿侍、三班差使等職。鄭和二年

〔註183〕（宋）李燾著，宋史要籍彙編，續資治通鑑長編〔M〕，上海：上海古籍出版社，1986：2515。

〔註184〕（宋）楊仲良撰；李之亮校點，皇宋通鑑長編紀事本末〔M〕，哈爾濱：黑龍江人民出版社，2006：1312。

〔註185〕（宋）李燾撰；上海師範大學古籍整理研究所，華東師範大學古籍整理研究所點校，續資治通鑑長編，第25冊〔M〕，北京市：中華書局，1990：8385。

〔註186〕謝青，湯德用主編，中國考試制度史〔M〕，合肥市：黃山書社，1995：134。

〔註187〕謝青，湯德用主編，中國考試制度史〔M〕，合肥市：黃山書社，1995：134。

〔註188〕曾棗莊，劉琳主編；四川大學古籍整理研究所編，全宋文，卷九六二〔M〕，成都：巴蜀書社，1992：776。

（1112 年）武臣官階易名後，武科舉授官的職位名稱有所改變，左右班殿直改爲成忠郎、保義郎，三班奉職和三班借職改爲承節郎，承信郎，但品級不變。多數的武科及第者就職後也並非進入軍隊系統，在派遣的時候大多從事維持社會治安的監當和巡檢等工作。到南宋以後，武舉授官後不入軍隊的現象也屢屢出現。紹興二十六年，太學博士周操提出「武舉登科者，除第一人朝廷與巡檢差遣外，其餘例處以管庫窠闕，使一旦捨其平日所習，似非選練本意。」〔註189〕孝宗興隆元年（1163 年），殿中侍御史胡沂更直接地指出：「武舉中選者……所取非所用，所用非所學也。」〔註190〕主張將武科中選者「授以軍職，使之習練邊事」。〔註191〕

在眾多大臣的呼籲和南宋日趨緊張的邊境形勢下，武科舉的任命情況出現了一些改觀，武科士子逐漸得到優待。乾道五年（1169 年），武舉及第者開始得到朝廷頒發的黃牒誥命，授官的秩位與差遣實職相聯繫〔註192〕。乾道七年（1171 年），設立「武舉絕倫並從軍法」規定：「凡願從軍者，殿試第一人與同正將，第二、第三名同副將，五名以上、省試第一名、六名以下並同準備將、從軍以後，立軍功及人材出眾者，特旨擢用。」〔註193〕到淳熙七年（1180 年）頒佈的《武舉貢舉格補官差注格法》，對武舉授官做了更爲詳細的規定：「第一名堪充兵將官、願從軍人補秉義郎，差充三衙並江上諸軍同正將，依正額人支破請給，到軍及五年無遺闕、願離軍者除諸軍計議官，了毛滿人諸軍路正將、二三名堪充兵將官、願從軍人補保義郎差充三衙並江上諸軍同副將，從正額人支破請給。到軍及五年無遺闕與轉忠訓郎。第四名、第五名並省試第一名堪充兵將官，願從軍人，依舊法補官，差充三衙並江上諸軍同準備差遣，依正額人支給請給……第六名以下堪充兵將官，願從軍人，依舊法補官，差充三衙並江上諸軍準備差遣，任滿入諸軍兵馬押監」〔註194〕此時所授的官職已經比北宋時期普遍高一到兩個等級，還能和文臣一樣享有自己選定任官地點的「指射」待遇。淳熙十一年（1184 年）又詔令「文武臣

〔註189〕苗書梅著，宋代官員選任和管理制度〔M〕，開封：河南大學出版社，1996：24。

〔註190〕（元）脫脫著，宋史〔M〕，北京：中華書局，2000：2464。

〔註191〕（元）脫脫著，宋史〔M〕，北京：中華書局，2000：2464。

〔註192〕許友根，武舉制度史略〔M〕，蘇州：蘇州大學出版社，1997：40。

〔註193〕（元）脫脫著，宋史〔M〕，北京：中華書局，2000：2465。

〔註194〕（元）脫脫等著，宋史〔M〕，北京：中華書局，2000：2470。

指射，先注武舉出身人，從本部長貳銓量訖，申樞密院審察。」〔註195〕除此之外，還有一些臨時性的恩寵政策，如皇帝即位後初臨殿試時的「龍飛恩例」，中舉的士子可以在規定的授官品級上再升一級，這種做法對後世也有所啓迪，清代康熙首次親臨殿試即行仿傚，在下文中有詳述。

從以上論述可以看出，宋代的武科舉授官在官職品級上不高，多爲最底層的官職，但出路並不狹窄，既可以從軍，也可以從事監當、巡檢之類的維持社會治安的工作，在南宋時期還可以出任武學教官之類的文職。任官途徑的多樣化緩和了授官過低對武科舉吸引力的衝擊，使宋代武科舉仍對士子保持了一定的吸引力，爲後世武科舉士子的安置提供了借鑒。

（六）宋代武科舉的評價

宋代的武科舉在武科舉史上有著特殊的地位，其優點和不足同樣十分明顯。從積極意義來看，宋代武科舉主要有以下幾點貢獻：

首先，宋代首創武學並使之與武科舉相關聯，開啓了一個全新的從軍事學校入武仕途模式。武學的長期開設在擴大習武士子數量、提高武舉參與者綜合素質、拓展習武仕進之路和豐富武科舉取士類型等方面都對當時武科舉的運行起到極大的推動作用。明朝沿襲了宋朝的做法，廣泛創立武學。清朝雖然未專設武學，但將武學附於各縣學之中，所有通過童試的武生大都需入內進行學習。

其次，宋代武科舉的考試規程完備規範。從考試層級來看，創立了從比試、鄉試、省試到殿試的四級考試模式，三歲一貢舉的制度基本得到確定，從天聖八年（1030年）開設武科到咸淳十年（1274年）最後一科，共舉辦78科，考試年份都有明確的正史記載，及第者人數和鼎甲進士所授官職也留下了記錄。宋代武科舉的規程完備、記錄詳實也從側面反映其在社會生活中影響力的增強。

再次，宋代武科舉在考核和錄取方式上靈活多樣。宋代武科舉保留了唐代的武科制舉，同時使武貢舉即狹義的武科舉常態化。武科常貢的考試中專門爲武藝高強但文化水平稍弱的士子設立絕倫科，通過提高外場考核水平的方式來拔取特殊人才。在武科士子錄取方面，殿試中既存在正奏名，也將屢次省試落地者別立一冊建立特奏名，以此擴大落榜人才的仕進之路。此外，

〔註195〕（宋）李心傳撰，建炎以來朝野雜記〔M〕，北京：中華書局，2000：230。

還在四川等邊遠地區推行類省試，並直接對及第者授予官職。

又次，宋代武科舉在考試內容上重視內場程文。相比於唐代單純重視士子的勇力水平，宋代對士子的考核更為全面。在取消唐代「翹關」、「負重」之選的同時增加了包含策論和兵書墨義的內場程文考試，確定「程文定去留」的錄取原則，將內場考試的重要性提升到歷代未有的高度。此舉使宋代武科士子們不只是身強力壯的赳赳武夫，文化素質也較高。大量武科士子在軍事理論、文學方面留下作品，這在歷史上極為罕見。

最後，宋代武科舉在取士標準中去除了對於士子身材等先天標準的考核，確定了憑武藝和文化素養水平確定去留高下的做法。這一舉動的初衷雖有提高武科舉吸引力、擴大士子來源的考慮，但客觀上對於考試公平的影響卻是極為深遠的。士子不因先天的相貌、身材等無法改變的因素而受到歧視或者制約，這在等級制度森嚴、入仕條件苛刻的中國古代社會尤為可貴。

當然，宋代武科舉也存在著許多明顯的不足，突出表現在以下兩個方面：

其一，宋代社會重文抑武的風氣濃鬱。在宋代理學崇文抑武的思想和統治階級防範武臣的雙重束縛下，武科舉的發展受到制約，武舉考試無法在軍事官員的補充和晉升中佔據主流，武科舉士子的社會地位和評價相對不高，許多士子參加武舉只是作為求取官職的一種途徑，相當一部分武舉進士對於軍事工作並無興趣，不願加入軍隊只想尋機改為文職官員。

其二，受制於兩宋政權所佔據的國土面積之限，武科舉所選拔士子的廣泛性和代表性較低，難以完成對更多優秀習武人才的吸納。這一點在南宋尤為明顯。南宋 48 科武舉中，僅溫州平陽縣就出了 15 榜的武狀元，比例超過 1／4，一個地區能出如此多的武狀元，固然與這個地區濃厚的尚武之風、雄厚的經濟基礎有關，但也暴露出宋代武科舉選拔覆蓋面過窄，缺乏競爭性。北方諸多民風剽悍、群眾武藝基礎紮實的省份處於遼金等少數民族政權的統治下，無法參加宋代武科舉，所選拔的武進士並不能完全代表武藝人才的最高水平。

綜上所述，宋代是武科舉繼續發展壯大的時代，它不僅繼承了唐代武舉制度體系中比較先進的部分，還在考試的制度化、程序化方面有較大的提高，建立了比較完善的武舉制度體系。在考試程序上，設立了層次清晰、職責分明的四級考試制度，有固定的考試內容、錄取名額、授官原則，對應考

者進行逐級考試和淘汰，有利於選拔優秀的軍事人才、在考試內容上文武並重，各級考試都增加內場程文內容，打破了以往單一的以弓馬武藝取士的傳統，重視應考者的軍事理論素養，對促使習武之人向文武兼備的方向發展具有積極意義。

二、金代武科舉

　　在兩宋時期，中原大地上存在著一些與兩宋並立的少數民族政權，如遼朝、西夏、金朝等，在南宋後期還有成吉思汗創立的蒙古汗國。在這些政權之中，由於仰慕中原的文化和制度，在選士方面仿照宋朝建立起了科舉制度，其中遼、西夏和金都有過開科取士的記載，而唯有金朝創立了武科舉。

　　金朝主體女眞族完顏部發祥於黑龍江阿什河畔，在十二世紀時開始崛起，建立金朝並定都上京會寧。在滅遼和北宋之後，金朝基本佔據了中國北方大部分地區，形成與南宋同期割據的北方政權。金代重視中原文化的學習，在選士制度方面也繼承遼朝的制度。到熙宗時，金朝在北方的統治已經趨於穩定，爲了籠絡廣大練武之人，在已有的進士科基礎上借鑒唐宋武舉制度，於熙宗皇統年間（1141～1149）施行武科舉制度，對所有的女眞人、漢人以及其它各族練武之士都一律按武藝高低加以考核，按成績高低量才錄用。在章宗太和年間又對武舉制度進行改進，使之更爲完善，其武舉制度一直延續到哀宗天興三年（1234年）金朝滅亡。

（一）金代武舉考試程序

　　金朝的科舉考試始於天眷元年（1138年），實行鄉、府、省三試法。天德二年（1150年）起增加殿試，成爲鄉府省殿四級考試制度，「凡諸進士舉人，由鄉至府，由府至省，及殿廷，凡四試皆中者，則官之。」〔註196〕但是明昌元年，由於鄉試比較草率，「似爲虛設」〔註197〕，詔令取消鄉試，此後以府試作爲第一級考試，形成府、省、殿試三級考試。金代武舉考試程序仿照進士科考試建立，武舉被納入科舉考試是在皇統年間（1141～1149年），因此武科舉也分爲府試、省試、殿試三級考試。武舉每隔三年舉行一次。府試的時間在八月二十日，按不同的行政區分爲六處進行：河北東路、河北西路、中都路集中到大興府（今北京）考試、臨潢、會寧、東京等路在大定府（今內蒙

〔註196〕　（元）脫脫著，金史1，北京市：中華書局，754。
〔註197〕　（元）脫脫著，金史1，北京市：中華書局，754。

昭烏達盟寧城西大名城）、西京路、河東南路、河東北路在大同府（今山西大同）、大名路、山東東路、山東西路在東平（今山東東平）、南京等路在開封府（今河南開封）、京兆、娜延、慶原、熙秦等路在河中府（今山西運城蒲州鎮）。省試的時間為第三年的正月二十日。諸路應試之人齊集於中都（今北京），由吏部統一進行考試。殿試的時間初為七八月間，在大定二十二年（1182年）之後規定為省試的三個月後進行，即三月二十日進行，考試地點在中都，皇帝親自到場進行面試。

（二）金代武科舉考試內容與成績評定

金代武科舉考試分為內外兩場。外場考試有射貼標、射遠垛（當為步射）、騎射臥鹿、馬槍和軍事理論與律條五項考試。在成績的評定方面，無論府試、省試還是殿試都按考試的成績高低分為上中下三個等級，從上表可以看出每個等級的難度有著依次遞減的關係。需要說明的是，殿試成績只要有一項不合格，加以貶退。五項內容合格者按考試成績分為上、中、下三甲。三甲皆賜「勒命章服」，其中，上甲賜紅色，中、下甲賜綠。在鄉試和省試中，執行「凡不知書者，雖上等為中，中則為下。凡試中中下，願再試者聽。」〔註198〕的政策，即如果不通《孫子兵法》和《吳子兵法》，那麼士子的成績考評自動降一個層級。金朝政府規定，所有考試成績為中等或者下等的考生可以重新報名。到泰和元年（1201 年），規定參加上等考試不中的士子「不分舊等，但從所願，試中則以三等為次。」考核的標準寬嚴適度，因此士子的機會較多。

（三）金代武科舉授官和士子及第情況

金代武舉中試者在授官方面也借鑒了北宋的做法，根據不同的考試等級和成績排名來授予官職。章宗承安元年（1196 年）規定：「上甲第一名所授任之職，初為都巡、副將，二為下令，三為中令，四、五為上令。第二、第三名所授任之職，初為巡尉、部將。二為上薄，三為下令，四為中令，五、六為上令。中、下甲所授任之職，初為副巡、軍轄。二為中薄，三為下令，四為中令，五、六為上令。」〔註199〕每一任的任期為三十個月，任期期滿後再履下一任。所任之職遍歷之後，將名單上呈至吏部，然後被授任更高一級的

〔註198〕（元）脫脫著，金史〔M〕，北京：中華書局，1975：765。

〔註199〕蘭婷著，金代教育研究〔M〕，長春市：吉林大學出版社，2010：156。

官職。泰和三年（1203 年）修訂了武舉中試者授官的官職情況，規定：上甲第一名授忠勇校尉，第二、三名授忠翊校尉、中甲授修武校尉、下甲授教武校尉。「不拘有無蔭」，皆「收充親軍」以禁衛宮城諸門，在皇帝外出時「行從宿衛」。等到一定的期限已滿後再予以外放，出任刺史、同知、縣令等地方官或軍職職務。宣宗貞祐三年（1215 年）又規定提高武舉的地位，規定武舉同進士例，及第者「賜敕命章服」。〔註200〕宣宗興定二年（1218 年）五月規定「策論詞賦經義進士及武舉人人見，賜敕命章服。」〔註201〕

（四）金代武科舉評價

作為歷史上第一個施行武科舉的少數民族政權，金朝的武科舉具有許多自身的特色：

1、在考試內容的設計方面，金代的武科舉考試體現出了女眞族善於騎射的特色，同時在軍事理論考核中出現了可喜的變化。金代武科舉在考試內容上重視射箭和馬上技術，有遠射垛子、近射貼標、騎馬射臥鹿和馬上長槍，考核的項目達到了四項，這些科目大都源自唐代，難度比唐朝要高。如步射長垛，唐代規定距離爲「百有五步」，而金朝則規定「二百二十步」，距離相差一倍。同時取消了針對身材的考量標準以及舉重翹關的單純力量測試。這些規定體現出金朝女眞族軍隊以騎兵爲主的民族特色，有利於選拔出馬射、馬槍和射箭技能出色的人才，更好地爲軍隊服務。除了軍事實踐技能考核外，金朝還重視對軍事理論的考核，將軍事理論納入考試範圍內並制定出詳細的考量標準。考核內容設「問《孫》、《吳》書十條」一項，要求參加不同等級考試的士子分別回答出三至五條，雖然還無法與重視武舉內場程文考試的宋代相提並論，但比唐代武舉中「（答策問）有神采，堪統領者爲次上，無者爲次」〔註202〕的要求提高不少。對於一個軍事素養水平較低的少數民族政權來講，對漢朝經典兵書的學習本身就存在一定的難度。承安四年（1199年），章宗對宰臣說：「朕嘗觀宋白所集《武經》，具載攻守之法，亦多難行……然《武經》所述雖難遵行，然知之猶愈不知。」能做到這一點已經是難能可貴了。從考核的方式來看，主要考核士子識記和復述經典的能力，要求相對

〔註200〕脫脫，金史〔M〕，北京：中華書局，1975：766。
〔註201〕脫脫，金史〔M〕，北京：中華書局，1975：327。
〔註202〕（唐）李林甫等，唐六典，卷五，兵部員外郎〔M〕，北京：中華書局，1992：160。

低，這也基本符合金朝習武士子的普遍水平。

2、考試的規程制定初具規模，評定標準和授官規定詳細完備。金代武科舉將唐代武科舉初創以來的基本構架保持下來，並將原有的二級考核方式擴展爲「省試、會試、程試（殿試）」三級考核、在考核方式上，採用上、中、下三個等級，並詳細規定了每個等級的及第要求、在任官方面，對所有士子一視同仁，根據不同的考試等級和成績排名來區分對待，取消了唐代以來不同出身士子在及第授官方面不同的待遇，及第者在不同的職位鍛鍊輪轉，既能充任「都巡」、「副將」等軍隊武官，也有「收充親軍」爲皇帝侍衛的經歷，這一做法爲後世武科舉提供了參考。

3、及第士子表現平庸，社會評價不高。作爲曾長時間雄踞中國北方廣大地區的一個政權，金朝曾相繼滅掉遼國和北宋，勇武善戰的良將頗多，但與之形成鮮明反差的是金代武舉出身有建樹者寥寥無幾，甚至在宣宗興定二年（1218 年）由於面臨蒙古大軍壓境，急需軍事人才，「特賜武舉溫迪罕繳住以下一百四十人及第。」〔註203〕但最終這一百四十餘人的仕途發展湮沒無聞，甚至連武狀元的事跡都無法考證，武舉士子的平庸由此可見一斑。金代武舉士子的表現與其軍事鬥爭技能和戰爭經驗匱乏有著密切的關係，對此金朝東京總帥紇石烈牙吾塔的看法很有代表性：「武舉入仕，皆授巡尉軍轄，此曹雖善騎射，不歷行陣，不知軍旅，一旦臨敵，恐致敗事。」〔註204〕坦言武舉人需要先在基層鍛鍊，有實戰經驗後再行提拔「盡括付軍前爲長校，俟有功則升之。」由於軍事活動中武士子的戰績並不突出，加上金人習慣性地重視軍旅行伍，金代武舉士子的仕途發展空間有限，社會評價不高。金代武舉士子身處驍勇善戰之國，又有大量建功立業的戰爭機會，卻沒能充分發揮作用，在史冊中沒有留下更多紀錄，這應當是金代武科舉一個不小的遺憾。

4、金朝在武舉士子的任用方面開創了一個歷代武科舉中少有的局面。金朝曾調集各地武舉士子彙集於京師，別爲一軍，以備不時之需，成爲金朝武舉制度的一個特點，如《金史宣宗本紀》貞祐三年（1215 年）八月詔「武舉官非見人及以從軍者，隨處調赴京師，別爲一軍，以備用，被薦舉未授官者，量才任之。」〔註205〕《選舉志》中也記錄了這一點：「宣宗貞祐三年，同進士

〔註203〕（元）脫脫撰，金史〔M〕，北京：中華書局，1975：336。
〔註204〕（元）脫脫等撰，金史〔M〕，北京：中華書局，1975：766。
〔註205〕（元）脫脫等撰，金史〔M〕，北京：中華書局，1975：205。

例，賜敕命章服，時以隨處武舉入試者，別爲一軍，以備緩急，其被舉薦而未授官者，亦量才任之。」〔註206〕由此可見，金朝組建了一個武舉人爲骨幹力量的軍事組織，建立一支機動部隊，而由政府隨時調遣。〔註207〕這種做法在貞祐三年（1215 年）出現，是否成爲定制還需要進一步的考證，但將尙未任職的武舉人集合到一起組成特別軍隊，能夠起到一舉兩得的效果：由於武舉人個人的軍事技術水平較高，能夠保證這支部隊強悍的戰鬥力，放置在京師作爲衛戍部隊又避免了武舉人普遍存在缺乏戰爭經驗的短處，在保護皇帝方面可以起到重要作用、同時所招錄的人員爲各地尙待候選的武舉人，也在一定程度上消除了地方上的不安定因素。

綜上所述，金代開創的武科舉制度上承唐，中連宋，下啓明清，在武科舉發展史上起到重要作用。金代武科舉是第一次在非漢族爲主體的統一政權中長期施行，客觀上反映了武科舉制度不僅局限於漢族，對其它少數民族政權乃至國家也適用，爲武科舉在東亞地區的擴展做出了一定的貢獻。此外，由於金代的主要統治階級女眞族是清代的祖先，金代武科舉的施行經驗和教訓也在一定程度上爲清代武科舉的出現和發展奠定了基礎。

第四節 明代武科舉探析

明代武科舉承襲唐宋金，下啓清代，在武科舉發展史上的地位十分重要，尤其在元朝近百年不設立武科舉的情況下，明代武科舉的設立對於武科舉延續的意義更爲明顯。對此，近代學者孟森曾認爲：「明承法紀蕩然之後，損益百代，以定有國之規，足與漢唐相配。……明所定制，清承之不敢有差，遂各得數百年。」〔註208〕

一、明代武科舉產生的背景

明代武科舉的出現與明朝獨特的社會環境密切相關，概括而言，是明朝面臨的內外部軍事形勢惡化、武官選拔制度腐化和武官考核制度異化三重因素影響下的結果。

〔註206〕（元）脫脫等撰，金史〔M〕，北京：中華書局，1975：766。
〔註207〕任立達，薛希洪著，中國古代官吏考選制度史〔M〕，青島市：青島出版社，2003：204。
〔註208〕孟森撰，商傳導讀，明史講義〔M〕，上海市：上海古籍出版社，2002：31。

　　首先從當時明朝內外部軍事環境來看，明朝初期其周邊地區的局勢不安定。明朝初期最主要的軍事威脅來自於北部，「元人北歸，屢謀復興。」〔註209〕元順帝敗走漠北之後，蒙古部落仍然具有強大的軍事力量，對中原虎視眈眈。爲了解決邊境之患，明太祖朱元璋曾多次派大將徐達、李文忠等率部隊對元朝作戰，明成祖朱棣更是組織五次大規模的軍事活動，征討已經分裂的蒙古韃靼、瓦剌各部，卻未能從根本上將隱患消滅。到明英宗時期出現「土木堡之變」，明朝與蒙古的軍事力量對比發生逆轉，北方邊境的防備持續吃緊，成爲明王朝的心腹大患。如明史所載：「正統後，邊備廢弛，聲（威）不振，諸部長多以雄傑之姿，恃其暴強，迭出與中夏抗，邊境之禍，遂與明終始云。」〔註210〕到明朝中期，東南沿海的倭寇又成了影響政局穩定的重要隱患，「至嘉靖中，伶患漸起。……未幾，倭寇益肆。……時侈縱掠杭、嘉、蘇、松，踞拓林城爲窟穴，大江南北皆被擾。」〔註211〕在倭寇勢力猖獗時，甚至從海上轉移到陸地，在沿海建立軍事據點，深入內地進行活動。倭寇的掠奪嚴重危害了沿海人民的生命和財產安全，給明朝的統治帶來了威脅。〔註212〕此外，各地的農民起義風起雲湧，比較著名的有葉宗留、鄧茂七起義，劉通、李通起義，楊虎、劉六起義，以及廣西大藤峽瑤族農民起義等等，明朝在加強北部防禦、遷北京、修長城、設九邊和組織軍隊進行滅倭、鎮壓農民起義等一系列舉動的同時，對軍事官員選拔方式的探索也在孕育萌芽。

　　其次是武官世襲制的腐化迫使明統治者尋求新的武官選拔之路。明朝建立後，太祖朱元璋在洪武三年（1370 年）仿照元朝「定武臣世襲之制。」〔註213〕即武官本人死後，由其子弟承襲武職，或武官年老以及有疾病時，由其子弟替襲武職：「武官世襲，段者承襲，老疾者替。」〔註214〕這一做法主要出於在開國初期出於安置諸多開國武將功臣的考慮，歷代皆如此，明朝這麼做也屬於正常現象。但如果在武官選拔領域單純地施行武將世襲制，則會帶

〔註209〕（清）張廷玉等撰，二十五史（百衲本），第八冊〔M〕，杭州：浙江古籍出版社，1998：237。
〔註210〕（清）張廷玉等撰，明史〔M〕，北京市：中華書局，2000：5691。
〔註211〕（清）張廷玉等撰，二十五史（百衲本），第八冊〔M〕，杭州：浙江古籍出版社，1998：237。
〔註212〕謝建平，明代武舉與社會〔D〕，華中師範大學，2002：11。
〔註213〕張廷玉撰，明史〔M〕，長沙市：嶽麓書社，1996.02：844。
〔註214〕陳夢雷著，楊家駱編，鼎文版古今圖書集成，中國學術類編，選舉典〔M〕，鼎文書局，1977：1084。

來很多弊病，這些世襲的士子在富貴安逸的環境中長大，沒有經歷艱苦戰爭環境的鍛鍊，很容易導致腐化和墮落。明太祖曾敏銳地感覺到這一點，指出「子孫世襲，天生膏梁，不知禮教，習於驕惰，鮮有不敗。當念得之甚難而失之甚易也。」〔註215〕為此頒佈了《大誥武臣錄》、《武臣訓戒錄》等書，要求武臣子弟習讀，並在中央建立武學。要求武官子弟入學讀書。但單純勸誡根本無法起到效果，世襲的武臣子弟素質下降的速度十分驚人，徐達，常遇春，李文忠，藍玉等一大批戰功彪炳的軍事將領的後代中，幾代之內就出現了「軍官子弟安於豢養，武藝不習，禮義不諳，古今不通」〔註216〕的現象，大量的武職子弟之素質如陳中時所言：「今各營坐營，多以功勳之，冒為之。此輩生於統褲之家，長於婦人之手。目未嘗辨旗旗之色，耳未嘗聆金鼓之音，身未嘗經鋒敵之交，足未嘗履沙場之地，若一旦授以坐營重任，彼建樹大將旗鼓，坐於將壇之上，儼然一大將也。叩其中之所識者不過衣服與馬之間，飲食男女之際而已。既無材能，又不省事，且聽信心腹家人，及積年識字光棍拔置，剝削行伍，賣放軍役，營務廢壞。」〔註217〕

最後是武官考核制度的異化召喚新的武官選拔之路。在武官世襲制確立之初，明朝統治者就曾經預見到武官世襲制度可能帶來弊端，採取了一定的防範措施，創立了內外襲替官舍比試制度，這種考試規定在一定程度上的確起到了督促世襲子弟刻苦練習武藝的作用，但未能產生持續的約束力，對於武職官員子弟的考核逐漸流於形式，官舍比試亦逐漸廢弛。明憲宗時候兵部季考，雖然有賞罰，卻沒有進退，因此不過是虛文而已。由於沒有人真正認真地考核這些勳貴子弟，使這種「比試」考核難以起到制約武官子弟襲官的作用，據當時史料記載：「今武棄襲替，至京比試徒應故事。其目不識丁、射不穿箚者。俱金紫銀青而歸，徒糜廩餼，緩急不得絲毫之用。」〔註218〕為了彌補武官世襲制的不足，明朝還在宣德和正統年間推行武官保舉制度，《明會典》載：「宣德五年，令天下都司衛所於所屬官及行伍內，每歲選智勇廉能者一人，送京試用。」〔註219〕此後自正統二年（1437年）起開始大規模地推行

〔註215〕李國祥編，明實錄類纂，宗藩貴戚卷〔M〕，武漢：武漢出版社，1995：14。
〔註216〕王凱旋著，明代科舉制度考論〔M〕，瀋陽：瀋陽出版社，2005：202。
〔註217〕續修四庫全書編纂委員會編，續修四庫全書，1169，子部雜家類〔M〕，上海：上海古籍出版社，1995：484。
〔註218〕（明）沈德符著，萬曆野獲編〔M〕，北京：文化藝術出版社，1998：936。
〔註219〕申時行，明會典，卷一三五〔M〕，北京：中華書局，1989：695。

這一制度。明朝保舉武官的做法起到了一定的搜羅將才作用，但官僚集團的腐敗和武官的奔競請託，嚴重削弱了武官保舉制度的積極作用〔註220〕。正統七年（1442 年）十二月，翰林院編修徐有貞就批評「朝廷大臣舉用將官，並不問其才之長短、智勇有無，一概舉之。有指揮即升都指揮，都指揮即升都督者。初雖署事，旋復實授、曾無功實，遽登重任。及至用之，鮮不誤事，雖加黜責，無補前虧。」〔註221〕在任人唯賢、嚴格選拔的科舉制度實行多年之後，明代武官選拔方面卻倒行逆施地繼承了商周和魏晉時期世襲罔替的落後制度，在入仕考核上又難以把關，其結果必然導致明代前期軍事人才的選拔成效甚微，所謂「承平日久，兵備懈弛，總兵乏統馭之才，偏裨失遴選之道。其把總、管隊等官，多有食緣冒進，非才濫充，以致軍士不揚，戰陣無勇」〔註222〕正是這一時期的鮮活寫照。土木堡之變的潰敗更是將武官世襲制度和保舉制度的負面作用凸現，在一定程度上宣告其取士成果方面的徹底失敗。

在明代中前期內外部軍事壓力不斷增加、原有的武官入仕機制和考核模式弊端不斷嚴重的多重刺激下，曾在唐宋金時期有效地發揮過維護國家統一、拔取優秀人才的武科舉制度重新出山，則成爲了歷史發展的必然結果。

二、明代武科舉的發展歷程

儘管從內外部環境來看，武科舉的誕生是歷史發展的必然，但武科舉在明朝的發展歷程並不是一帆風順的，在施行武科舉的所有朝代中，明朝可以算是最爲坎坷不易的一個朝代。明代武科舉主要有三個階段。

（一）籌備醞釀階段

在明王朝建立的前一年，即吳王元年（1367 年）三月，朱元璋下令設文武二科取士：「蓋聞上世帝王創業之際，用武以安天下、守成之時，講武以威天下。至於經綸撫治，則在文臣，二者不可偏廢也。……設文武二科以廣求天下之賢，……應武舉者，先之以謀略，次之以武藝，俱求實效，不尚虛文。然此二者必三年有成，有司預爲勸諭民間士及智勇之人，以時勉學，侯

〔註220〕張祥明，明代武舉新論〔J〕，齊魯學刊，2011（3）：51。
〔註221〕陳文，彭時等，明實錄英宗實錄〔M〕，臺北：中央研究院歷史語言研究所，1962：2001～2004。
〔註222〕丁守和等主編，中國歷代奏議大典〔M〕，哈爾濱：哈爾濱出版社，1994：905。

開舉之歲，充貢京師，其科目等第各有出耳。」〔註223〕明朝建立後，朱元璋
主張亂世用武，治世用文，在洪武三年（1370 年）即開科取士，下詔「特設
科舉」，皇帝親自策試，並按考核成績授予官職，以期「中外文臣皆由科舉
而進，非科舉者毋得與官」〔註224〕的效果。洪武四年（1371 年）文科舉開
科，錄取了以江西人吳伯宗爲狀元及一百二十名進士，但武科舉卻沒有如吳
王元年（1367 年）的求賢詔書中所言如期開始。非但如此，在洪武二十年
（1387 年）七月禮部曾經「請立武學、開武舉」時，朱元璋還明確表示反對，
認爲「至於建武學，用武舉，是析文武爲二途，自輕天下無全才矣。三代之
上，士之學者文武兼備，故措之於用，無所不宜。豈謂文武異科各求專習者
乎？後世武學，專講韜略，不事經訓，專習干戈，不聞俎豆，拘於一藝之偏
之陋哉！……今又欲循舊，用武舉，立廟學，甚無謂也。」〔註225〕朱元璋以
推行武舉會阻礙天下難收取文武全才爲理由反對開設武舉顯然屬搪塞之語，
究其原因，在於朱元璋並不看好武舉取士的效果以及面臨開國之後大量武臣
需要安置的局面，明人楊士聰對此有較爲準確的分析「武舉非祖制也。洪
武歷三十年，諸凡法制，罔有不備，繼以靖難而用武極矣，獨未及武舉者，
以爲兵事非可以暇豫習，非可以科目得也。且國初將才不可勝用，焉用此
爲？」〔註226〕

　　明太祖逝世後燕王朱棣發動靖難之變，統治階級內部的奪位戰爭使局勢
動蕩，更無暇顧及武科舉。直到宣德四年（1429 年），包懷德上書請開武科，
此時登基的明成祖面臨與朱元璋建國初期類似的局面，發動「靖難之役」留
下了一批有軍事經驗的將領及其家屬需要安置，所以開設武舉在當時沒有必
要。然而隨著武官世襲制和保舉制度的弊端不斷顯現，永樂五年（1407 年），
朱棣意識到現有武官選拔制度的缺陷：「今其子弟多驕縱，未嘗教習，及比試，
畏怯如處女，將來襲職，何以得用！」〔註227〕朝中要求重開武舉的聲音也逐
漸增強。正統六年（1441 年），監察御史朱鑒在《請開設京衛武學疏》中

〔註223〕臺灣中央研究院歷史語言研究所編，明實錄太祖實錄，臺北：臺灣中央研究
　　　　　院歷史語言研究，1962：322～323。
〔註224〕（清）張廷玉，明史〔M〕，長沙：嶽麓書社，1996：988。
〔註225〕（清）紀曉嵐總撰，四庫全書精編，子部，第五輯，北京：中國文史出版社，
　　　　　1999：588。
〔註226〕王凱旋著，明代科舉制度考論〔M〕，瀋陽：瀋陽出版社，2005：214。
〔註227〕鄭鶴聲，鄭一鈞編，鄭和下西洋資料彙編〔M〕，北京：海洋出版社，2005：
　　　　　1333。

建議立武學、興武舉，成國公朱勇在這年也上了一道類似的奏疏。正統七年（1442 年），翰林院編修徐珵上奏「唐有軍謀之科，宋有武舉之選是也。方今聖朝一統之盛，欲設法選舉，豈患無才。乞救兵部，行移天下軍衛有司，察訪軍民之家，但有軍謀、勇力之人，並從選舉。不限南北，不限數額，舉選到京，問以攻守之策，試以弓馬、臂力……有功之日，照例授以武職。」〔註 228〕大將石亨也提出允許武科舉士子投牒自進，「乞許其自陳，起取試驗，果有可取，令於各邊總兵官處謀議。果能措置得宜，有功效，然後不次升擢之，則得實才爲國爪牙矣。」〔註 229〕

（二）建立階段

天順八年（1464 年），太僕寺少卿李侃從武備廢弛的現實出發，提出不拘一格錄取將才的設想，奏請開設武舉，戶部郎中龐勝也從歷史經驗和取士方式兩個角度闡述了設立武舉的必要性。兵部尙書王竑將李侃的奏議由明憲宗下令經內閣大學士李賢、五軍都督府、六部、都察院、通政使司、大理司堂上官、六科、十三道掌印官會同廷議後提出：「立法取人貴合時宜，不必拘於設科，當制而當，以薦舉爲先。」〔註 230〕儘管開設武舉的提議被否決，但天順八年（1464 年）十月，朝廷頒定了武舉綱領性文件《武舉法》，對武舉的考試內容、錄取標準、中式後授官等方面作了較爲粗略的規定，爲後世武舉的推行奠定了基礎。自此武科舉有了明確的法令規範，但當時並沒有及時施行。成化十三年（1477 年），朝臣復請「立武舉」，憲宗堅執武舉不必設。次年，太監汪直請開武舉，擬如文舉之制開武科鄉、會、殿試。兵部尙書余子俊和大學士萬安等人懾於汪直的淫威，不敢公開反對，用一種折衷的辦法把這件事擱置了下來：「閣覆，以議發自內廷，不光，且與祖制二，票擬待數年教養後舉行。」〔註 231〕後因大臣萬文康密奏其不可，憲宗改令暫緩而不了了之。自孝宗朝始，武舉制度才正式得以實施。弘治六年（1493 年），孝宗定武舉六年一試，規定先考策略後考弓馬的考試順序，到弘治十七年（1504 年）又改爲三年一舉，並且出榜賜宴。明代武科舉制度基本建立。

〔註 228〕李國祥編，明實錄類纂，浙江上海卷〔M〕，武漢：武漢出版社，1995：827。
〔註 229〕譚吉璁述，歷代武舉考〔M〕，北京市：中華書局，1985：2。
〔註 230〕（清）張廷玉，明史，卷八六〔M〕，北京：中華書局，1974：522。
〔註 231〕（清）查繼佐，罪惟錄〔M〕，杭州：浙江古籍出版社，1986：573。

（三）完善成熟階段

從正德年間開始，武舉進一步發展，鄉會試制度日趨穩定，選拔士子的人數也不斷增加。正德年間頒行了《武舉條格》，對武科舉的考官選派、考試內容、考試時間、考核方式、錄取標準、任用原則、考試費用等方面都做了詳盡的規定，使明代武科舉制度基本成型，鄉會兩級武科舉制度日趨完善。嘉靖十七年（1538 年），「又仿文闈南北卷例，分邊方、腹裏。每十名，邊六腹四以爲常。」〔註232〕然而查《世宗實錄》曰：「凡武舉開科試卷分別邊方、腹裏及南方爲三等，從給事中朱隆禧言也。」而嘉靖二十二年（1543 年）對嘉靖十七年的建議略作修改，「武舉開設，務求眞才，取人不必拘定名數，仍照會試南北卷事例，分別邊方，腹裏，以五十名爲率，邊方取三十名，腹裏取二十名。」〔註233〕到崇禎帝即位之初，明朝江河日下，遼東戰事日益危機，國內農民起義此起彼伏，武舉錄取的名額便破例地增加，並且像文舉那樣，實行了鄉試。危機四伏的形勢迫使崇禎帝銳意重武，以網羅武才挽救危局。崇禎四年（1631 年）應大臣的要求，開設殿試，自此，明代鄉會殿試三級考試制度配備齊全。

三、明代武科舉的規程

明代武科舉自天順八年（1646 年）起開始實施，到弘治十七年考選體制基本穩定，再到崇禎年間殿試出現，逐步形成了一整套規程完備的鄉試、會試、殿試三級考試制度，在考試的生源、實施時間、考試地點、考試內容、評價標準和及第士子授官等方面都有了長足的進步。

（一）明代武科舉鄉試規程

由於明代沒有武科童試，因此武鄉試即爲最初級的考試層級。在參加考試的生源方面，武鄉試的應試者大致可以分爲兩類。一類是武學生。明代仿照宋代在建文帝元年（1399 年）就設立了京衛武學，吸納武臣子弟入學，經成祖時期的短暫中斷後，在英宗正統六年（1441 年）復設，並一直延續到明末。武學的生員具備參加武科舉的資格。另一類是各地被舉薦者。各地如果有「通曉兵法，謀略出眾」或「窮極韜略，精通武藝，身家無礙者」，經過各

〔註232〕（清）張廷玉，明史〔M〕，長沙：嶽麓書社，1996：997。
〔註233〕顧明遠編，中國教育大系，歷代教育制度考〔M〕，武漢：湖北教育出版社，2004：1369。

地官員的舉薦，由所在官司衙門和各個軍衛投保之後，可以參加武科鄉試。鄉試於子午卯酉年在各省布政使司舉行，初為六年一次，弘治十七年後改為三年一試，並一直遵行。考官為各省撫按官、三司官及各省提學官。分為外場的馬射和步射與內場策論考試。考試的取中標準在初期沒有統一規定，錄取人數為每省二十到三十人左右〔註234〕。自正德十二年（1517年）開始根據及第士子的出身，對取送會試的人數作出詳盡規定。武鄉試取中的士子被稱為武舉人，擁有參加高一級別考試即武會試的資格，但尚未取得直接出任武官的資格。

（二）明代武科舉會試規程

明代武科舉會試與鄉試基本在同一時期建立。在士子來源方面，參加會試者多為武鄉試及第士子，由原籍的地方官員具結，送布政使，再發送兵部，由兵部的官員負責。會試的考試地點在京師，由兵部會同京營總兵官主持，考試官多由翰林官組成，監察御史充任監視官員。會試的考試內容大體也分為策論和弓馬考試兩類，策論主要考核《武經七書》等軍事理論著作，弓馬考試規定「馬射以三十五步為距、步射以八十步為距。」在考試評定方面，根據士子策論和弓馬考試表現的不同而分為上等、中等之前、中等之後、黜落以俟後科四個等級〔註235〕。明代中前期的武會試仍秉承宋朝一直貫徹的內場優於外場的原則，將策論的水平作為重要的考量依據，考試的難度並不算高，在一定程度上造成士子武事不振。在明朝中後期特別是崇禎年間，由於國內局勢惡化，為了更多地拔取武藝真才，朝廷逐漸開始重視提高武藝水平的比重，崇禎帝曾明確表示：「武試以技勇為先，果有方略，即字句粗率，亟宜收錄」〔註236〕，並將未能貫徹這一原則引發士子不滿的官員撤職查辦。在武舉科目中還新增試「力」和試「刀」兩項，試「力」要求考生能「力勝五百斤或四百斤、三百斤以上」〔註237〕，試「刀」看考生的刀術精湛與否，如

〔註234〕（清）張廷玉，明武宗實錄，卷一六六，正德十三年九月癸丑條〔M〕，北京：中華書局，1982：3216～3217。

〔註235〕（清）張廷玉，明武宗實錄，卷三四，正德三年春正月庚申條〔M〕，北京：中華書局，1982：829。

〔註236〕中國歷史研究社編，崇禎資治通鑒長編〔M〕，上海：上海書店出版社，1982：2898。

〔註237〕楊學為等主編，中國考試制度史資料選編〔M〕，合肥：黃山書社，1992：271。

能「運百斤大刀」，「術」與「力」俱佳者，則在優先錄取之列。〔註238〕

　　武舉會試的錄取人數呈現遞增趨勢。天順八年（1464 年）只錄取一名兩名至三十名，到嘉靖時期及第士子在五十名以上，萬曆之後增長到百名，個別科目甚至出現錄取一百三十名的情況。

　　由於明代長期沒有施行殿試，會試及第即爲參加武科舉考試者的最高出身，能夠獲得選派官職的資格。天順八年《武舉法》頒行後，將及第士子分爲兩個等級，按照不同出身給予官職。正德三年之後改革武會試授官規定，一方面細分了士子出身情況，另一方面對於第一等第一名的士子做出了更爲優待的規定，同時採取一系列措施改革會試的中式士子禮遇，如刊行《武會試錄》，舉行會武宴，命令內閣重臣主持，備鼓樂由職方司官二員送武舉第一人歸第等等，進一步提升武舉的社會地位。在嘉靖時期，還重視選派武舉於邊境之地任官，考察新任職武舉在其職位上的實際表現。

（三）明代武科舉殿試規程

　　明代武殿試是武科舉中級別最高、開設最晚和存在時間最短的一級考試，從崇禎四年開始到崇禎十六年最後一科共計五次，就目前掌握的史料來看，皇帝親臨的僅有崇禎四年一次。成化十五年，汪直奏請開設殿試，此後不斷有大臣上書，弘治十五年南京戶部右侍郎鄭紀奏請「於內院設教場，聖駕親臨御幄。」〔註239〕天啓二年（1622 年），甄淑建議「武科照文科一例殿試」〔註240〕，由皇帝親臨軒策問，欽定甲第。天啓五年（1625 年）御史陳朝建議開設廷試（殿試）〔註241〕等等，但一直沒有施行，直到崇禎四年殿試才開始施行。考試內容和鄉會試類似，分爲弓馬武藝和對策答問兩類，只是更爲注重武力，崇禎帝提出「武舉試技藝勇力，毋專取文藻」〔註242〕。錄取的士子人數在百人以上。在士子授官方面，及第士子獲得優待，崇禎四年（1631年）辛未科武狀元王來聘授予署指揮僉事職銜，第二名和第三名各授予署正

〔註238〕李建軍，明代武舉制度述略〔J〕，南開學報哲社版，1997（3）：56～58。

〔註239〕（清）張廷玉，明孝宗實錄，卷一九〇，弘治十五年八月乙巳條〔M〕，北京：中華書局，1982：3502。

〔註240〕（清）張廷玉，明熹宗實錄，卷二六，天啓二年九月甲寅條〔M〕，北京：中華書局，1982：1323。

〔註241〕（清）張廷玉，明熹宗實錄，卷六三，天啓五年九月丁未條〔M〕，北京：中華書局，1982：2944。

〔註242〕（明）談遷，國榷〔M〕，北京：中華書局，1958：5572。

千戶職銜，第二甲張國梁等 117 名各授予署副千戶職銜，第三甲黃忠等 100 名授予百戶職銜〔註 243〕。武殿試的出現使明朝三級考試制度得以最終確立，標誌著明代武科舉發展到較為完備的階段，只可惜此時的明王朝已然風雨搖擺，武科舉在拯救國家方面沒有發揮更大的作用。

四、明代武科舉的意義

明代武科舉處於內憂外患的時代，它借鑒了前代武舉的有益經驗，並針對當時社會的要求進行變革，在明代的歷史舞臺中發揮了一定的作用，留下了許多成功經驗，同時也存在一些不足，明代武科舉的積極意義主要有以下幾點：

首先，明代武科舉恢復了被元代長期停廢的武舉取士的做法，使科舉制度趨於完善，是對武官世襲制度的有益補充。自 1279 年南宋滅亡後，元代專事蔭襲，不設武舉，武科舉因此停滯了百餘年。明朝武科舉自天順八年頒行《武舉法》後逐步恢復施行，並由此開啟了數百年武科舉發展的新局面，為清代武科舉走向鼎盛奠定了基礎。從廣義的角度來看，國家拔取士子，既需文才，也需武才，作為國家重要選士方式的科舉制度也因此包括文舉和武舉兩個方面。武科舉作為科舉制度重要的組成部分，其在明代的恢復發展和逐步完善彌補了長期以來只存在文舉的不足，「國家取士、文武並重」的理念通過制度化的形式更好地貫徹施行，對科舉制度走向完備起到積極推動作用，有利於選拔為國效力的各方面人才。同時，明代在軍事人才選拔方面長時間實行武官世襲制，這種任人唯親的官員選拔制度早已被歷史證明是腐朽和落後的。由於無法對世襲武官子弟進行有效監督和考核，因此明代武官群體中充斥著大量不思進取的紈絝子弟，極大地降低了明代軍事官員的整體素質。武科舉的實施在一定程度上糾正了這種弊端，使一些出身貧寒的庶民子弟可通過這個途徑入仕是軍事人才選拔的一種進步。

其次，明代武科舉錄取的人數和範圍創下歷史新高，取士方法也有獨到之處。明代武科舉自天順八年（1464 年）起到崇禎十六年共開科 49 科，從數量上比兩宋時期的 77 科少了很多，但是錄取的士子人數眾多，僅以武會試為例，史料記載明代 25 科會試的及第人數為 1966 人，遠超宋代，另有 24 科不

〔註 243〕中國第一歷史檔案館，遼寧省檔案館，中國明朝檔案總匯（第 948 號檔）〔M〕，桂林：廣西師範大學出版社，2001。轉引自張祥明，明代武舉新論〔J〕，齊魯學刊，2011（3）：52。

詳，但根據明代嘉靖二十九年（1550 年）庚戌科後武會試每榜錄取人數穩定在 90 人以上估算，及第人數也應在 1500 名左右，故終明一代僅武科會試及第人數應在 3000 人以上，可見明代武科舉在吸納習武士子方面展現出了很強的實力。除了取士人數的眾多，明代武舉在取士地域來源方面更為廣泛。宋代由於疆土僅包括中原及以南地區，尤其是南宋偏安江南，地理位置導致其所選士子的範圍多局限於江南地區，選拔覆蓋面過窄，缺乏競爭性。而明代武舉取士將北方諸多民風剽悍、群眾武藝基礎紮實的省份都納入選拔範圍，雖鼎甲武進士仍是江浙一帶居多，但其它省市武進士人數也顯著增加〔註244〕。在取士的名額分配方面也充分考慮到了區域公平，仿照文科舉錄取的南北榜的做法，按邊方、腹裏分別錄取，既保護了南部弟子的入仕途徑通暢，又有效吸納了邊境地區的習武人才，對於提高邊境軍官素質、解決邊境軍官匱乏的問題和籠絡邊境地方士子有積極的效果，也為清代武舉進一步施行分省定額制度奠定了基礎。

第三，明代武科舉選拔出了一些軍事人才，為保衛國家安全和維護統治提供支持。武科舉作為軍事人才選拔制度，其最根本和最直接的目的在於能夠選拔出優秀的軍事將領。明代武科舉士子中湧現出了一批卓有才幹的將領，尤其在嘉靖以後，幾乎在各個主要戰場上都有武舉出身的人卓立戰功，有效補充了軍隊戰鬥力。遼東女真興起後，許多武舉出身的將領走上遼東戰場，武舉出身的童仲揆「萬曆末，報副總兵，督川兵援遼」，在戰鬥中「力盡矢竭，揮刀殺十七人。」〔註245〕張神武守衛遼陽時率眾「疾呼奮擊，孤軍無援，盡歿於陣」。〔註246〕在對抗蒙古諸部的戰場上，也有武舉出身的將領留下的光輝記錄。正德三年武會試第一名安國，赴陝西三邊立功，後「以材武致大將」，且「端謹練戎務，所至思盡職，推將材者必歸焉。」〔註247〕王效也是武舉出身，鎮守寧夏多年，官至左都督，「言行謹傷，用兵兼謀勇，威名著西陲。」〔註248〕著名將領俞大猷也是武舉出身，嘉靖十四年（1535 年）舉武會

〔註244〕據《中國歷代武狀元》記載，明代武進士分佈很廣除了宋代的武進士大省浙江 272 人，江蘇 197 人，福建 135 人，湖北 86 人，江西 77 人外，河北 243 人，山西 180 人，遼寧 115 人都成為了新的武進士人數較多的省份。
〔註245〕（清）夏燮著，明通鑒〔M〕，北京：中華書局，1959：2974。
〔註246〕（清）張廷玉，明史〔M〕，長沙：嶽麓書社，1996：3930。
〔註247〕（清）張廷玉，明史〔M〕，長沙：嶽麓書社，1996：2519。
〔註248〕（清）張廷玉，明史〔M〕，長沙：嶽麓書社，1996：3086。

試中試後在東南沿海組織抗倭、威名遠播。此外，還有一些將領在明朝內部動亂中誓死忠君、頗有氣節。萬曆年間中舉武會試的張可大，平素「好學能詩，敦節行，有儒將風。」〔註249〕在孔有德叛明降清後，他力戰失敗殉國。明代第一個武狀元王來聘更是在登州保衛戰中率先攻城，最終「中傷而死」，用行為實踐其狀元及第後的諾言「上重武若此，欲吾儕效命疆場爾，不捐軀殺賊，何以報上恩！」〔註250〕這些將領有的活躍在抗擊外敵入侵的第一線，有的出現在鎮壓內部動亂的最前沿，在戰爭中立下了汗馬功勞。這些傑出士子大多用生命為明王朝的安全和統治穩定作出貢獻。此外，一部分武進士在軍事實踐中不斷總結經驗，寫出一批有重要意義的軍事著作，如俞大猷的《正氣堂集》、《伍法》、《射法》、《劍經》、《戰車法》和《續武經總要》、茅元儀的《武備志》、沈有容的《舟師占驗》、張可大的《南京錦衣衛志》、方儀鳳的《韜略全書》等都促進了明代軍事理論的發展。明代武科舉士子的傑出表現明顯超越宋朝，許多人憑藉戰功得以青史留名，在《明史》的列傳裏武科出身者達到了 26 人。〔註251〕

除了以上三個方面的積極影響，明代武科舉在具體考核內容的制定、考試法規指導性文件的頒行方面都做得十分出色。可以說武舉的制度化和完備化是在明代完成的。當然，作為武科舉歷史進程中的一個發展階段，明代武科舉也存在著一些不足，概括來講主要有以下三點：

第一，明代武科舉受制於武官世襲制度的影響，始終不能成為明代主流的武官選拔制度。社會上的重文輕武之風盛行，「終明之世，右文左武」，武舉在社會上得不到應有的重視。「明俗輕武人。鄉有習武者，目為兵，不齒於所親。」〔註252〕，有些世家大族甚至以子孫中武舉為恥辱，「嘉靖中，世胄頗為文職所抑，至有大老方稱觥介壽，其子孫……偶赴武科得者……主人大不樂，為罷宴，曰：「某醜不能陪待……乃身即下賤，墮我世業如此！」此雖為個例，但武舉不受尊重的情形可見一斑。此外，武舉士子入官品級也比較

〔註249〕（清）張廷玉，明史〔M〕，長沙：嶽麓書社，1996：1488。
〔註250〕（清）張廷玉，明史〔M〕，長沙：嶽麓書社，1996：3911。
〔註251〕此二十六人按時代分別為：安國、許泰、孫堪、陸柄、趙國忠、俞大猷、王效、朱先、尹鳳、沈有容、張可大、尤世功、童仲揆、張神武、孫祖壽、馬世龍、陳於王、鄧祖禹、姜名武、王來聘、張羅輔、陳啟新、賀讚、崔文榮、朱士鼎、高其勳。根據《明史》相關史料整理而得。
〔註252〕吳國華撰：吳騫輯，東江疏揭塘報節抄，東江遺事〔M〕，杭州：浙江古籍出版社，1986：217。

低，除了王來聘這樣直接由皇帝恩准實授副總兵（從二品）的特例，武科士子及第後的授官情況都不太理想。大多被送到團營，或分送各邊，俱贊畫，或把總，或守備城堡等等。此後嘉靖崇禎年間的武舉及第授官也多局限於試經歷、試知事、千總、把總之類的低級武官，且加職大多爲虛授，只有「能立軍功」或者「積有年勞、累經薦舉」方能實授，且沒有蔭子孫的特權。武舉士子待遇的低下，進一步降低了其社會吸引力，也降低了生源質量。曾任兵科給事中的陳子龍曾表示「應武科者大率皆浮浪子弟」〔註253〕，還有一些武舉應試者是在文科舉無望中式的情況下轉而參加武舉。儘管明代武科舉產生了俞大猷這樣的名將，但與其及第總人數相比較，武科舉的成材率較低，武舉士子的整體評價也並不太高。

第二，明代武科舉存在時間短，考試層級不夠豐富。明代武舉自洪武年間就曾被提出設立，但此後的近百餘年始終未能施行，直到天順八年《武舉法》頒佈後才開始逐步實施，約至弘治十七年基本定型，確定了武舉開科年限、武舉考官選派、士子應試資格、武舉應考科目等諸多內容，形成了鄉、會試兩級的考試制度，但武科的初級考試——童試則終明一朝未見創立。由於童試一般在各府州縣舉辦，考試點分散，在交通不甚發達的明朝更容易吸納報名的人才，有助於從中考核選拔出傑出人才，而明代將武科舉最初級考試定爲在省會舉行的鄉試，顯然在很大程度上制約了人才吸納的效果。不僅如此，武科的頂級考試——殿試也是直到明代晚期的崇禎年間才開始施行。雖然殿試在單純的人才選拔中的意義在宋代確定文武科舉「不黜落士子原則」之後有所下降，但其在彰顯武科舉的地位和重要性、提高社會影響力方面爲其它三級考試所不及。然而，殿試到了崇禎年間已沒有充分發揮作用的時間，推行五科之後即隨明王朝的滅亡而消失。明代從洪武元年（1368年）至崇禎十七年（1644年）共存在了276年，而武科舉實施的時間即使從至今尚存爭議的天順八年（1464年）算起也僅有180年，而完備的三級考試制度更僅存在了13年，從運行時間和考試層級上看不僅遠遜於之後的清朝，就是與之前的宋朝相比也多有不如。

第三，明代武科舉定位不准，統治者過於重視其工具屬性。武科舉是一項選拔武備人才的制度，而明朝的統治者沒有意識到其在培養國家武備人才

〔註253〕陳子龍，安雅堂集，續修四庫全書，卷一二〔M〕，上海：上海古籍出版社，1995：90。

方面的重要作用，更多的時候只是把它作為一種工具。從建國初期為安置開國武將及其子弟而嚴禁武舉，到中期孝宗、武宗朝為鎮壓農民起義和統治階級內部爭權奪勢的鬥爭而議准開設武舉，再到世宗中後期內部「各地盜賊」動亂蜂起、外部「南倭北虜」之患雲集時大幅度增加錄取名額，直至最終明王朝風雨飄搖、急需武人的思宗時期放寬對應試者的條件限制、「諭武舉試技藝勇力，毋專取文藻」，恢復殿試親試武舉，明代武科舉發展的每一步都不過是統治者在時局不斷惡化下的一次次被動應對之策。誠然，武科舉作為一項封建王朝的人才選拔制度，其本身的確具有加強皇權、維護統治的工具屬性，但明朝統治者對於武科舉認識上的偏差導致這一屬性被放大，使武科舉完全淪落為應對時局的手段，其廢止與興立都不再是一以貫之的人才選拔制度。歷代軍事官員競爭十分激烈，許多行伍出身者比武舉出身者實踐上擁有更豐富的經驗。在明代武官世襲制的影響下，奢求武科士子如文進士入閣拜相一樣佔據軍事官員的主流並不現實。統治者認知上的重視程度和相應的政策導向，來能夠對武科舉這一先天弱勢起到一定彌補作用，遺憾的是明代統治者並沒有意識到這一點，反而對武科舉採取實用主義態度，最終造成明代武科舉與高度發達的文科舉之間形成鮮明的反差，明代末期已經逐步走向完善的武科舉制度還未及挽救危亡，就不得不隨著明王朝的覆滅而消散，空留許多無奈的遺憾與歎息。

作為武科舉發展史上不可忽視的一頁，「承前啟後，繼往開來」的明代武科舉可以說是精彩與失落共存，讚美和爭議同在，它在社會地位、考試層級和統治階級定位方面存在諸多明顯的不足，但在考試的具體規程制定上又有長足的進步，基本奠定了後世武舉施行的模式。武科舉的指導性考規文獻《武舉法》和《武舉條格》非常有特色，為後世集歷代之大成的《欽定武場條例》的出現提供了資借鑒的模版。而最為可貴的是，明代武科舉使武舉制度在中斷了近兩百年的情況下得以恢復，並且重新登上歷史舞臺，不僅在唐宋基礎上有了新的發展，還為清朝武舉制度的進一步完備奠定基礎。可以毫不誇張地說，在逾千年的武科舉長河中，明代武科舉宛如一座地處中游的水利樞紐，將自宋末以來被元朝強制分散日趨乾涸的各條支流彙聚，重新詳細規劃航道，不僅逐步還原唐宋時期激流奔騰的場面，更開啟了後世清代波瀾壯闊的新畫卷。

第二章　清代武科舉考試程序概述

　　明崇禎十七年（1644 年），李自成率農民起義軍攻陷首都北京。與此同時處於關外的順治帝登基，並由吳三桂領兵入關，戰勝李自成後定都北京，開始長達兩百六十餘年的統治。清廷雖然由少數民族主政，但由於其人數較少，文化水平相對不高，長期過著游牧生活，因此缺乏統治中原地區的經驗。立國後，為鞏固統治地位，在政治、經濟、軍事、教育等諸多領域的政策制定和制度設計都從明代舊制吸取經驗並結合自身特點進行修訂。在政治上採取懷柔和高壓並行的策略，經濟上注重戰後的及時恢復與發展，軍事上在仿照八旗制度建立漢軍八旗和綠營。除了這些舉措之外，清廷為了更好地籠絡漢族優秀士子，同時分化瓦解明代殘餘的抵抗力量，建國之初就籌劃實施科舉考試，除及時開設傳統的進士科外，由於清廷統治者滿族人本身就重視武備，也在統一後復設武科舉，以此來有效籠絡士子，補充因長期戰亂而嚴重缺乏的中下級軍官。《清史稿》中記載：「武科，自世祖初元下詔舉行，子午卯酉年鄉試，辰戌丑未年會試，如文科制。」[註1] 清代武科舉設立之初借鑒明代武科舉的運行模式，分為童試、鄉試、會試、殿試四級，在取士來源、考試內容、規程設定、成績評定、錄取方式、及第授官等諸多方面都有了進一步的發展，形成了一套以公平競爭為原則、面向全國公開招考為形式的武官選拔制度，為社會的縱向階層流動提供了重要渠道，也拓寬了習武之人的出路。清代武科舉的四級考試制度具有運行時間長、社會影響力大、涉及士子多的共性，同時又由於其層次等級的差異而各具特色。

〔註 1〕 中國文史出版社編，二十五史清史稿（上）〔M〕，北京：中國文史出版社，
　　　 2003：879。

第一節　清代武科舉童試

　　清代武科舉考試的童試是四級考試系統之中的第一級，也是武科舉發展史上清代所特有的一個級別的考試。從考試程序上看，武科舉童試與文科舉童試一樣，都分爲縣試、府試及院試三級，士子依次報考參加。

一、清代武童試的考試程序

　　武童試的第一個階段是縣試，大多在二月間舉行，由各州縣的知縣或者知州主持考試，普通民眾可以自由向縣衙門禮房報名。由於是武童試最初級的考試，報名參加的士子魚龍混雜，因此縣試對於報考資格的規定相對詳細。士子首先需要親自塡寫三代履歷籍貫，然後需要本縣籍貫的廩生作爲保人，以確保爲本縣籍貫，雍正十三年規定，「武童應府州縣試，均令本籍廩生出具保結。」〔註2〕在縣試入場點名散卷之時，令這些廩生「識認」參加考試的士子，「倘有冒頂等弊，將該廩保照例黜革治罪。」〔註3〕同時規定報考士子必須家世清白、無父母喪等。所有符合應考資格參加武科考並順利通過縣試的士子，由縣丞造花名冊，呈送本府或直隸州、廳，士子在縣試中參加考試的原卷也同時送府以備查對。〔註4〕

　　縣試之後是武科童試的第二場考試──府試。府試的試期大多在四月左右，主考官大多爲知府、直隸州的知州或者直隸州同知，負責外場的考官則由當地武職官員充任。府試的考試方式與縣試基本相同，需要考生取據保結，圖2-1-1是一張清光緒年間參加府試考生需要塡寫的親供單，可以看出對士子的審查規定非常詳細。

　　圖片顯示，參加武科府試的士子需要塡寫的親供單對士子有著多重的考核涵義，其中年齡、身材和鬍鬚等內容實際上起到了辨別士子的作用，由於其時沒有照相技術，爲每個考生畫像的難度又比較大，這樣的塡寫可以在一定程度上起到區分士子的作用。對於家庭情況、居住地點和士子的師承關係的塡寫，則可以考量出士子的具體籍貫，是否冒籍參加考試。而頗爲有趣的地方在於，士子塡寫互相結保的童生時需要寫出分別位於自己左右鄰里的士

〔註2〕（清）景清等：《欽定武場條例》四庫未收書輯刊玖輯玖冊，北京出版社，2000版，9-486。
〔註3〕（清）景清等：《欽定武場條例》四庫未收書輯刊玖輯玖冊，北京出版社，2000版，9-486。
〔註4〕黃光亮，中國武舉制度之研究〔M〕，臺北：振英出版社，1977：35。

圖 2-1-1：清代武童試府試士子親供單

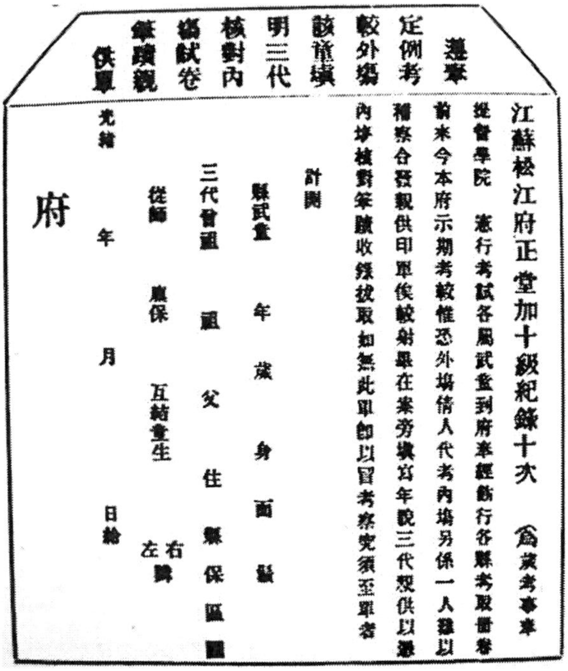

遵舉　江蘇松江府正堂加十級紀錄十次　為歲考事

定例考　從督學院憲行考試各屬武童到府奉經飭行各縣取備卷

較外場　前來今本府示期考較惟恐外場情人代考內場另保一人雜以

該准填　補察合發親供印單俟較射畢在案勞填宮年貌三代覲供以

核對內　內塲核對筆蹟收錄拔取如無此單即以冒考察究須至單者

明三代　計開

繕試卷　縣武童　　　年歲　身面鬚

錄領親　　三代曾遛　祖　　　父　　　住縣保區圖

供單　　　　　　　從師　廩保　互結壹生

府　　　光緒　　年　　月　　日給

資料來源：Le P. Etienne ZiS. J. Siu [0].《Pratique des examens militaires en Chine》[M]，taipei: cheng wen publishing company 1971: 26。

子姓名，這樣的方式有效地防止武科場槍替現象。此外，親供單的發放和填寫次序還很有講究，雍正九年規定「武童考試外場時，每人給親供單一紙，各令親書籍貫三代年貌」[註5]，由士子在參加外場考試時親自填寫，並且在考中之後「俟取進時，再令覆填親供驗對筆跡。」[註6]這種兩次覆查的辦法既是為了查驗是否考生本人，也可以考量士子是否識字，進而看出內場是否他人代考。通過府試的士子便取得「武童生」的資格，可以參加下一個階段的院試。

　　院試是武科舉童試的最高級別考試。院試的主考官為各地「掌一省學校、士習、文風之政令」[註7]的學政[註8]。各個州縣、府考試完畢後將合

─────────────

[註5] 四庫未收書輯刊編纂委員會，欽定武場條例，欽定武場條例，欽定武場條例，四庫未收書輯刊玖輯玖冊[M]，北京：北京出版社，2000 版，9-477。

[註6] 四庫未收書輯刊編纂委員會，欽定武場條例，欽定武場條例，四庫未收書輯刊玖輯玖冊[M]，北京：北京出版社，2000 版，9-477。

[註7] 高宗敕撰，王雲五，清朝文獻通考卷八十五職官九[M]，上海：商務印書館，

格的武童生發案造冊，送交學政考核，如果武童內有不經由縣府兩試者，學政則不得收考。﹝註9﹞院試考試的地點並不固定於一處，學政會依次分期案臨各個府州主持考試。因而考試時間也沒有統一的規定，順治九年下詔規定「考武生童，即於考試文生童後踵行。」後因「應考文生倍於武生，文童又十倍於武童，若定限先考武童守候無期，更屬未便且文武生童齊集之時尤易滋弊。」﹝註10﹞雍正五年起改為「先考武童次考文童後考生員。」﹝註11﹞由於清代學政的職務構成中，奉天學政由府丞兼任﹝註12﹞、其它各個直省的學政多為翰林院學士或進士出身的侍郎、京堂、翰、詹、科、道、部屬等京官﹝註13﹞，但是由於上述考官對於武科院試中騎射和弓刀石等外場考試科目並不太熟悉，因此需要委派武官會同考核。在武官的選任上，不同的考試地區又有所區分：在八旗滿蒙漢軍和順天府大興、宛平兩縣的武院試中，同考武官由兵部將「八旗副都統職名開列具題請簡一人」會同順天學政考試、在奉天府的武院試中，由「由將軍選委協領一人「會同奉天府丞考試、在其它各個直省的武院試中，則由各省「督撫提鎮將就近副將參將游擊內選委一人」會同學政進行考核。由於外場的考核在武科考試中所佔比重很大，對於考官的委派也較為慎重，規定如果「同城武職均繫本籍即於別府之副參遊內調委會考」，﹝註14﹞盡可能降低本地武官參與舞弊的行為。自乾隆三年（1738年）起，為了防止使用本省武官在「考試之時恐故舊姻朋彼此相連不免夤緣請託」﹝註15﹞的弊端，院試武官的身份作了進一步嚴格的規定，要求各

　　　1937：5617。

﹝註8﹞ 注：奉天府的武童試的考官為「奉天府府丞」，四庫未收書輯刊編纂委員會，欽定武場條例，欽定武場條例，四庫未收書輯刊玖輯玖冊﹝M﹞，北京：北京出版社，2000 版，9-477。

﹝註9﹞ 商衍鎏，清代科舉考試述錄﹝M﹞，北京：三聯書店，1958：188。

﹝註10﹞ 四庫未收書輯刊編纂委員會，欽定武場條例，欽定武場條例，四庫未收書輯刊玖輯玖冊﹝M﹞，北京：北京出版社，2000 版，9-477。

﹝註11﹞ 四庫未收書輯刊編纂委員會，欽定武場條例，欽定武場條例，四庫未收書輯刊玖輯玖冊﹝M﹞，北京：北京出版社，2000 版，9-477。

﹝註12﹞ 李新建，中國科舉制度史﹝M﹞，臺北：文津出版社，1995：268。

﹝註13﹞ 高宗敕撰，王雲五，清朝文獻通考卷八十五職官九﹝M﹞，上海：商務印書館，1937：5617。

﹝註14﹞ （清）昆岡，欽定大清會典事例，卷七百十九﹝M﹞，臺北：新文豐出版公司，1977：14391。

﹝註15﹞ （清）昆岡，欽定大清會典事例，卷七百十九﹝M﹞，臺北：新文豐出版公司，1977：14391。

直省院試時「將較射副參遊等官均用別省籍貫之人，凡籍隸本省者不得選委。」〔註 16〕

參加院試的武童需填寫親供單並且由同鄉五人的五童互結（如圖 2-1-2），與本縣認保廩生的保結，防止出現他縣籍貫的考生混入考場的情況。在報考時，可以此作爲本縣人士之證明。〔註 17〕院試考試合格後，學政將院試成績合格的士子取中，造冊報於兵部，分發給各個縣學，練習騎射，並學習武經百將傳及孝經、四書，以求文武兼備。通過在縣學的學習，以期望能在三年一次的歲式中取得好成績。由於清代不是所有的州縣都設有武學，在沒有武學的地方附於儒學內，歸儒學教官兼理。

圖 2-1-2：武童親供單

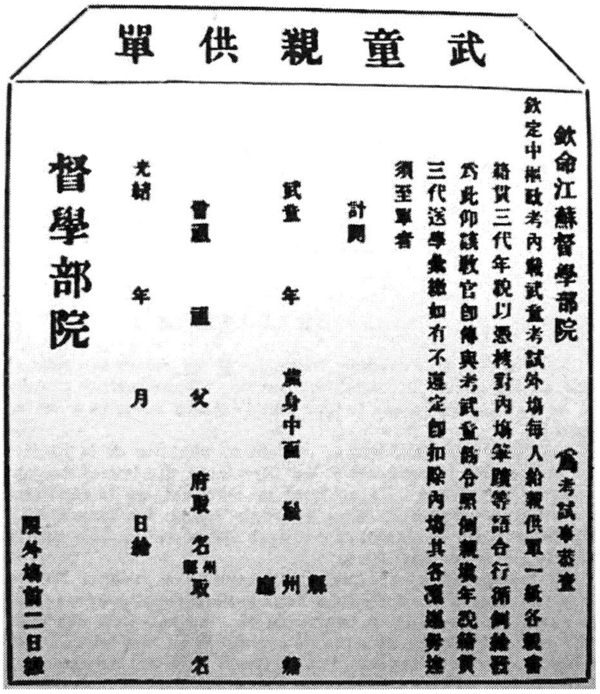

武童親供單

欽命江蘇督學部院　為考試事案查

欽定中樞政考內載武童考試外場每人給親供單一紙各親書

籍貫三代年貌以憑核對內場筆蹟等語合行頒飭給發

為此仰該教官即傳與考武童飭令照例親填年貌籍貫

三代送學彙繳如有不遵定即扣除內場其各凛遵毋違

須至單者

計開

武童　年　歲身中面　鬚　縣州廳籍

曾祖　祖　父　府取　名　州縣取　名

光緒　年　月　日給

督學部院

限外場前二日繳

資料來源：Le P. Etienne ZiS. J. Siu [0].《Pratique des examens militaires en Chine》〔M〕，taipei: cheng wen publishing company 1971: 32。

〔註 16〕（清）景清等：《欽定武場條例》四庫未收書輯刊玖輯玖冊，北京出版社，2000 版，9-478。

〔註 17〕商衍鎏，清代科舉考試述錄及有關著作〔M〕，天津：百花文藝出版社，2004：426。

　　通過縣、府、院三級考試的武童進入各個州縣學後即稱爲正式的武生。要取得參加更高級別的武鄉試的資格，還需要進行一輪選拔，即歲試。歲試也稱歲考，由各省學政主持，是面向所屬府、州、縣生員舉行的考試。清代學政一般於子、卯、午、酉年八月被皇帝欽命，年終到各省赴任，到任後即舉行歲試考選生員。歲試之時各州縣教諭將歷年武生造具名冊兩份，一份送學政，一份送地方官呈督撫存案。武科的歲試考核方式和內容與縣、府、院試類似，但性質有所不同。歲試兼具武生資格認定和武鄉試候選人員選拔的雙重功能：首先在武生資格認定方面，歲試具有一定的強制性，所有的州縣武生必須參加，乾隆十年曾規定「武生員三年歲考一次，若臨場不到即行斥革。」〔註 18〕因病請假的武生可以由「教官查驗，再行詳限，一俟病痊回籍，即送補考。」但如果「欠至三次以外，不准展限，竟行黜革。」如果有捏報的現象則由該學政嚴查，將教官參處。另外，年老不能騎射的武生可以免考，准其告退。歲試通過這種資格審查方式達到督促武生勤勉學習的目的。其次在武鄉試候選人員選拔方面，歲試是武生獲取參加武鄉試資格的一輪選拔性考試，只有達到考核要求且位列其中一二等者，才擁有參加武科鄉試的資格。〔註 19〕

二、清代武童試的考試內容

　　清代武科童試的考試內容無論縣試、府試，院試都大致相同，分爲外場的馬步箭和弓刀石與內場的策論、武經默寫等程文考試兩大類。武科童試的考試順序不同年代略有不同，清初規定武童試先考騎射後考策論，到康熙四十四年（1705 年）爲「議准武童先考策論，後較騎射，合式時隨即磨對筆記」〔註 20〕，雍正十二年（1734 年）又覆准「考試武生、武童先考騎射，次考策論。」〔註 21〕此後成爲定例，一直沿用至清末。

　　在清代武童試的三級考試中，院試的規格最高，考試程序也最爲規範。院試武童時分爲三場，其中第一場爲馬箭和步箭的考核。

〔註 18〕（清）昆岡，欽定大清會典事例，卷七百十九〔M〕，臺北：新文豐出版公司，1977：14395。

〔註 19〕趙爾巽，清史稿（卷一百六），選舉志一〔M〕，北京：中華書局，1976：3118。

〔註 20〕程大璋，桂平縣志（2～5），臺灣：成文出版社，1968：752。

〔註 21〕（清）昆岡，欽定大清會典事例，卷七百十九〔M〕，臺北：新文豐出版公司，1977：14395。

　　首先爲騎射考試。騎射一般在郊外演武場舉行，在演武場內築有馬道，馬道低於地面，齊馬腹部，在馬道旁邊設立一個箭靶，稱爲「鵠」，如圖 2-1-3 所示。士子需要跑馬三次，「於馬道中弛馬發箭三矢」〔註22〕只要有一箭能中鵠，則取得參加步射的資格，如果三箭全不中鵠，則取消考試資格。

圖 2-1-3：武童試外場箭靶圖

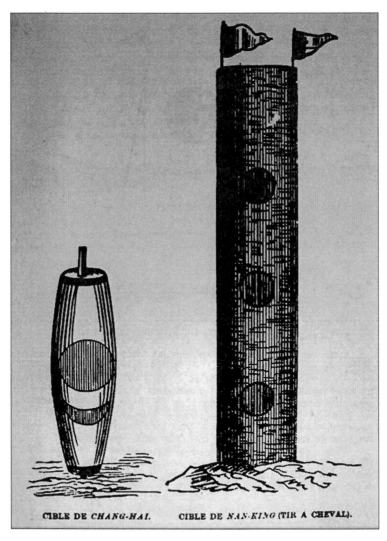

CIBLE DE CHANG-HAI.　　CIBLE DE NAN-KING (TIR A CHEVAL).

資料來源：Le P. Etienne ZiS. J. Siu [0].《Pratique des examens militaires en Chine》〔M〕，taipei: cheng wen publishing company 1971: 9。

〔註22〕商衍鎏，清代科舉考試述錄〔M〕，北京：三聯書店，1958：190。

武童試外場馬射的情形如圖 2-1-4 所示：

圖 2-1-4：武童試外場馬射示意圖

資料來源：Le P. Etienne ZiS. J. Siu [0].《Pratique des examens militaires en Chine》〔M〕，taipei: cheng wen publishing company 1971: 17。

　　由於各州縣的具體情況不同，武科童試外場中馬射的距離、射箭的數量、通過的標準各地並不一致，但跑馬射箭的基本程序則相對統一。在《義縣志》中，對該縣武科考試外場馬射有較為詳盡的介紹，從中可以看出些當時的風貌：

　　　　武童試分內外場共考三次，第一次外場分馬步箭。向在邑西關校場，有廳三間，遇考期知州臨試坐於廳左，學正右吏目各有公桌點名冊武童集，鼓樂伺候，俟知州來升座學正吏目各依次座，廩生行一揖，禮旁立於考文場同。兵房接冊唱名，知州用硃筆點之，點畢武童依次退。分三次考箭法，第一次馬箭以六支箭為合式，於馬場子（在箭所右側係南北直線入口北為出口）右側設標旗一，武童入馬踢時壓旗出，馬踢時舉旗設靶子三，每靶距離三十弓（共九十弓）高五尺五寸寬二尺正面豎黏紅月子三，橫射不過三尺，第一場武童騎馬由南口入（時標旗下壓），射三支箭中一（分上中下以中中月為準點名冊亦照紅貼分上中下記於該武童姓名下，以便比較，尤以箭中一孔者為最優。）鳴鼓一通，再中三中如之（第二次和第三

次射箭如第一次）由北口出，（時標旗豎起）。第二場仍由南口入，
各節同前兩場共射箭六枝，第三場仍馬前與馬場右側設地球子一
（用柳斗一，外用紙糊之旁沾紅圓月子一式附後）武童騎馬仍由南
口入（壓旗同前）跑至鄰近地球射之以一箭爲格。中則鳴鼓，由寬
二尺五寸用白布漫之，豎黏紅月子三，射箭數同馬箭，中亦鳴鼓，
各節均如馬箭，但不設標旗，試畢皆散。〔註23〕

圖2-1-5：武科童試外場騎射圖

資料來源：China: a history of the laws.manners and a customs of vol2. [0] 6, 1978。

　　其次是考試步射。所有騎射合格的考生在考棚內參加步射考試。在考試
之前，由考官先做好準備工作，將考試所需的弓箭、箭靶等準備齊全，並畫
好考核所用之道。士子在考棚外持箭站立姿勢連續射五箭，全不中的或只有
一箭中的者不允許再參加考試。武童試步射姿勢如圖2-1-6所示。

〔註23〕趙興德（民國），義縣志，中卷〔M〕，臺北：成文出版社，1974：3114。

圖 2-1-6：武童試步射示意圖

資料來源：Le P. Etienne ZiS. J. Siu [0].《Pratique des examens militaires en Chine》〔M〕，taipei: cheng wen publishing company 1971: 18-20。

　　武科外場的第二場是技勇考試，安排在騎射和步射的考核之後。主要考試內容包括三個環節。第一環是開硬弓。根據清禮器圖示中的描述，武科弓「徑三尺七寸，鹿皮弦，分三等：一等十二力，二等十力，三等八力（注：一力合現在 10 斤），視所挽以較力。」〔註 24〕此外，還有強弓六種，從十三力到十八力不等，由有膂力過人的士子自由選擇。武科硬弓在大清會典圖中有記錄，如圖 2-1-7 所示。

　　技勇考試的第二環為舞大刀。武科考試所使用的刀根據重量的不同分為三等：「一等刀，重一百二十斤，長八尺一寸五、二等刀，重一百斤，長七尺八寸七、三等刀，重八十斤，長七尺四寸。」〔註 25〕士子根據自己的水平選擇不同重量的刀。武科刀的形狀如圖 2-1-8 所示。

　　技勇考試的第三環為掇石，即舉石頭。武科考試所用之石「形如方礎，左右鑿孔以容手。」根據大小不同分為三等：「一等石重三百斤，高一尺七寸八分，寬一尺三寸厚八寸、二等石重二百五十斤，高一尺六寸，寬一尺八分，厚七寸六分、三等石重二百斤，高一尺五寸，寬一尺五分，厚七寸。」〔註26〕武科石的形狀如圖 2-1-9 所示。

〔註24〕 中華書籍編輯部，光緒二十五年石印本影印《清會典圖》（武備一三）〔M〕，北京：中華書局，1991：1023。
〔註25〕 中華書籍編輯部，清會典圖，武備一三〔M〕，北京：中華書局，1991：1024。
〔註26〕 中華書籍編輯部，清會典圖，武備一三〔M〕，北京：中華書局，1991：1025。

圖 2-1-7：　　　　　　　　　圖 2-1-8：
清代武科舉技勇考試所用硬弓　　清代武科舉技勇考試所用刀

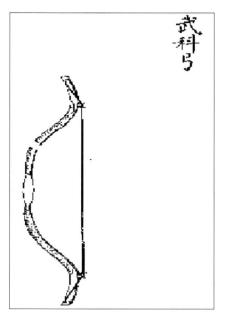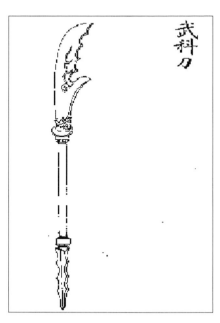

資料來源：中華書籍編輯部，清會典圖，武　　資料來源：中華書籍編輯部，清會典圖，武
　　　　　備一三〔M〕，北京：中華書局，　　　　　　備一三〔M〕北京：中華書局，
　　　　　1991：1023。　　　　　　　　　　　　1991：1024。

圖 2-1-9：清代武科舉考試技勇考試所用石

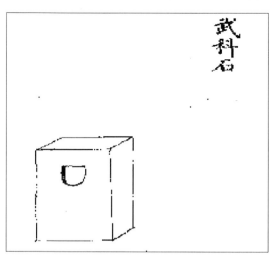

資料來源：中華書籍編輯部，清會典圖，武備一三〔M〕，北京：中華書局，1991：1025。

武科的外場考試中，騎射和步射的考核自順治二年（1645 年）武科創立之初起就一直施行，弓刀石等技勇考試科目則經歷了兩次停罷。順治十七年（1660 年），順治帝認爲「開弓、舞刀、掇石俱屬虛文無益。以後俱不必試。」到康熙十三年（1674 年）「復武場技勇之制」。嘉慶十八年（1813 年）認爲「武場舞刀一項，不足以分優劣，本屬無謂。嗣後……武童試，將舞刀一項停止。」〔註27〕直到道光三年（1823 年）才因爲「技勇內，既向有舞刀一項，滿州蒙古士子，自應一體練習」，決定恢復舊制，規定「凡滿州蒙古漢軍漢人之應童試者，俱仍試以舞刀，至五年鄉試，六年會試，均已嫻熟，一體考試。」〔註28〕此後一直延續到清末。

《義縣志》中記載了當時弓刀石考試實施的情況：場向在民倉於大廳設座三，鼓樂炮手伺候，中知州，左學政，右吏目，點名各節同外場，但廩生毋庸前往，弓分頭號二號三號，以頭號爲上二爲次三則下，均以拉三開爲度。刀分頭號二號，舞花以多且圓滿爲上，舞二號到能圓滿者次之，統以七花爲合格，愈多則愈善，石分頭二三號，攀起過膝爲度，以頭號爲上，二次之三爲下，均以一次爲定數。〔註29〕

在通過了武科馬步箭和弓刀石考試之後，士子具有參加第三場內場考試的資格。武科童試的內場考試大多是從《論語》、《孟子》等儒家經典和「武經七書」等軍事經典著作中出題，著重考察武童生的個人文化素養。康熙四十九年確定「考試武生武童出題例：凡學臣考試武生童，出論語孟子題一道，孫子吳子司馬法題一道，令作論二篇。」〔註30〕乾隆二十五年（1760 年）覆准「考試武生武童均令作論孟論一首，免作武經論，先令默寫武經三書《孫子》《吳子》、《司馬法》一章或數段約以三百字爲率。」〔註31〕其中有書寫錯誤或別字者不取，其它則可以取中。嘉慶十二年（1807 年），內場考試的要求進一步降低，學政從《孫子》、《吳子》、《司馬法》、《姜太公六韜》、《尉繚

〔註27〕 （清）昆岡，欽定大清會典事例，卷七百十八〔M〕，臺北：新文豐出版公司，1977：14383。

〔註28〕 （清）昆岡，欽定大清會典事例，卷七百十八〔M〕，臺北：新文豐出版公司，1977：14383。

〔註29〕 （民國）趙興德，義縣志，中卷〔M〕，臺北：成文出版社，1974：3114。

〔註30〕 高宗敕撰，王雲五，清朝文獻通考，卷六十九學校七〔M〕，上海：商務印書館，1937：5491。

〔註31〕 （清）昆岡，欽定大清會典事例，卷七百十八〔M〕，臺北：新文豐出版公司，1977：14376。

子》、《黃石公三略》、《李衛公問對》這七部武經中擬出約百餘字一段，由應考的士子進行默寫。如果考生不能正確默寫或者默寫錯誤者均為違式，不得錄取。清代武科童試的內場程文考試的水平相對較低，齊如山曾在其回憶錄中寫道，「內場係默寫孫子兵書，此亦虛應故事，實則武童中，究無幾人能握管也。」〔註 32〕雖然有些士子的水平確實比較高，如在《吳友如畫寶》中記載的陶士行文學才華書法超群，但這只是極個別現象，不足以反駁整個武科考士子文化水平普遍低下的狀況。

圖 2-1-10：清代武童試內場考試示意圖

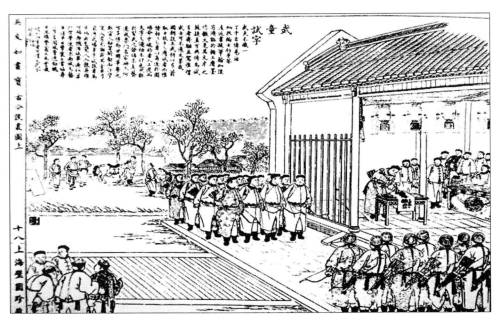

資料來源：吳有如畫寶，古今談叢圖宣統二年（1910）轉引自李兵，清代武舉制度舊影〔J〕，科舉學論叢，2011（2）：90。

在清朝初期，只有武童試的外場考試有考核標準，只要應試武童騎射合式者，即可以參加內場考試。後來由於「外場但有合式一格」考核標準過低，無法衡量出士子的弓馬優劣和技勇強弱，而進入內場後又大多以文章取中，因此容易導致「嫻騎射、習場藝者或遭遺棄。」〔註 33〕因此，雍正七年

〔註 32〕（民國）羅養儒，雲南掌故〔M〕，昆明：雲南民族出版社，2007：137。
〔註 33〕楊家駱主編，新校標點本清史稿卷一百八，志八十三，選舉三〔M〕，臺北：鼎文書局，1981：3173。

（1729 年）規定外場成績評定在合式的標準之上又加入「好字號」，「如有技勇人才可觀者，用好字號印卷」，其中騎射優異者爲單好，騎射和技勇均優異者爲雙好。雍正十年（1732 年）規定「武生歲試先考外場將武生馬步射技勇人才可觀者於卷面鈐記好字，合式者鈐記合式字」，乾隆二十四年（1759 年）議准考試武童外場照武闈鄉試之例，分別合式單好雙好三等入內場。內場考試時，先盡好字號，擇其文理明通者取進，其好字號不足額數，再於合式卷內取進」。〔註34〕通過好字號的設立，使外場考試的重要性得以提升，增加了勇力過人的士子被錄取的可能性。

三、清代武童試的應試資格

由於武科舉取士關係到社會穩定和國家軍事安全，因此歷代對武科舉參與者的資格審查都比較重視，如唐代允許包括勳官和品級官吏子弟和普通平民在內的投考者「投牒自舉」〔註35〕，但禁止觸犯法令者、工商業從事者之子以及州縣衙門小吏參加考試，違者要追究地方官員的責任。宋代允許三班使臣、雖未食祿實有行止之人、文武官子弟別無復犯者三類人參加考試，並需要有關官員「看詳所業」進行覆核。明代武科舉應試者限定在武學和各地文武官吏舉薦的「通曉兵法、謀略出眾」、「精通武藝，身家無礙」者。武童試作爲清代武科舉最初一級考試，承擔著爲國家選取武備人才和爲更高級別武舉考試提供儲備的任務。與之前的三個朝代相比，清代的武童試對於人才報考的限制相對較少，允許參加武童試的人員範圍更爲廣泛，主要來源於以下三個渠道。

第一類是來自行伍的應考者。由於行伍士兵平時就從事騎射和步射等軍事訓練，因此參加武科舉較爲便利。在應試人員範圍的確定上，行伍出身者的主要來源有兩個。一是綠營兵丁。乾隆三十六年（1771 年）四月規定採納步軍統領公福隆安的奏議，規定「綠營馬步兵有情願考試者應令各歸本縣與武童一體考試取具本營將弁切實印結並具五人連名互結始准赴考。」〔註36〕此後在光緒五年（1879 年）五月對於負責甄選馬步兵丁參加武童試的武官提

〔註34〕（清）昆岡：《欽定大清會典事例》卷七百十九，臺北新文豐書局，1976：14291。

〔註35〕（宋）歐陽修，（宋）宋祁撰，新唐書〔M〕，北京：中華書局，2000：766。

〔註36〕（清）景清等：《欽定武場條例》四庫未收書輯刊玖輯玖冊，北京出版社，2000 版，9-483。

出要求：「光緒五年五月內務須遵照定例核實錄送，如營官徇私得賄即照考拔糧缺勒取財物例革職計科斷，若將冒籍暨身家不清之人濫行送考者應照濫行保送例降二級調用私罪俾示懲儆。」〔註37〕二是八旗漢軍及一些文官。嘉慶十八年（1813 年）五月規定「另戶挑補之步甲火器營、炮兵巡捕營、外委、馬兵及文員九品筆帖式、庫使、養育兵閒散准應武童試」可在所在旗開具姓名，送順天府考試。

　　第二類是來自民間的應考者。一些並非行伍中人，也有參加武童試的資格，比如「各直省駐防的官兵子弟，准其於本省就近應武童試，」〔註38〕武監生「如願應武童試者令其將武監生執照呈繳」後「准其與武童一體應試。」〔註39〕

　　第三類是滿、蒙以及其它少數民族人士。清代出於擴大科舉取士影響力進而更好地籠絡人才鞏固統治的考慮，對於少數民族的士子尤為關心。康熙四十三年（1704 年）覆准「湖南各府州縣熟苗，情願考試文武生童者，准以民籍應試入於各該學定額內取進。」〔註40〕康熙四十四（1705 年）年覆准「湖北、湖南各省土司子弟」，情願考試者准照熟苗生童例一體考試。「東三省及新疆各處駐防」也可以附入奉天及陝甘之府廳州縣一體參加童試。

　　除了以上三類人員，武童試的應試對象還擴展到官員放出的家奴。乾隆四十八年（1783 年）頒佈上諭：「滿漢官員人等家奴在本主家服役三代實在出力者未便絕其上進之階」〔註41〕，通過其家主於本旗（滿族家主）或本籍地方官（漢族家主）報明咨部存案，經部覆准後，「准其與平民一例應考出仕。」此外，一些軍流人犯的後代具備 定條件後，也可以擁有參加武科童試的機會。「軍流人犯到配後生子成丁者准作軍籍應考，其本籍所生之親子孫，或立嗣有案之子孫於發配時隨行者地方官查明分別年歲填注文批遞交配所地方官

〔註37〕　（清）景清等：《欽定武場條例》四庫未收書輯刊玖輯玖冊，北京出版社，2000 版，9-482。

〔註38〕　（清）景清等：《欽定武場條例》四庫未收書輯刊玖輯玖冊，北京出版社，2000 版，9-482。

〔註39〕　（清）景清等：《欽定武場條例》四庫未收書輯刊玖輯玖冊，北京出版社，2000 版，9-483。

〔註40〕　（清）景清等：《欽定武場條例》四庫未收書輯刊玖輯玖冊，北京出版社，2000 版，9-512。

〔註41〕　（清）景清等：《欽定武場條例》四庫未收書輯刊玖輯玖冊，北京出版社，2000 版，9-512。

立案，俟扣足十年准其入籍應試。」〔註42〕

通過以上的諸多規定不難看出，清代武科舉對於應試對象範圍的劃定十分廣泛，尤其對下層民眾較開放：既涵蓋身處軍隊的綠營兵丁，也包括身處民間的駐防官兵子弟、官員的家奴、普通平民、軍流人犯子弟、既包括原有的滿族八旗和蒙古官兵，也有少數民族的優秀分子。這種做法既相對保證了考試的公平性，也有利於清政府更好地吸收各階層的優秀人才。

鑒於清代統治者少數民族的特殊身份，爲了防止漢族士子通過武科舉進入軍隊逐步形成氣候而威脅其統治，在武童試應試對象的資格審查上，又顯得頗爲嚴格。除與之前歷代均要求的觸犯法令者、工商業者子弟不允許報考外，清代武童試存在著一些特殊的規定。

其一，官員子弟不准在隨任地方應考。康熙五十一年（1712 年）採納了御史段曦的奏章，規定各省武闈之中，一律不許本省官員子弟「頂食兵糧入場考試」〔註43〕，如發現有本省任官子弟「入場中式者」，則將保送出結文武各官會同吏部照例議處。乾隆三十六年（1771 年），在兩江總督高晉的建議下，規定有所放鬆，「籍隸他省官員隨任子弟概不准就現任本省應試並不准其入伍食糧有占該省兵額。」〔註44〕「至籍隸本省員弁游擊都司其子孫入伍食糧應考俱令各歸本縣亦不准其於現在任所地方入伍。」〔註45〕這項規定既是爲了避免官員子弟與考官相識進而出現舞弊現象，更有出於防止地方官員子弟在其就任之處從軍，進而使地方勢力膨脹的考慮。

其二，除著有勞績奉特旨錄用外，番役及其子孫均不允許應試。由於番役是專門負責「緝捕盜犯」的官吏，與「隸卒無異」。而「各衙門皂役人等」有定例「不准其爲官，其子孫亦不准應試」〔註46〕。嘉慶七年（1802 年）針對朝臣給事中恩治奏步軍統領衙門番役應否准其出仕應試的上書要求，提出

〔註42〕 （清）景清等：《欽定武場條例》四庫未收書輯刊玖輯玖冊，北京出版社，
　　　　2000 版，9-511。
〔註43〕 （清）景清等：《欽定武場條例》四庫未收書輯刊玖輯玖冊，北京出版社，
　　　　2000 版，9-484。
〔註44〕 （清）景清等：《欽定武場條例》四庫未收書輯刊玖輯玖冊，北京出版社，
　　　　2000 版，9-484。
〔註45〕 （清）景清等：《欽定武場條例》四庫未收書輯刊玖輯玖冊，北京出版社，
　　　　2000 版，9-487。
〔註46〕 （清）景清等：《欽定武場條例》四庫未收書輯刊玖輯玖冊，北京出版社，
　　　　2000 版，9-513。

對於緝捕勤奮的番役「只准量加獎賞，即實有拏要犯者亦只可從優加賞，毋許給與頂戴」，並指出倘再濫請即以違制論處。一年後御史王麟書再度上奏請求將番役子弟准許其做官，嘉慶帝態度強硬地下詔表示「斷不允行，原奏之摺該部無庸議奏，仍著照舊例行。」〔註47〕此後嘉慶二十五年（1820年）經吏禮二部議准因「步軍統領衙門番役內現有身任守備等官者」，特命「其子孫著准其應試武場出仕武職。」到道光七年（1827年）又恢復舊制：「番役及其子孫均不准其應試武場出仕武職。」〔註48〕並一直施行至清末。此外，武童試所限制的應試人員還包括「各直省馬步兵丁冒籍暨身家不清」之人和「遇本生父母之喪期年內者」〔註49〕。

四、清代武童試的取士名額

　　科舉中額是政府法定的錄取名額，是科舉資源分配的直接來源。地方州縣的學額是科舉名額分配的最初一級。在清代的不同時期，武科舉童試的學額隨著社會政治經濟形式的變化不斷調整，總體上呈現上升的趨勢。清代立國之初，由於明朝王室在南方餘威尚存，明末各地的農民起義軍也尚未平定，加之滿洲八旗軍隊數量相對不足，因此在戰爭頻發之時急需大量的武備人才補充進入軍隊。除了對明朝軍隊的勸降之外，通過武科舉制度的實施以籠絡士子、培養自己的軍事人才成為了清統治者穩固統治迫切的需要。因此，順治二年（1645年）對京衛和各州縣的武童生學額作出如下規定：「京衛武童生，每年春秋兩季，由兵部考試，每季取進五十名。直隸各省武童，照文童例，學政三年一考，取進多寡無定額。」〔註50〕除了對京衛武學的學額作出限定外，其它省份的武童不限制錄取人員。可見，清代立國之初對於武童錄取人數是十分寬鬆的，但由於當時很多地方處在動蕩時期，實際所錄士子數量較為有限。到康熙年間，確立了童試各省三年一考的制度，並根據各省州縣的大小詳細規定了考取武生的名額：「直省考取武生，府學額定二十

〔註47〕（清）景清等：《欽定武場條例》四庫未收書輯刊玖輯玖冊，北京出版社，
　　　　2000版，9-513。
〔註48〕（清）景清等：《欽定武場條例》四庫未收書輯刊玖輯玖冊，北京出版社，
　　　　2000版，9-513。
〔註49〕（清）景清等：《欽定武場條例》四庫未收書輯刊玖輯玖冊，北京出版社，
　　　　2000版，9-513。
〔註50〕（清）昆岡等奉敕撰，欽定大清會典事例，卷七百十九〔M〕，臺北：臺灣中
　　　　文書局，1963：14390。

名，大州縣學額定十五名，中州縣學額定十二名，小州縣學額定七八名。」〔註 51〕將武童生的錄取名額按照各個州縣大小平均分配，使各個州縣武童生都有被錄取的希望，提升了武科舉在全國的吸引力。此後個別州縣學額略有增減，但各省州縣武童生的學額基本固定下來。儘管在武童試中，一直秉承著寧缺勿濫的原則，但由於武童生也屬於擁有科舉功名，加之各地方官員不願名額出現空缺，技藝稍弱之人被取中的現象仍屢見不鮮，由此估算武童試每科錄取人數至少在 22000 人以上，可見武童試在當時科舉考試中有相當重的分量。而受制於武科童試的考試內容，過於年幼或年老的士子都沒有能力參加，這幾萬人大多數是略通武藝的青壯年男子，通過武科童試使這些人不滋生事端、潛心求取功名，對於地方統治的穩定不無裨益。

　　乾隆朝之後，隨著國內矛盾不斷積聚，清廷的統治力量逐漸衰頹，到咸豐同治年間規模空前的太平天國運動爆發，繼而各地農民起義風起雲湧，清王朝統治陷入危機。清政府的軍費開支在鎮壓各地農民起義的過程中激增，國庫入不敷出，財政也呈崩潰之勢。到咸豐三年（1853 年）六月間，中央戶部存銀僅 22.7 萬兩，最困難的時候甚至綠營士兵第二個月的兵餉也發不出來了。〔註 52〕各地方的情形與中央相差無幾，戰火波及省份和有協餉義務的省份都已被「羅掘殆盡」〔註 53〕。清政府為彌補財政虧空不得不加派賦稅。明末因賦稅過重而導致亡國的例子仍歷歷在目，咸豐皇帝自比崇禎，有了亡國之憂。〔註 54〕為了增加財政收入同時降低地方造反的風險，清廷制定並頒佈了「捐輸增廣科舉名額」〔註 55〕政策，通過增加童試中院試學額和鄉試中額的辦法來補充國庫。咸豐三年，大學士裕誠等和議商討籌款辦法，在一道「請推廣恩綸，申勸捐輸，以裕軍餉」〔註 56〕的奏議中，提出按各地捐輸多寡酌量增加鄉試中額、院試學額的想法。咸豐帝在分析了當時的危機形勢後，認為「不能不借資民力以濟軍儲。」繼而頒佈諭令「各省督撫妥為勸導，無論已捐未捐省份，凡紳士商民捐資備餉……一廳州縣捐至二千兩者，准廣該處

〔註 51〕 （清）昆岡等奉敕撰，欽定大清會典事例，卷七百十九〔M〕，臺北：臺灣中文書局，1963：14390。
〔註 52〕 清文宗顯皇帝實錄，卷九七〔M〕，北京：中華書局，1977：33。
〔註 53〕 周育民，晚清財政與社會變遷〔M〕，上海：上海人民出版社，2000：146。
〔註 54〕 茅海建，苦命天子〔M〕，上海：上海人民出版社，1995：135。
〔註 55〕 謝海濤，中央與地方的交換：晚清咸同年間科舉錄取名額的增加〔M〕，清史研究，2009（4）：45。
〔註 56〕 周育民，晚清財政與社會變遷〔M〕，上海：上海人民出版社，2000：149。

文武試學額各一名。如應廣之額浮於原額，即遞行推展。……其捐生本身應得獎敘，仍准奏請另予恩施。」〔註57〕起初並沒有規定永廣定額的捐銀數量，只是規定倘捐數較多，展至數次猶有贏餘者，准其於奏請時，聲明分別酌加永廣定額。之後將增加永遠定額的數量作出明確規定：「廳州縣捐銀一萬兩加文武學定額各一名。」〔註58〕為防止學額制度不至於完全失控，又規定每個官學永廣學額不得超過十名，「惟原額不及十名者，各學所加永遠定額概不得浮於原額之數。其原額僅止十名，並原額不止十名各學，所加定額已至十名者，續有捐輸，不准再加定額。」〔註59〕到同治年間，由於戰亂仍未平息，增廣學額的政策有所調整，將捐輸的銀兩數量翻倍，「同治七年覆准各省加廣學額銀數照舊章加倍，凡一廳州縣捐銀四千兩者准加一次學額一名，二萬兩者准加永遠定額一名。」〔註60〕

同治後期隨著國內局勢的逐步穩定，捻軍、西北、雲南回民起義以及形形色色的地方叛亂相繼被鎮壓，清政府的壓力逐漸減輕。與此同時，十幾年一直施行的學額增廣政策使得各地取士人數過多也帶來一些弊端。同治七年（1868年），任湖北學政的張之洞曾表示憂慮：「人數過眾，則官師之約束難。取額過寬，則士林之流品雜，其於士習文風殊有關係。」〔註61〕朝廷也意識到了這點，開始逐步廢止增廣學額的做法。首先，對一次性定額數量作出限制，「除原額及永遠定額照數取進外，所加一次廣額擬請比照恩詔加額之例：大學七名，中學五名，小學三名。」〔註62〕其次，提升增加永額所需的銀兩數目「嗣後各省請加廣學額者，其銀數照舊章酌加一倍。」〔註63〕同治十年

〔註57〕戴逸，李文海主編，清通鑒（10），高宗乾隆34～52年〔M〕，太原：山西人民出版社，2000：6249。

〔註58〕中國第一歷史檔案館編，清政府鎮壓太平天國檔案史料，第十五冊〔M〕，北京：社會科學文獻出版社，1994：323。

〔註59〕趙祿祥，賴長揚主編，資政要鑒（文化卷）〔M〕，北京：中國檔案出版社，2009：755。

〔註60〕（清）景清等：《欽定武場條例》四庫未收書輯刊玖輯玖冊，北京出版社，2000版，9-514。

〔註61〕臺灣新興書局，筆記小說大觀，四十一編，第七冊〔M〕，臺北：新興書局有限公司，1986：406。

〔註62〕商衍鎏著，清代科舉考試述錄〔M〕，北京：生活‧讀書‧新知三聯書店，1958：189。

〔註63〕續修四庫全書編纂委員會，續修四庫全書（817）史部‧政書類〔M〕，上海：上海古籍出版社，1995：122。

（1871 年）廢止增加永額的做法，外省捐輸各案止准請加一次學額，概不准請加永遠定額。並最終在光緒元年徹底停止增廣學額，自同治十年（1871 年）奏准捐輸，各省均應以十年以前所請永遠之額作爲定額，不得續請永廣。

　　咸同年間的學額增長在增加政府財政收入、維繫士子之心方面發揮重要的作用，但同時也使武科功名的發放過於泛濫，加劇武科士子入仕擁塞的形勢，間接推動了武科舉的最終覆亡。

五、清代武童試的管理和待遇

　　對於參加武童試的士子和通過院試、成爲各府州縣武學生員的武生管理，主要體現在考場管理和日常管理兩個方面。

（一）考場管理

　　在考場管理方面主要包括考場突發事件的控制和考風考紀的維護等。由於武童試屬於最初級的考試，其考試的威嚴及權威性比之鄉會試相對較低。加之由學政在各地方巡迴主持考試，應武童試者多爲孔武有力的青壯年，容易在武童試中因成績評定、考生錄取等問題引發考場糾紛。爲此，雍正十二年曾規定「若有豪橫之徒逞其私忿聚眾罷考脅制官長者，審實照例分別首從治罪，其逼勒同行罷考之武生褫其衣頂，武童記名，停其考試，如合邑合學同罷考武生全褫衣頂，武童全停考試。」〔註64〕光緒十年（1884 年）江西上饒縣發生武童鬧考現象「武童步射之日，有弋陽武生汪鎮波，嫌弓重難開，糾眾毀門，持竿直前，推倒箭靶。」〔註65〕經學政陳寶琛上奏後，朝廷認爲「各學應試生童宜如何恪守場規各安本分，乃敢恃眾鬧考希圖挾制，此風斷不可長，亟應從嚴懲辦以儆習頑。」隨即下令：「武生武童恃眾鬧考，希圖挾制，應由該學政督飭教官廩保嚴加約束，並由督撫飭屬察，有藉端滋擾者，即行嚴拏究辦。」〔註66〕儘管朝廷屢次下發維持武童試考場秩序的政令，但士子罷考和攪鬧考場的現象仍時有發生。光緒二十二年（1896 年），晚清社會活動家唐才常在四川保寧府充任童試考官時曾親歷武科生童鬧考，在寫與其

〔註64〕（清）景清等：《欽定武場條例》四庫未收書輯刊玖輯玖冊，北京出版社，2000 版，9-504。
〔註65〕唐文基，陳寶琛與中國近代社會〔M〕，北京：陳寶琛教育基金籌委會，1997：408。
〔註66〕（清）景清等：《欽定武場條例》四庫未收書輯刊玖輯玖冊，北京出版社，2000 版，9-504。

父的家書之中對此進行了詳細的描述：

> 保寧民俗兇悍，武童每次鬧考，地方官皆不之懲辦，以故相習
> 成風，弁髦王法。前考保寧武童時，外間布散謠言，謂學臺不願考
> 武，每縣只閱前數十名，其餘概行攆出。十四日下午閱劍州步箭，
> 頭門忽然鼓譟，洶洶格鬥，閽人抵敵不住，飛報提調官速來彈壓。
> 逮知府入署，數百人已攻至二門，府縣官無計遣散。學士高坐大
> 堂，屬聲叱罵，眾凶徒置若罔聞，擲磚飛石，打上公案，座後屏
> 風，已成數塊，書役承差，始行擁護學士退至內室。署內差役人等
> 排列暖閣門後，以死撐拒。兇焰愈熾，膽將暖閣門打碎，勢將入內
> 者數次。知府見事已急，奮身抵住，大聲疾呼曰：「爾輩背叛朝廷，
> 至於此極，快快將我打死，以快爾等逆心！」又聞兵備道已帶領勇
> 弁拿人，眾凶徒始稍稍散去。然勇弁究係袖手旁觀，莫敢誰何。散
> 去之後，門片皆成碎木，堂階盡堆亂石，其近大堂側室，什物等件，
> 一搶而空。蓋自有學政以來，未有如是之平空滋鬧，無法無天者也。
> 猶幸爾時知府拼死抵住，眾凶徒始有退心，否則玉石俱焚，不堪設
> 想。至今思之，猶爲心悸！〔註67〕

考場管理的第二個方面是對考風考紀的維護，主要是對武童試中士子的
作弊行爲進行懲處。有些考場槍替和作弊現象嚴重，何紹基視學四川時指出
川省武風素盛，不肖者遂習爲桀驁，地方官多尚慈柔，導致武童愈考愈多，
重名頂冒之弊日甚一日，學政按名校閱日不暇給，往往考武日期倍於文場，
該童等恃眾滋鬧，動輒至大堂不服彈壓。雖然令提調官嚴加審查，但由於積
習相沿，風氣難以短時間內扭轉，被黜落的士子不肯安靜居家，爲地方一大
隱患。除了槍替之外，龍啓瑞在閱試襄陽府武童試時還發現：「武童考試技勇
多有私滯，皮條上至手腕，中緣腰脊，下跐至足，凡遇開弓之時，可以偷助
氣力，至十餘力二十力不等」。爲此他指出「朝廷設立武場考試，原期得勇力
之士用備干城，若使冒濫者得以幸邀則眞材無由，似此僥倖存心實爲試場之
害」特別設立「嚴禁武童技勇夾帶」〔註68〕的告示，將所有不符規定之武童
一概不予取中。

〔註67〕（清）唐才常著，唐才常集〔M〕，長沙：嶽麓書社，2011：388～389。
〔註68〕清代詩文集彙編纂委員會編，清代詩文集彙編（655）經德堂文集，別集下
　　　　〔M〕，上海市：上海古籍出版社，2010：456。

　　針對武童試中出現的「弓馬平庸文理不通之人，混入內場越號換卷，傳遞代筆賄囑倩代」種種弊端，在嚴肅考紀懲處違反考規士子的同時，對主持武童試的考官也做出了一定的約束。雍正十一年下詔規定，如果府州縣官考試武童之時「以廣收博取市寬大之名而不悉心校閱，」出現「技藝不堪漢仗猥瑣之背混入內場種種作弊」等現象，則將「該學政題參議處著督撫查參。」〔註69〕在保送士子方面，規定各省學政不得濫行保考，在新進武童覆試時嚴行稽察，並令「送考之府廳州縣官飭廩保，」如果出現「不識文字及未能書寫者」不僅將該生斥革，還要追究考官責任，將「送考官照濫行保送例議處廩保發學懲辦」。〔註70〕

（二）日常管理

　　武童通過院試之後，由學政取進將姓名造冊送呈兵部，同時將錄取名單發給各個府州縣學，成為武生員。在武生的日常管理方面，清代的規定豐富全面，涉及管理者身份、學習內容、獎懲辦法等多項內容。

　　首先是確定武生管理者的身份。由於參加武童試的考生來源廣泛，包括滿、蒙、漢軍、各地駐防以及各直省的士子，其管理人員的身份也各有不同。順天的滿洲蒙古漢軍武生「均交滿洲教官管轄」、大興、宛平二縣武生歸順天府教官管轄、盛京及各駐防武童成為武生者則由「該駐防地教官管轄」、各直省的府學武生身處在府學百里以外者，令其與州縣學武生一起歸「本籍州縣學教官帶管」，沒有設立武學各州縣的武生「附文學教官管轄。」

　　其次是武生學習管理。武生入學後每月在各學射圃會同考驗弓馬。雍正七年規定，新案到學的武生接受教官和同城營員每月定期的「考驗弓馬」，如果「抗不赴考、託故規避」，則「移學示儆，其生事犯法者詳請革。」除騎射外，武生還學習《武經》、《百將傳》、《孝經》、《四書》等軍事理論和儒家經典著作。此外，乾隆九年規定：「儒學教官每月集武生於明倫堂，恭誦聖諭廣訓及臥碑所戴各條令」，所有武生需要集齊敬聽。「如有託故三次不到，及無故終年不到者」交付學臣懲戒。而對於以兵丁身份取進的武生，由於「令按

〔註69〕中國第一歷史檔案館，雍正朝漢文諭旨彙編（4）〔M〕，桂林：廣西師範大學出版社，1999：128。

〔註70〕（清）景清等：《欽定武場條例》四庫未收書輯刊玖輯玖冊，北京出版社，2000版，9-504。

期赴學考課未免有妨營務」，因此乾隆三十八年規定：「不必限定月課程期，令其於操防下班之暇，自行赴學課試。」〔註71〕

再次是武生參加歲試的管理。乾隆十年（1746年）規定「各省文武生員三年歲考一次，若臨場不到即行斥革。」同時規定了可以暫緩考試和補考的幾類士子：1、生病尚未痊癒的士子，「凡係病假生員其上屆開報者，下屆果係患病未痊，該教官查驗實再行詳請展限，病痊回籍即送補考。」〔註72〕2、行伍兵丁出身尚在營中服役的士子，原有馬步兵丁出身的武生，仍在營中駐防者「均一體隨營差操停其試如遇鄉試之年由該營將備查明有無丁憂事故覆送學政錄科。」〔註73〕3、在漕運、鹽運、糧運中任職的士子，投身鹽運漕糧的武生「如遇試之年，呈明學政俟運回時補考。」〔註74〕4、邊庠文武生員前往內地遊學的武生，乾隆十一年（1747年）規定：「呈明本學教官牒行州縣取具地鄰甘結詳明。」〔註75〕在學政批准之後在註冊歸日前回本縣銷案，期間如果遇到歲試可以限三月內補考，違限者再分別降黜。除此四類武生之外，八旗及各省武生「遇有事故應行補考，由各該學該旗備文送考」，〔註76〕武生歲試最多欠考三次，超過「三次以外俱不准展限，竟行斥革。」〔註77〕儘管有如此多的寬限政策，由於很多武生受制於「出身寒素，或遠道覓館謀生不獲按期歸考，或事後考而路途遙遠跋涉無資，或已經捐納保舉出仕外省未及報學，或武生効力軍營例得免考」的因素制約，欠考的現象仍十分普遍。光緒九年（1883年）湖北學政高釗中在上奏湖北欠考生員情況時表示各學四柱清冊細加檢閱，每學文武生員欠考至三次者十數名或數十名不等，綜計湖北

〔註71〕　（清）景清等：《欽定武場條例》四庫未收書輯刊玖輯玖冊，北京出版社，2000版，9-491。

〔註72〕　（清）景清等：《欽定武場條例》四庫未收書輯刊玖輯玖冊，北京出版社，2000版，9-499。

〔註73〕　（清）景清等：《欽定武場條例》四庫未收書輯刊玖輯玖冊，北京出版社，2000版，9-500。

〔註74〕　（清）景清等：《欽定武場條例》四庫未收書輯刊玖輯玖冊，北京出版社，2000版，9-497。

〔註75〕　（清）景清等：《欽定武場條例》四庫未收書輯刊玖輯玖冊，北京出版社，2000版，9-500。

〔註76〕　（清）景清等：《欽定武場條例》四庫未收書輯刊玖輯玖冊，北京出版社，2000版，9-496。

〔註77〕　（清）景清等：《欽定武場條例》四庫未收書輯刊玖輯玖冊，北京出版社，2000版，9-500。

七十八學應斥革者一千五百七十餘人。對於參加歲試考選的武生，雍正八年規定學政在任期內根據其考試成績和平時表現「隨時舉保優劣一次造冊送部。」將「文行射並優之武生，照文生例升入太學，有抗糧唆訟行止不端等弊的劣行生員悉照原議斥革。」〔註78〕

最後是對武生平時生活規範的管理。由於武生孔武有力，且自持有頂戴護身，在鄉間容易爲非作歹。因此，朝廷頒佈了一些對於武生犯錯之後的懲戒措施。乾隆元年規定，如果武生「有武斷鄉曲，倚仗衣頂橫行欺壓平人，或將人毆打致死者」，在懲處律條之上要「加等治罪。」〔註79〕雍正五年（1727 年）又對涉及訴訟的武生提出要求，如果武生「事非切己，或代親族具控作證，或冒認失主屍親者。」由地方官申報學政將該生功名革除，再按律法治罪。雍正七年又規定武生「有串通竊盜窩藏牛馬，代寫詞訟除爲訟師，誘人賣妻作媒圖利者，將本身加常人一等治罪。」〔註80〕

（三）武生待遇

清代不僅對武生參加考試和日常生活管理方面有嚴格的規定，在武生的待遇方面也設定了一系列的優待措施，主要包含以下三個方面：

其一是規定了年幼武生的考試照顧標準和年老武生的待遇。由於武科舉考試以外場爲重，所考科目無論是騎射步射還是開硬功、舞刀和掇石都是年富力強者才有可能完成的，年幼和年老的武童生受先天身體條件的限制無仕進的可能。針對這種情況，爲體現對於武士子的優恤，雍正五年（1727 年）規定「武生考如年老不能騎射者即給予衣頂歸州縣管轄。」〔註81〕雍正七年（1729 年）九月「舊例十五歲以下應考童子。俱令騎射。其中力不勝馬者甚多。嗣後十五歲以下、年未及壯之童子。請停止馬射。止令考試步箭。其有情願兼試者聽。」〔註82〕乾隆五年（1741 年）規定武生「入學已經三十年無

〔註78〕（清）景清等：《欽定武場條例》四庫未收書輯刊玖輯玖冊，北京出版社，2000 版，9-500。

〔註79〕（清）景清等：《欽定武場條例》四庫未收書輯刊玖輯玖冊，北京出版社，2000 版，9-504。

〔註80〕（清）景清等：《欽定武場條例》四庫未收書輯刊玖輯玖冊，北京出版社，2000 版，9-504。

〔註81〕（清）景清等：《欽定武場條例》四庫未收書輯刊玖輯玖冊，北京出版社，2000 版，9-508。

〔註82〕齊木德道爾吉編，清朝世宗朝實錄蒙古史史料抄〔M〕，呼和浩特：內蒙古大學出版社，2009：166。

論衰病與否均爲合例或入學雖不滿三十年而其年已及七旬者亦爲合例。」〔註83〕不必「親赴學政衙門候驗。」可以由教官「出具印結申詳學政，即准給予衣頂。」〔註84〕乾隆八年將標準進一步放寬，認爲士子「年屆六十力已衰邁，一切技勇不能嫻習，徒令充考誠屬無益。」規定「武生告給衣頂雖未經十科而年屆六十者亦准給與衣頂歸州縣管轄。」〔註85〕

其二是給一些被斥革的武生起復的機會，使其重新保有仕途求進的希望。乾隆五年規定曾經被革斥功名的武生，除了「包攬詞訟，武斷鄉曲、三次無故缺考歲考及一切實係本身重犯於律無可貸」的罪行外，其它「因案斥革者」如果能夠悔過自新，可以「由學政飭令，取具該縣並教官印結暨族鄰甘結，送部核辦。」如果被斥革的武生屬於「受人連累、情有可原及罪在一百杖以內」且能改過自新者，允許其「取具里鄰甘結」，經地方官及教官查明後申送學政核實後「准以原名應童生試。」此外，八旗人員因爲「代賠祖父虧空，力不能完治，以枷責等罪者」〔註86〕俱准其應武童試。

其三，重視武生名節並爲武生廣謀出路。在名節方面，武生作爲國家培養的人才，被認爲是「齊民之秀」，國家培養的武生「身列膠庠、各宜潔修自愛。」而「充膺官役雜差」被認爲有辱功名。因此，嘉慶十六年下令各省督撫「嚴飭所屬州縣教職」，將以往「派充官役雜差」的武生一概裁撤，以達到「肅學政而安里閭」的目的。在爲武生廣謀出路方面，雍正八年議准如果「文義尚優不能騎射情願告退者的武生」，允許其「告退與文童一體考試。」如果武生情願註銷功名而改捐文職，爲了不阻礙士子「報傚之情」和「向上之心」，道光二十三年下詔書「准其註銷改捐。」此外允許武生「投入捕盜營」且無庸開除學冊。對於一些年力強壯且技藝兼優的武生，如果本人「願入伍食糧」，即「准其呈報學政，令兼充勿。」武生的功名同時保留並不註銷，而不願入伍的武生「亦不必稍加勉強，以示體恤。」〔註87〕

〔註83〕（清）景清等：《欽定武場條例》四庫未收書輯刊玖輯玖冊，北京出版社，2000版，9-508。

〔註84〕（清）景清等：《欽定武場條例》四庫未收書輯刊玖輯玖冊，北京出版社，2000版，9-508。

〔註85〕（清）景清等：《欽定武場條例》四庫未收書輯刊玖輯玖冊，北京出版社，2000版，9-508。

〔註86〕（清）景清等：《欽定武場條例》四庫未收書輯刊玖輯玖冊，北京出版社，2000版，9-511。

〔註87〕（清）景清等：《欽定武場條例》四庫未收書輯刊玖輯玖冊，北京出版社，

清代武童試作爲武科舉最低級別的考試，在應試對象的界定、考試程序的設置、作弊手段的施行、錄取名額的分配、武童生的管理等方面都已經有了非常詳細的規定，從入門階段爲武科舉選拔優秀士子打下了良好的基礎，同時也體現出清代武科舉制度發展的完備性。

第二節　清代武科舉鄉試

武鄉試是清代四級武科舉考試中的第二級，雖然從級別上看並不算高，但是它作爲承上啓下的關鍵一級考試，在整個武科舉中的地位卻十分重要。從宏觀角度看，武鄉試選拔出的武舉人構成清代武科士子群體的中堅力量，作爲更高級別武會試和武殿試的人才來源，武鄉試取士水平的高低直接關係到中央的這兩級考試能否拔取傑出的軍事人才、從中觀角度看，武鄉試在全國所有行省都同時舉行，既是本省內部最高水平武科士子選拔考試，又與其它省份存在著橫向的比較，在一定程度上反映出一個省份的武備情況、從微觀角度看，武舉人具備了直接投身軍旅做官的資格，因此武科士子能否實現其個人的仕途追求，武鄉試是最爲關鍵的一環。

一、清代武鄉試的時間地點

在順利通過武童試考核後，武科士子就取得報考高一級別考試——武鄉試的資格。武鄉試在清初即開始實施，順治元年（1644 年）確定「夏四月辛巳，初行武鄉試。」〔註 88〕同年十月，確定正科武鄉試於子、午、卯、酉年舉行，並從順治二年（1645 年）開始，每三年舉行一次正科考試，如果遇到新皇登基、皇帝或太后大壽等慶典，還會不定時舉行恩科考試，若恩科考試與正科考試同年，則將正科舉辦時間或預行或後移〔註 89〕。

順治二年（1645 年）六月確定各直省武闈鄉試於十月舉行〔註 90〕。此後順天和各省武鄉試均遵照定例在十月舉行，但具體日期在不同時期略有不同：康熙五十六年確定武鄉試自十月初九日至十三日試騎射、技勇，十四日

2000 版，9-511。

〔註 88〕清史編纂委員會編纂，清史，第 1～8 冊〔M〕，國防研究院，1971：36。

〔註 89〕黃光亮，清代科舉制度之研究〔M〕，臺北：嘉新水泥公司出版社，1977：135。

〔註 90〕趙爾巽，清史稿，卷四，本紀四〔M〕，上海：上海古籍出版社，1986：8827。

入闈。後來由於考試馬步射和技勇的時間過於緊迫，在乾隆元年（1736 年）做出調整，武鄉試外場應於十月初七日爲始，大省人數多者於初五日爲始，考試馬步射並技勇十三日入闈，十五日考試策論。同時規定外場考試時如遇到「天雨泥滑」，則將期限延展至天氣晴朗之後再行考試。嘉慶九年（1804年）由於十月初六係萬壽節日，大小臣工均應行禮祝，如果派官員前往武闈主持考試，則不能「全班恭祝，既無以抒其忱悃，亦於體制不合。」〔註91〕因此將武鄉試之期改爲十月初七日開弓，十二日出榜。道光二年（1822 年）順天武鄉試外場考試，著仍照舊例於十月初五日開弓，十一日出榜。此後，這一考試日期一直沿用到光緒十四年（1888 年），御史文郁認爲武鄉試應試人數逐漸加增，原定日期有些緊迫，難以完成考試，如果遇到風雨驟至的情況，還需要考官臨時奏請展限日期，但「內場題本均須撤回另繕，實屬趕辦不及。」請求將「武闈鄉會試一律展限二日，十月鄉試均於初五日開考，十三日將挑取人數出示曉諭。」〔註92〕奏章很快得到批准，清廷頒佈上諭「外場馬箭、步箭、技勇於十月初五日開考，十三日將記注之武生，復加挑選雙單好字號，凡挑入好字號武生，姓名依箭冊內府州縣次序總計若干人，開列清單，分闈出示曉諭，准入內場。十五日主考入闈，十六日武生入內場考試，默寫武經畢即日出場，毋許住宿。」〔註93〕自此成爲定例並一直延續至清末。

　　在考試地點方面，順治二年（1645 年）根據武生所在地區的不同劃分爲三大類：第一類是京衛武生，在兵部參加鄉試、第二類是直隸各府的武生，在保定府參加鄉試、第三類是其它各省的武生，在本省城的布政使司參加鄉試。此外，還對個別省份的武鄉試做出特殊規定，如「大同府在大同府鄉試、西延、漢鳳及榆林鎮在西安府鄉試、平慶、臨鞏暨兩河等處在甘肅鄉試，」〔註94〕順治八年（1651 年），畿南畿北合併爲直隸省，畿南、畿北的兩科武闈歸併成一闈。由於眞定府地處「畿南畿北折中之地，且場屋寬敞，便

〔註91〕（清）景清等：《欽定武場條例》四庫未收書輯刊玖輯玖冊，北京出版社，2000 版，9-438。

〔註92〕（清）景清等：《欽定武場條例》四庫未收書輯刊玖輯玖冊，北京出版社，2000 版，9-439。

〔註93〕（清）景清等：《欽定武場條例》四庫未收書輯刊玖輯玖冊，北京出版社，2000 版，9-439。

〔註94〕清高宗（清）敕撰，清朝文獻通考，卷五十三，選舉七〔M〕，臺北：臺灣商務印書館，1987：5352。

於考試。」因此兵部將直隸武鄉試放置於眞定舉行。〔註 95〕同年，江南武闈不再分爲上、下江，而是「照各省事例，統於省城鄉試。」〔註 96〕順治十六年（1659 年）又將「大同府武生劃歸山西省參加武鄉試，京衛地區及直隸各府，奉天府武生俱歸順天府鄉試。」〔註 97〕通過以上的史料可以看出，清代武鄉試的考試地點大多分佈在兵部、各省省城的布政使司、大同府和西安府等地，後來將大同、西安兩府的武鄉試舉辦權撤銷，京衛、直隸各府和奉天的武鄉試改由順天府主持舉行，其它各省武鄉試則在省城的布政使司舉行，武鄉試考試地點逐漸由分散走向集中。

二、清代武鄉試的取士中額

武鄉試是建立在武童試基礎上的選拔性考試，對於應試者的來源有一定限制。首先在取士比例上，清朝初年規定每錄取一名武生，各省需要呈送二十名武童，而文鄉試的規定則爲「直省額中舉人一名，取應試諸生三十名。」〔註98〕相比之下，武鄉試的取士名額比率（5%）略高於文鄉試（3.33%）。此後，武鄉試的取士中額不斷增加，順治十一年（1654 年）規定鄉試中式武舉額大省加六名，中省加四名，小省加二名。在這次取士中額的全國性普遍增長之後，清代歷代皇朝對於各地武鄉試錄取人數也作出相應規定。順治十六年（1659 年）規定：「直隸八府武生與京衛武生合併錄取，其中京衛武生一百名，外州縣衛所武生一百名。」〔註99〕康熙五年（1666 年）規定：「雲南武鄉試照文闈場取中二十七名……貴州武鄉試照文闈額取中二十名……奉天等處各學武生照文生員例附順天武鄉試取中三名。」〔註100〕康熙八年（1669 年）規定：「四川省武鄉試中額照文場例取中四十二名。」〔註101〕

〔註95〕清高宗（清）敕撰，清朝文獻通考，卷五十三，選舉七〔M〕，臺北：臺灣商務印書館，1987：5352。
〔註96〕清高宗（清）敕撰，清朝文獻通考，卷五十三，選舉七〔M〕，臺北：臺灣商務印書館，1987：5352。
〔註97〕清高宗（清）敕撰，清朝文獻通考，卷五十三，選舉七〔M〕，臺北：臺灣商務印書館，1987：5352。
〔註98〕徐珂，清稗類鈔，第二冊，考試類〔M〕，北京：中華書局，1984：636。
〔註99〕（唐）杜佑，通典（上）〔M〕，長沙：嶽麓書社，1995：427。
〔註100〕李澍田主編；蔣秀松點校，李澍田主編，清實錄東北史料全輯（3）〔M〕，長春：吉林文史出版社，1990：116。
〔註101〕清高宗（清）敕撰，清朝文獻通考，卷五十三，選舉七〔M〕，臺北：臺灣商務印書館，1987：5353。

　　由於各地發展水平差異巨大，爲了保證武鄉試選拔出來的士子質量，清廷在武鄉試的錄取中額控制上貫徹「寧缺毋濫」的原則，多次因爲應試人數不足而減少武鄉試中額甚至暫停武鄉試。順治十七年（1660年），貴州巡撫卞三元上奏貴州各學並無武生，因此兵部決定停止當年貴州武鄉試。康熙十四年（1675年）順天武鄉試，本應於「京衛武學取中一百名，八府及宣府一鎮共取中一百名，奉天府取中三名」，〔註102〕但由於京衛武生步箭合式者止七十七名，奉天無一人合式，因此將取士中額「減至取中五十名」。〔註103〕康熙二十一年（1682年）和康熙二十三年（1683年），由於「粵西武生僅得百名」兩次批准廣西巡撫郝浴、王起元的奏疏，暫停該省武闈鄉試。

　　康熙二十三年（1683年），清廷首次對全國武鄉試取士名額分配作出規定：「順天一百四十名，山東六十名，山西一百一十名，河南六十名，江南一百六十二名，江西四十名，福建五十名，浙江五十名，湖廣五十名，西安五十名，甘肅五十名，四川四十二名，雲南二十七名，貴州二十名，廣西人數不足不設科，應試人數多再定額。」〔註104〕康熙二十六年（1686年）又對各省武舉人的錄取人數作出調整：「順天府取中一百零八名，八旗漢軍取中四十名，奉天錦州府三名，山東四十六名，山西四十名，河南四十七名，江南六十二名，江西五十七名，福建五十四名，浙江五十四名，湖廣五十名，陝西二十名，甘肅二十名，四川四十二名，廣東四十三名，雲南四十二名，貴州二十名，廣西三十名。」〔註105〕康熙四十八年（1709年），在順天武鄉試中單設立合字號並爲之分配了40個取士名額，使「八旗漢軍、內務府無品級筆帖式、庫使、由官學生補授之外郎及閒散人等」〔註106〕在考取武生之後便可以參加順天武鄉試合字號的考試。雍正二年（1724年）將湖廣分爲南北二闈，平分鄉試武生的五十名中額，其中湖北二十五名，湖南二十五名。雍正

〔註102〕李澍田主編：蔣秀松點校，李澍田主編，清實錄東北史料全輯（3）〔M〕，長春：吉林文史出版社，1990：116。

〔註103〕李澍田主編：蔣秀松點校，李澍田主編，清實錄東北史料全輯（3）〔M〕，長春：吉林文史出版社，1990：116。

〔註104〕方國瑜主編，雲南史料叢刊，第八卷〔M〕，昆明：雲南大學出版社，2001：295。

〔註105〕清高宗（清）敕撰，清朝文獻通考，卷五十三，選舉七〔M〕，臺北：臺灣商務印書館，1987：5352。

〔註106〕清高宗（清）敕撰，清朝文獻通考，卷五十三，選舉七〔M〕，臺北：臺灣商務印書館，1987：5353。

七年（1729 年），部分省份武鄉試取士名額再度發生變化，其中湖南減一名，變爲二十四名、四川減一名變爲四十名、廣東減一名變爲四十四名、貴州增四名，變爲二十三名。

　　除了對京衛和中原內地省份武鄉試中額進行調整外，在康熙年間清廷也曾注意到邊疆地區取士問題，尤其對於武風興盛的陝甘地區，不斷提高其武鄉試中額數。康熙四十九年（1701 年）陝西素州總兵路振聲奏請增加陝西武舉額數：「陝西人材壯健者甚多，又令兵丁一體鄉試，武舉額數若少則有才者不免遺漏，以致擁塞滯著，將武舉中額照原數增二十名。」〔註107〕兵部議覆時對奏章所提各增二十名的做法表示「不准行。」〔註108〕到雍正四年（1726年），因爲「陝西地屬雍涼，人材壯健強勇者多騎射嫻熟，勝於他省，每科鄉試取中不過三十名，而入學額亦與他省不相上下，額少人多不無屈抑。」〔註109〕因此將西安、甘肅武舉中額各加中十名。乾隆元年（1736 年），諭「陝甘之人長於武事，其人材壯健，弓馬嫻熟，較他省爲優，向來武闈鄉試中額每省各四十名，應試之人，每以限於額數不能多取……定陝甘二省，每省原額取中四十名，今酌加十名，各取中五十名。」〔註110〕除了對漢族士子的照顧，雍正元年（1723 年）順天武鄉試中還設立「滿字號」，規定滿洲士子的中額人數「八旗滿洲等照漢軍例考取武舉二十名。」〔註111〕這一做法一直延續至雍正十二年（1734 年），雍正帝認爲「滿洲弓馬技勇，遠勝漢人。將來行之日久，必至科場前列悉爲滿洲所佔，而滿洲文藝不及漢人，又恐考試內場時不免有傳遞代作等弊。於作養人材之道未有裨益。著行停止。」〔註112〕此後滿洲人考取武舉的活動才停止。

　　到清中葉的乾隆、嘉慶時期，各省武科鄉試的取士中額數基本保持不

〔註107〕清高宗（清）敕撰，清朝文獻通考，卷五十三，選舉七〔M〕，臺北：臺灣商務印書館，1987：5353。

〔註108〕清高宗（清）敕撰，清朝文獻通考，卷五十三，選舉七〔M〕，臺北：臺灣商務印書館，1987：5354。

〔註109〕清高宗（清）敕撰，清朝文獻通考，卷五十三，選舉七〔M〕，臺北：臺灣商務印書館，1987：5355。

〔註110〕（清）昆岡，欽定大清會典事例，卷七百十六〔M〕，臺北：新文豐書局，1976：14360。

〔註111〕清高宗（清）敕撰，清朝文獻通考，卷五十三，選舉七〔M〕，臺北：臺灣商務印書館，1987：5355。

〔註112〕中國人民大學清史研究所編：清史編年，第四卷雍正朝〔M〕，北京：中國人民大學出版社，1991：606。

變，只在乾隆四十七年（1775 年）對個別省份的武鄉試名額做出了微調：「順天府取中一百零八名，八旗滿蒙取中十三名，八旗漢軍取中四十名，奉天取中三名，江南六十三名，浙江五十名，江西四十四名，湖北二十五名，湖南二十四名，福建五十名，山東四十六名，山西四十名，陝西五十名，甘肅五十名，四川四十名，廣東四十名，河南四十七名，雲南四十二名，貴州二十三名，廣西三十名。」〔註 113〕嘉慶、道光年間，各省武鄉試的取士中額基本保持不變。咸豐五年（1855 年）由於漢軍應試者僅有一百七十四名，較之歷科人數實形減少，覆試時有刀力石力不符者五名，爲防止人數過少而出現「遷就之弊」，將漢軍的武鄉試錄取人數改爲以應試人數多寡酌中定額，於十人內取中一名，如有零數在五人以上，亦取中一名。

進入咸豐年間後，清朝各地的農民起義、少數民族動亂開始不斷出現，爲了應對國內此起彼伏的農民起義，清廷組織軍隊不斷征戰，導致這一時期軍費開支巨大。咸豐三年（1853 年）大學士公裕誠曾上奏：「軍興以來，需費浩繁，先後由內庫及外省撥給銀二千餘萬。」〔註 114〕咸豐帝在剿匪通告中也提到「大江南北軍營，援剿之兵數逾十萬，連日捷音迭奏，大挫凶鋒。近復調集各路重兵剋期赴剿，合之前調之兵不下二十餘萬，朕不惜帑金爲民除害，統計所撥已及二千七百餘萬兩。」〔註 115〕鉅額軍費開支使得清廷國庫入不敷出。爲擴大財源和防止出現過度增加賦稅而激發新的民變，清廷採用出售科舉名額的方式來彌補虧空，在武童試和武鄉試中分別擴大學額和中額。咸豐三年（1853 年）頒佈上諭：「酌加作爲永遠定額所加之額，按一省捐銀三十萬兩加文武鄉試定額一名，以十名爲限。」〔註 116〕與武童試中增廣一名定額需要廳州縣捐銀一萬兩相比，武鄉試增加中額的花費較高，達到武童試增廣學額的數十倍。儘管如此，由於武鄉試的層級更高，其拔取的武舉人較之武童、武生而言對於民間吸引力更大，因此捐銀的號召得到各地積極響應，出現很多捐輸情況。如表 2-2-1 所示。

〔註113〕清高宗（清）敕撰，清朝文獻通考，卷五十三，選舉七〔M〕，臺北：臺灣商務印書館，1987：5358。

〔註114〕（清）景清等：《欽定武場條例》四庫未收書輯刊玖輯玖冊，北京出版社，2000 版，9-473。

〔註115〕（清）景清等：《欽定武場條例》四庫未收書輯刊玖輯玖冊，北京出版社，2000 版，9-473。

〔註116〕（清）景清等：《欽定武場條例》四庫未收書輯刊玖輯玖冊，北京出版社，2000 版，9-473。

表 2-2-1：咸同光年間武鄉試中額定額增長表

	咸　豐　朝							同　治　朝						光緒朝	
	五年	六年	七年	八年	九年	十年	十一年	元年	三年	五年	六年	七年	九年	元年	八年
順天府											3				
江蘇省					4				5	1			8		
安徽省			2					2	3	1	1		1		
江西省			2		3		1		4						
浙江省	1	2	1	1	1					4					
福建省	1			2	10										
湖北省			3	1				4	2						
湖南省				4	3		3								
河南省			2		3							3			
山東省						2									
山西省			2	3			2	1	2						
陝西省				4			5								
甘肅省															
四川省	5			5						10					
廣東省			4			11									
廣西省								2		2	2				
雲南省														10	
貴州省								1			1				8
合　計	7	2	16	20	24	13	11	10	16	18	7	3	9	10	8

數據來源：四庫未收書輯刊編纂委員會，四庫未收書輯刊玖輯玖冊〔M〕，北京：北京出版社，2000：9-470-472。

　　從上表可以看出，在咸同年間十八個省參與了捐輸增廣學額活動，其中十一個省份的定額增長數在 10 名以上，地處太平天國勢力中心區的江南和武風素來興盛的四川捐輸定額數都超過 20 名。根據三十萬兩換取一名永額增廣的比率計算，咸同年間武鄉試捐輸定額增長數為 174 名，清廷收入共計 5220 萬兩。除了永久定額外，武鄉試還有捐輸一次性廣額的規定，即為一科的中

額增長：「各省捐銀至十萬兩者，加鄉試中額一名，額數以次遞加，即捐至數百萬兩以上，亦不得過恩詔廣額大省三十名，中省二十名，小省十名之數。」〔註117〕由此推之，捐輸武鄉試中額所帶來的實際收入遠超 5220 萬兩，再加上武童試增廣學額的 4718 萬兩，咸豐朝開始的科場捐輸廣額帶來的收入超過一億兩白銀，有效緩解了連年征戰給清政府所帶來的巨大財政壓力，可以說，同治年間清廷能夠成功抵禦大量民間起義，武科中額和學額的捐輸增廣做出了一定的貢獻。

　　除了照顧邊遠省份和捐輸廣額這兩種增加武鄉試取士中額的方式外，還有一種臨時性的名額增長現象，即恩科武鄉試的增廣。此類武鄉試中額增加的現象多出現在皇帝大婚、登基、壽辰或者其它國家慶典時期。清代武鄉試名額增加最多的一次是光緒十五年（1889 年），這一年正月光緒帝大婚，特開恩科武鄉試，大幅增加各省中額，大省加三十名，中省加二十名，小省加十名。由於清代各省武鄉試對駐防和普通士子分別進行錄取，因此在各省駐防名額的增長規定中，按照原有駐防錄取名額的多少分為三個檔次：第一檔為駐防名額在八名以上的省份，分配三名中額，如「江南駐防原額八名，於三十名內分中三名……陝西駐防原額十名、甘肅駐防原額八名於二十名內各分中三名」、第二檔為駐防原有名額在五名至七名之間的省份，分配二名中額，如「福建駐防滿洲六名、廣東駐防漢軍原額均六名於二十名內各分中二名……湖北駐防原額六名於十名內分中二名」。第三類是駐防名額在二至四名的省份，分配一名中額「浙江駐防……廣東駐防滿洲、山西駐防原額均四名……河南、山東駐防原額均三名擬請於二十名內各分中一名。」以上三類駐防如果參加武鄉試人數不敷錄取，則將名額仍歸本省加中。對於駐防名額僅有一名的福建駐防漢軍和四川駐防則不予增加，如果應試人數至二十名，亦於二十名內各分中一名。

三、清代武鄉試的應試資格和報考程序

　　清代武鄉試相比於武童試而言，士子來源相對廣泛。從民族成分上看，包含滿、蒙、漢在內的多個民族的士子均有資格參加考試、從出身來看，無論武學生員，還是武監生或者行伍出身者，也都具備參加考試的資格。具體

〔註117〕沈雲龍編，欽定科場條例，卷二十四，捐輸加廣鄉試定額〔M〕，臺北：文海出版社，1973：1732。

來看主要有以下三類人群：

　　第一類是生員和貢監，包括各直省府州縣學中優秀的武生員、京衛武學的學員、武監生和文科生員。武鄉試最主要的來源是武生員即武秀才，這些士子數量巨大，在武鄉試應試者群體中所佔比重最高。但並非所有武生都具備應試資格，只有參加三年一次由學政主持的歲試並且成績「名列一二等者」，[註118] 才有可能參加武鄉試。康熙年間，康熙帝對於所選人才的能力要求有更高的期許，認為「文武考試雖曰兩途，俱係遴拔人才，而習文之內、亦有學習武略、善於騎射者。習武之內、亦有通曉制義、學問優長者。」[註119] 為了士子能各展所長、不至遺漏真才，提出「有情願改就武場考試者。武童生生員、舉人內有情願改就文場考試者應各聽其考試」[註120] 的設想，經九卿詹事科禮部等衙門議覆後，在康熙五十三年（1788 年）規定「文生有願改入武場，武生有願改入文場者，照文武生員鄉試例申送鄉試。不中者仍各歸入文武原冊，不准再行改考。」[註121] 從此，文生員也可以參加武鄉試。乾隆元年（1736 年）下詔規定「各省監生有素習騎射，願入武場者，准與武生一同鄉試，其中式者造入武舉冊內，不中者仍歸監生原冊，不准再行改考。」[註122] 將文監生也納入武鄉試應考人員的範圍之內。但此舉並沒有收到很好的成效，很多不自愛的士子「恃有互試之例文場則夾帶傳遞代做、武場則換卷。內簾但憑文取中。外簾又稽察維艱。徒滋科場之弊，未收兼備之才。」[註123] 乾隆七年（1742 年）應御史陳大玠的奏請，下令將「文武鄉試互試」的做法停止。道光二十三年（1843 年）軍機處頒佈《各省駐防改應翻譯章程》，要求各地駐防生員改為參加翻譯科鄉試。道光二十四年（1844 年），涼州副都統文祥鑒於其治下各駐防營內文生員進學日久年已大，若再令學習翻譯，未免顧此失彼，而其中不乏弓馬可觀騎射合式者，因

〔註118〕黃光亮，中國武舉制度之研究〔M〕，臺北：振英書局，1977：36。

〔註119〕孔昭明，臺灣文獻史料叢刊，第二輯（30）臺灣縣志〔M〕，臺北：臺灣大通書局，1984：146。

〔註120〕徐珂著，清稗類鈔〔M〕，北京：商務印書館，1984：6。

〔註121〕（清）昆岡，欽定大清會典事例，卷七百十六〔M〕，臺北：新文豐書局，1976：14377～14378。

〔註122〕（清）昆岡，欽定大清會典事例，卷七百十六〔M〕，臺北：新文豐書局，1976：14378。

〔註123〕（清）景清等：《欽定武場條例》四庫未收書輯刊玖輯玖冊，北京出版社，2000 版，9-443。

此上奏請將各營文生員應本省武闈鄉試。此後各省駐防翻譯生員，如有弓馬可觀願應武鄉會試者，一律准其改應武鄉試。同時為防止跨考滋生弊端，做出不得復應文鄉試及翻譯鄉試的限制。

　　第二類是行伍出身者，其中包括八旗漢軍、各省綠營兵丁和各省駐防子弟。康熙四十七年（1708 年）曾下令「兵部八旗漢軍人員以文職用者多，以武職用者少，嗣後武科鄉試當令八旗漢軍應試。」〔註124〕一年之後又規定「直隸各省綠營兵，有通文藝願應武鄉試者，於充伍地方該營將弁申送巡撫一體鄉試，於原額取中，不中，仍令歸位。」〔註125〕嘉慶十八年（1813 年）規定「各省駐防子弟入學者。即令其於該省一體應文武鄉試。」〔註126〕同時考慮到「各省駐防應武鄉試之人馬步箭素所練習，合式者多，於弓石鮮能合格。若一概送考不能取中，未免徒勞往返。」〔註127〕因此嘉慶二十一年（1816 年）規定凡遇武鄉試之年，對這些駐防兵丁「著該將軍都統、副都統、城守尉等先行認真甄別，其馬步箭與弓石俱能合式者方准錄科送考，其不合式者即行駁退。」〔註128〕以此保證武鄉試應試者的素質。

　　第三類是一些低級別文武官員，其中包括中書、筆帖式、驍騎、前鋒、庫使等。康熙四十八年（1709 年）議准，八旗漢軍「中書及部院衙門七品、八品筆帖式，不論上朝未上朝廕生、監生，及監生之披甲、護軍、領催、拜唐阿有願應武鄉試者」〔註129〕由該旗開列姓名移送順天府與武生一體鄉試，不中者仍令當差。雍正七年（1729 年）奏准，八旗滿洲的「副驍、騎校、前鋒、護軍、驍騎人等，有願應武鄉試者，准其鄉試。」〔註130〕直到雍正十二

〔註124〕（清）景清等：《欽定武場條例》四庫未收書輯刊玖輯玖冊，北京出版社，
　　　　2000 版，9-442。

〔註125〕清高宗（清）敕撰，清朝文獻通考，卷五十三，選舉七〔M〕，臺北：臺灣商
　　　　務印書館，1987：5353。

〔註126〕（清）景清等：《欽定武場條例》四庫未收書輯刊玖輯玖冊，北京出版社，
　　　　2000 版，9-442。

〔註127〕（清）景清等：《欽定武場條例》四庫未收書輯刊玖輯玖冊，北京出版社，
　　　　2000 版，9-442。

〔註128〕（清）希元，祥亨等，荊州駐防八旗志〔M〕，瀋陽：遼寧大學出版社，1990：
　　　　66。

〔註129〕（清）昆岡，欽定大清會典事例，卷七百十六〔M〕，臺北：新文豐書局，
　　　　1976：14377。

〔註130〕（清）席裕福，皇朝政典類纂，卷二百二，選舉十二〔M〕，臺北：文海出版
　　　　社，1979：3463。

年（1734年）宣布滿洲士子不許參加武科後宣告中止。嘉慶十八年（1813年）五月內復設滿洲蒙古武科，令八旗蒙古驍騎校、城門吏、藍翎長、拜唐阿、恩騎尉、親軍前鋒、護軍、領催、馬甲、巡捕營千總、把總與武生一起參加武鄉試，同時規定漢人中文員、中書、七品八品筆帖式並廕生，俱准與武生一體應武鄉試。各直省千總、把總中非武舉出身願應試者，准以各本職同武生一體應鄉試。此外對於捐職武生和具備武生身份的外委、雲騎尉等人員，也允許其參加武鄉試。乾隆十二年（1747年）規定捐職之武生需次未選者，如果願參加武鄉試，准其與武生一體入闈考試。乾隆四十四年（1778年）規定在營食糧武生拔外委後學冊已經除名，即由該營造送，准其一體鄉試。道光十六年（1836年）規定武生兼襲一、二、三等輕車都尉、騎都尉世職准其應武鄉試。

綜上所述，清代武鄉試對於應試人員的規定較為寬泛，在拓展應試者來源的同時也存在一些限制性的規定。乾隆九年湖南巡撫蔣溥奏稱武闈鄉試有年力就衰者。不准列合式之內。毋使再入三場。乾隆帝應其所請，下詔規定各省年屆六十之武生即不准入場應試。乾隆十七年貴州巡撫定長奏請縮小行伍之中應試者範圍：「武闈鄉試。原以拔取本省武生。其兵丁、及外委千把、一體考試」又有「現任武職子弟、頂冒兵糧入場，未免太濫。」請求「嗣後將步、守概停咨送。馬兵內才技優嫻。文義通曉者。由該營送考。」而對於「現任武職子弟、頂冒入場」者，一經查出後「將保送各員、及現任武職、一併分別嚴加議處。督撫提鎮、失察徇縱。分別議處。」〔註131〕乾隆三十六年，步軍統領公福隆安提出禁止馬步兵丁直接參加武鄉試，「馬步兵丁既可鄉試又可在營升拔，是一人而兼兩途，殊覺太優，有情願考試者，應令各歸本縣與武童一體考試，果能取中武生再准鄉試。」〔註132〕

在武鄉試的報考程序方面，符合條件的應試者根據其不同出身類型，採取不同的報名措施。順治十六年（1659年）規定參加順天武鄉試的順天、奉天及各衛武生，由所在各州、縣給文赴府尹署投呈，報順天府後參加武鄉試。各個行省的武生在本省城鄉試，由該州、縣給文赴布政司投呈，造冊彙集送主考官考試。乾隆三十六年（1771年）規定各省兵生和外委由本營官員出具

〔註131〕（清）景清等：《欽定武場條例》四庫未收書輯刊玖輯玖冊，北京出版社，2000版，9-445。
〔註132〕（清）景清等：《欽定武場條例》四庫未收書輯刊玖輯玖冊，北京出版社，2000版，9-445。

印結，交撫標中軍加覆印結，並取五人同考者互相結保，方准收考。順天及各直省武監生有願應武鄉試者，應先查其是否有「丁憂」等項不准應試的事故，符合條件者由武監生本人「先期造具年貌冊結」呈送本籍地方官員，再由本籍地方官出具結保，並與同考五人互結，呈送學政衙門收考〔註133〕。俟取錄後，該學政「造具名冊咨送各督撫府尹」然後就可以准其一體鄉試，同時造冊知照兵部查覆。在順天府參加考試的報捐監生，則需要「於外場前五日，取具同鄉同考五人連名互結，黏連執照，赴兵部提調司投考。」在驗明身份後，將執照發還該生，准其考試〔註134〕。第四，八旗滿蒙漢軍之武生、護軍、驍騎校、領催、馬甲、千總、把總等，將姓名、籍貫、年貌、三代家庭情況等具結成冊，在京的士子由本旗參佐領甄別送考，駐防士子由該將軍、副都統等甄別送考。〔註135〕

四、清代武鄉試的考試程序

　　武鄉試作為武科舉的一個重要組成部分，是國家選取武備之士的根基和關鍵，因此在考試流程方面較武童試更為規範和嚴密，無論是考前的考場準備、應試對象審查，考試期間的評價和規定，還是考後的覆試安排等，有詳細的規定。

（一）考前準備

　　武鄉試一般在九月初開科考試。進行武鄉試之前的重要準備工作，主要包含考場布置和考生審查兩個方面。

　　在考場布置方面。由於武鄉試一般為三年一試（正科），考試的地點既有內場貢院，還有外場的演武場（或校軍場），因此考官在考前要對長期不用的考場進行整修。光緒乙丑恩科順天武鄉試的監臨主考官潘祖蔭，曾對其主持武鄉試時的準備情況作出詳盡描述：

　　第一是考場用水。由於「內外簾及士子所用水尤關緊要」，〔註136〕因此

〔註133〕商衍鎏著，清代科舉考試述錄，北京市：生活・讀書・新知三聯書店，1958：194。

〔註134〕（清）昆岡，欽定大清會典事例，卷七百十六〔M〕，臺北：新文豐書局，1976：14365。

〔註135〕商衍鎏著，清代科舉考試述錄，北京市：生活・讀書・新知三聯書店，1958：194。

〔註136〕文清閣編委會編，歷代科舉文獻集成，武場監臨事宜〔M〕，北京：燕山出版社，2007：22833。

委派專員檢查考場用水情況，將「尤不疏通清冽」的「新添號舍等處其井」記錄在案，督飭「在事官員於十五日起趕緊一律淘清勿遲勿誤。」〔註137〕第二是鍋與食物，主考官派人檢查做飯的器具是否齊備衛生，查閱各個號舍將「不敷用的新添號之粥鍋趕緊辦理，勿得遲誤……內供給所及添鍋三口新號舍約添鍋二十口。」〔註138〕並且把「各粥飯鍋刷洗淨，以十日爲期。」供應給「士子一粥一飯」主考官要親自品嘗，「如有不堪食者，立即重加懲辦，絕不寬貸。」〔註139〕對於食物和燃料的供應方式和期限也作了規定，「場應用各項煤、炭、米麵、木柴、蠟燭、大宗食物務於八月初二日進齊，不准於啓閉龍門時陸續傳添。」爲避免外簾在供應時將「進食物等件及水據爲己有，傳以出售內簾」〔註140〕的行爲，一方面予以警告，「查出定予參革，以警無恥。其總辦量聽等員難免徇庇之咎」，〔註141〕另一方面主考官「送內簾米麵食物等，均自行發派。」〔註142〕第三是必備藥物。除了用水和食物，主考官還「自帶藥科」，除了對有疾病的士子和考官「趕緊發藥醫治」外，由於「場中用水日復不少」〔註143〕，難以保證都乾淨，在士子飲用不潔淨水後出現腹瀉等症，由號官「將每人所管水缸數目呈明堂上」，〔註144〕根據呈報情況派發藥品「放入水缸以防病患」〔註145〕。第四是考場布置。選派四名至八名官員「查明實在號數及號板即飭令隨同入闈」，〔註146〕如果有查驗錯誤者「先摘頂再參

〔註137〕文清閣編委會編，歷代科舉文獻集成，武場監臨事宜〔M〕，北京：燕山出版社，2007：22833。

〔註138〕文清閣編委會編，歷代科舉文獻集成，武場監臨事宜〔M〕，北京：燕山出版社，2007：22833。

〔註139〕文清閣編委會編，歷代科舉文獻集成，武場監臨事宜〔M〕，北京：燕山出版社，2007：22833。

〔註140〕文清閣編委會編，歷代科舉文獻集成，武場監臨事宜〔M〕，北京：燕山出版社，2007：22834。

〔註141〕文清閣編委會編，歷代科舉文獻集成，武場監臨事宜〔M〕，北京：燕山出版社，2007：22834。

〔註142〕文清閣編委會編，歷代科舉文獻集成，武場監臨事宜〔M〕，北京：燕山出版社，2007：22834。

〔註143〕文清閣編委會編，歷代科舉文獻集成，武場監臨事宜〔M〕，北京：燕山出版社，2007：22834。

〔註144〕文清閣編委會編，歷代科舉文獻集成，武場監臨事宜〔M〕，北京：燕山出版社，2007：22835。

〔註145〕文清閣編委會編，歷代科舉文獻集成，武場監臨事宜〔M〕，北京：燕山出版社，2007：22835。

〔註146〕文清閣編委會編，歷代科舉文獻集成，武場監臨事宜〔M〕，北京：燕山出版

處」，然後要求工房準備好「用各號實貼字樣」不得延誤。「貢院積積土」委派大興宛平兩家縣府清理乾淨。士子到來前，通過兩種途徑使士子明瞭應考的號舍位置，一是「將東西各號書畫圖樣一大張，貼磚門」，二是「刊刻小張同卷票一同給發庶考生」通過這兩種手段使考生「一覽了然，進龍門便易找尋」，以節約進場時間。待三場考完之後再將「場中例有告示及各號內所貼規例由號官督同各號號軍一概取下歸在一處焚化。」〔註147〕士子到達考場在「照壁」完成點名後，在「東西磚門並頭二道龍門及附近各胡同口」之處「將先點之省府先立長牌」，同時添設大板，上寫「某省某府俾眾共知」，出簡明告示，豎立長牌並於各胡同口，防止出現士子擁擠的現象。武士子「領照入簽後，毋許出外。」〔註148〕責成捕盜營派四十名員弁維持秩序。值得注意的是，以上所描述的僅為光緒乙丑恩科順天武鄉試考前一些情況，由於清代武鄉試舉行時間跨度長，地域範圍廣，其它科目和地區的考前準備受制於史料限制尚未能完全展現，但準備的大致環節應與之類似。由於考務準備工作紛繁複雜，記錄所載也並非全貌，而且考前完成的這些工作也無法做到一勞永逸，有些未能發現和暴露的問題需要及時在考試中臨時處理，曾國藩在主持鄉試時就「甫看旗生十餘人」後曾遇到外場馬道出現問題「發馬遲緩異常。」檢查之後發現「馬道之下有水，面上浮泥甚軟。鋪以老糠‧墊以煤渣，而馬之怯如故。」〔註149〕只能臨時暫停考試，臨時處理場地問題，「調湘勇隊另修一新馬道，約兩時之久而成。」之後「續行校閱。」〔註150〕

　　在考生審查和安排方面。主要包括審核應試者身份和排定考試順序。由於參加武鄉試的士子來源較為廣泛，順天、奉天及各衛武生、各省兵生和外委、順天及各直省武監生、八旗滿蒙漢軍之武生、護軍、驍騎校、領催、馬甲、千總、把總等都有資格參加考試，因此在其向各自主管官員投遞名狀，並通過審查造具年貌冊結呈送兵部或者各省學政之後，在應考前士子還需要統一進行資格的覆核，將姓名、籍貫、年貌、三代家庭情況等具結成冊交由

　　　　社，2007：22835。
〔註147〕文清閣編委會編，歷代科舉文獻集成，武場監臨事宜〔M〕，北京：燕山出版
　　　　社，2007：22835。
〔註148〕文清閣編委會編，歷代科舉文獻集成，武場監臨事宜〔M〕，北京：燕山出版
　　　　社，2007：22835。
〔註149〕文清閣編委會編，歷代科舉文獻集成，武場監臨事宜〔M〕，北京：燕山出版
　　　　社，2007：22835。
〔註150〕（清）曾國藩著，曾國藩日記〔M〕，北京：京華出版社，2000：1341。

兵部提調司或各省監臨主考官投遞驗明，才能獲准考試。由於參加武鄉試考試的士子人數不少，考試的科目又相對較多，僅有五天左右的外場考試時間就顯得較爲緊迫，因此提前編制好考生出場順序就尤爲重要。武鄉試一般施行分闈定簽，順天武鄉試一般分爲辰宿列張四闈，地方上也有分爲東西中三闈的做法，如圖 2-2-1 所示。

圖 2-2-1：江南武鄉試分闈曉諭圖

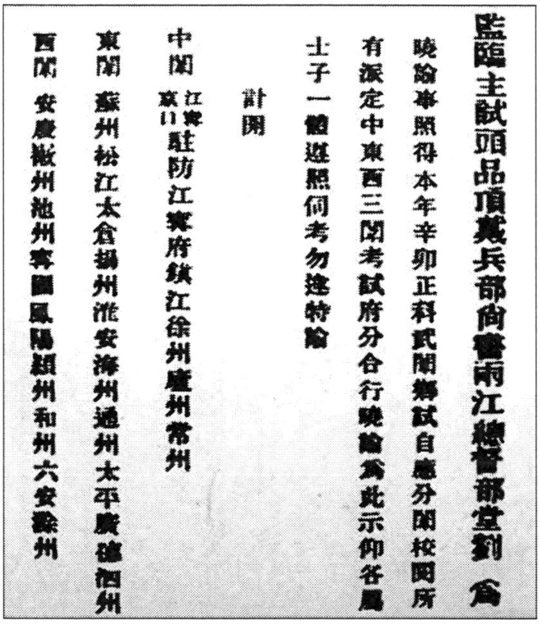
監臨主試頭品頂戴兵部尚書兩江總督部堂劉 爲
曉諭事照得本年辛卯正科武闈鄉試自應分闈校閱所
有派定中東西三闈考試府分合行曉諭爲此示仰各屬
士子一體遵照伺考勿違特諭
計開
中闈 江寧京口駐防江寧府鎭江徐州廬州常州
東闈 蘇州松江太倉揚州淮安海州通州太平廣德泗州
西闈 安慶徽州池州寧國鳳陽潁州和州六安滁州

資料來源：Le P. Etienne ZiS. J. Siu [0].《Pratique des examens militaires en Chine》〔M〕，taipei: cheng wen publishing company 1971: 86。

出場順序排定後，在各闈分排進行考試，順天武鄉試外考試每十人爲一排以次校閱。由於呈送武鄉試是按照各府次序造送，並不酌定人數多寡，而武科鄉試又屢次出現士子未到現象，「順天武鄉試箭冊各排多有二三名不到，甚至全排脫空。」〔註 151〕導致已經安排好的各闈考試人數出現很大差異，「歷科武鄉試四闈箭冊人數，少至四百餘名，多至八百餘名不等。」〔註 152〕由於

〔註 151〕（清）景清等：《欽定武場條例》四庫未收書輯刊玖輯玖冊，北京出版社，2000 版，9-451。

〔註 152〕（清）景清等：《欽定武場條例》四庫未收書輯刊玖輯玖冊，北京出版社，2000 版，9-451。

外場的四闈係同時開考，人數的多寡懸殊使得各闈的考試完成時間常常參差不齊，進而影響到正常考試內容安排，因此在考前採取對於士子先行查驗的辦法：「如有事故不到者，於箭冊黏籤扣除，如有臨場補到者，統於末排考試。」〔註 153〕乾隆四十二年（1777 年）將查驗方法進一步簡化爲「應試者自必赴府親填，如不赴填者則其不到可知，與其逐名查驗不若即以赴填弓力爲已到，其未到者即以不到，黏籤扣除倘有補到者咨揭浮籤歸入末排考試。」〔註 154〕光緒年間兩次出現各闈應考士子分佈不均而導致考試日期拖延的現象，特下詔明確呈送時間：「應務於外場前五日，將實到人數不拘府分，均勻分撥造冊送部分闈掣簽。不得仍按虛數造報，並不准遲至初四日晚間始行造送。」〔註 155〕同時學政將「武生武監生姓名造具清冊」，如圖 2-2-2 所示，其中包含武生所在府州縣、年齡、體貌特徵、容貌膚色、是否有須等內容，以備考試時校對。

圖 2-2-2：武生身份年貌登記箭冊

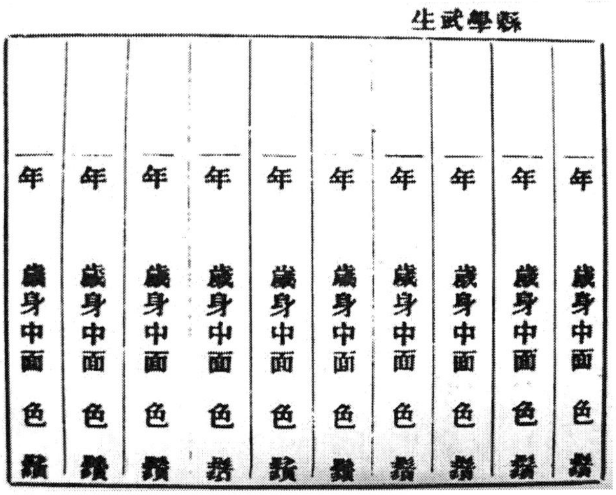
縣學武生

年	年	年	年	年	年	年	年	年	年
歲身中面	歲身中面	歲身中面	歲身中面	歲身中面	歲身中面	歲身中面	歲身中面	歲身中面	歲身中面
色	色	色	色	色	色	色	色	色	色
鬚	鬚	鬚	鬚	鬚	鬚	鬚	鬚	鬚	鬚

資料來源：Le P. Etienne ZiS. J. Siu [0].《Pratique des examens militaires en Chine》〔M〕，taipei: cheng wen publishing company 1971: 59。

〔註 153〕（清）景清等：《欽定武場條例》四庫未收書輯刊玖輯玖冊，北京出版社，2000 版，9-451。

〔註 154〕（清）景清等：《欽定武場條例》四庫未收書輯刊玖輯玖冊，北京出版社，2000 版，9-451。

〔註 155〕（清）景清等：《欽定武場條例》四庫未收書輯刊玖輯玖冊，北京出版社，2000 版，9-438。

在順天武鄉試中，順天府還會責成大興、宛平二縣，按照學政造具的武士子姓名清冊填寫「箭冊手摺」，繕寫完成並校對清楚後，在外場考試之前五日送交兵部，以備外場考試填寫士子成績時考官使用。如圖 2-2-3 所示。

圖 2-2-3：武鄉試士子箭冊填寫圖

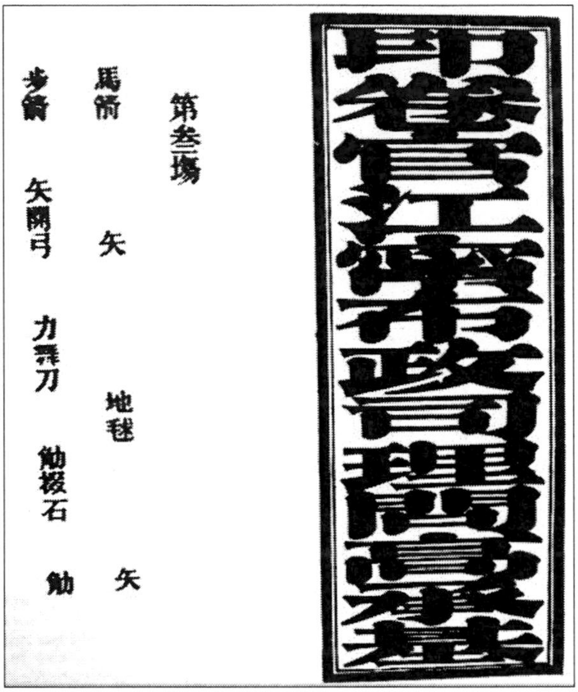

資料來源：Le P. Etienne ZiS. J. Siu [0].《Pratique des examens militaires en Chine》〔M〕，taipei: cheng wen publishing company 1971: 74。

（二）考試流程

在考場布置和士子資格審查完成，即正式拉開了武科鄉試的大幕。武鄉試仿照文科鄉試舉行，因此在考試的級別和規制上與文科類似。順天武鄉試以大學士、都統為監臨主考官、順天府尹府丞與御史為外場同考官，大興、宛平兩縣負責備辦考場各項事宜、在各直省則以巡撫為主試官、總督為外監臨，「糧道與督中協為左右監試官，撫標參將、城守營參將，督標、撫標之左右營游擊為外場考官，而首府、首縣兩官亦與其事。武鄉試考前的入闈儀式頗為隆重，先由監臨主考官率文武先祭關帝，行三跪九叩禮、旋祭大纛，行三叩、旋入內廳少息。在順天武鄉試前，還要進行上馬宴，上馬宴是武鄉

試考試之前招待科舉主試官員的筵席，一般由考試所在地的府州地方官負責承辦。

如圖 2-2-4 所示：

圖 2-2-4：武鄉試上馬宴圖

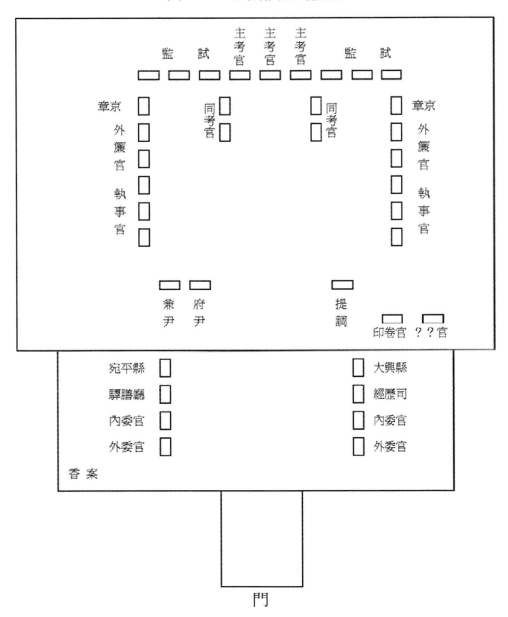

資料來源：（清）崑岡等撰，欽定大清會典圖〔M〕，臺北：新文豐書局，1976：1511。

考試進行時，「主試官正坐演武廳門檻內，左右監試設案坐於門檻外，襄考官等支棚陳案，分左右而坐，則居於階下。」〔註 156〕武鄉試的應考士子在考前持應考證件，根據考場外所設立的指示牌，「入而領取一烙有火印、貼有名字之木腰牌。」入場之日即「執此腰牌分左右而入，到發籤處，據腰牌而領取一支照人簽。發簽者是首府、首縣兩官，亦是按冊點名而發簽。」〔註 157〕照人簽中包含士子所在闈的名稱、士子體貌特徵，家庭出身等多項內容，如圖 2-2-5 所示。應考士子持簽到達指定位置後，開始準備進行外場第一場——騎射和步射考試。

圖 2-2-5：武生身份信息單

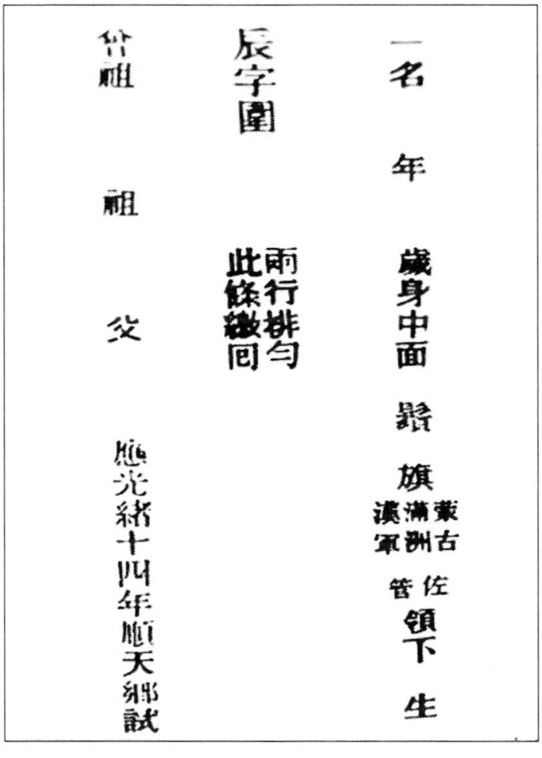
一名　年　歲身中面　鬚　旗 蒙古 滿洲 漢軍　佐領 管領　下　生
辰字圍
兩行排勻
此條繳回
曾祖　祖　父
應光緒十四年順天鄉試

資料來源：Le P. Etienne ZiS. J. Siu [0].《Pratique des examens militaires en Chine》〔M〕，taipei: cheng wen publishing company 1971: 75。

〔註 156〕羅養儒撰，王樵等點校，雲南掌故〔M〕，昆明：雲南民族出版社，1996：137。

〔註 157〕羅養儒撰，王樵等點校，雲南掌故〔M〕，昆明：雲南民族出版社，1996：138。

　　騎射考試時，一般有兩條以上跑馬道，士子手持名簽，「領簽就試騎於馬上弛騁於馬道內。」根據規程的要求，分別縱馬射箭靶和地球。射箭靶時跑馬三次，發九箭或者六箭，然後更換專射地球的用具——「只安有一大及寸餘之平底圓木」的無鏃箭和兩力弓，再次跑馬三次，射球三次，如果能射翻地球，即有監鼓官擊鼓向主考報中。

　　步射考試時，士子持簽領弓一張、箭九枝，循序而立，聽候點名。有武職官員專門司理其事，士子聽到自己名字後，「隨持弓箭前往應名，應名後即走到監試處，將貼有本己姓名之腰牌繳到監試處，監試處復發一書有某字某號之小簽，武生乃持此而走往試箭處，試箭處有二三武職官員監督射靶，此則是各營都守。武生將手中小簽交遞監督者，始行張弓射箭。」〔註158〕在雲南武鄉試中，試場左右各有一個箭靶，距離試箭處百二十步〔註159〕，「靶上有三紅圈、徑達五寸，靶高六尺，寬逾尺」，如圖2-2-6所示。

圖2-2-6：武鄉試馬、步箭靶和地球示意圖

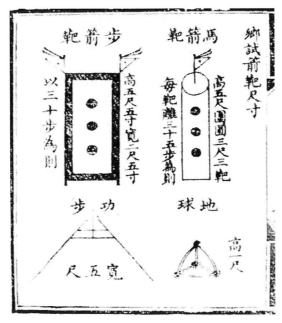

資料來源：《射藝津梁》史攀龍，同治七年（1868年），轉引自李兵，
　　　　　清代武舉制度舊影〔J〕，科舉學論叢，2011（2）：90。

〔註158〕羅養儒撰，王樵等點校，雲南掌故〔M〕，昆明：雲南民族出版社，1996：137。
〔註159〕注：各省和各朝具體距離不同，詳見武鄉試考試內容。

靶子旁邊大概二丈遠處，有二三名考官，一般是營中的千總和把總充任。在他們「面前置有一鼓，士子箭中靶則擊鼓一通，時中紅心則擊鼓三通。」〔註160〕監督射靶處則有人唱報，某字某號武生中箭一枝，或中紅心一枝，考試官即就冊號上畫一朱圈或點一朱點，點為中靶，圈為中紅心。為了防止出現考官舞弊行為，要求各個考官冊號下圈點相同，如果有不同處即為作弊。

外場的騎射和步射舉行後，成績符合要求的士子取得參加第二場外場──技勇考試的資格。技勇考試地點仍在演武場，根據考試內容不同分設「硬弓處、石礩處、大刀處」，分別有武官負責監考。在進行開硬弓一項時應試者持照入簽至硬弓處，請領若干力之硬弓來開，由士子自己決定所開弓的力量大小。領弓的時候，司其事之武員依據其腰牌上所標之姓名而高聲大唱：「武生某，請領若干力硬弓一張。」監試官在冊名下注明弓力，「應試者持弓走到開弓處而馳張之，能開足十分或七八分，由旁立之視察官高聲報曰：『武生某，開若干力硬弓，足十分，或足八分。』」〔註161〕考官便依據此報告，在冊名下記錄其弓力及其開足之分數。在進行舞刀一項時，士子報出自己所舞刀的重量，取相應的號數之大刀，「舞時轉有若干個花」即為合格，由監視的官員唱名報告，考官將成績「書明於冊名」之內。在掇石一項中，有武官監試士子拎礩。根據氣力大小自由選擇一號、二號或三號巨石，如果「能舉及胸抑舉及腹」則算作合格，由監試武官唱名報告，考試官在冊名中登記成績。外場馬步箭和技勇兩場考試完成之後，考官將士子姓名、年齡等身份信息和外場成績集中填注在一張單子中，被稱為箭冊。如圖 2-2-7 所示。

外場考試結束後，由書吏分赴各闈抄錄「挑取武生姓名，趕造內場點名清冊。」〔註162〕每一闈的考官將成績合格的考生「箭冊三本封固入箱，送入貢院。」〔註163〕箱子鑰匙交給監試御史帶入內場。

〔註160〕羅養儒撰，王樵等點校，雲南掌故〔M〕，昆明：雲南民族出版社，1996：139。

〔註161〕羅養儒撰，王樵等點校，雲南掌故〔M〕，昆明：雲南民族出版社，1996：139。

〔註162〕（清）景清等：《欽定武場條例》四庫未收書輯刊玖輯玖冊，北京出版社，2000 版，9-456。

〔註163〕（清）景清等：《欽定武場條例》四庫未收書輯刊玖輯玖冊，北京出版社，2000 版，9-456。

圖 2-2-7：武鄉試士子外場成績箭冊圖

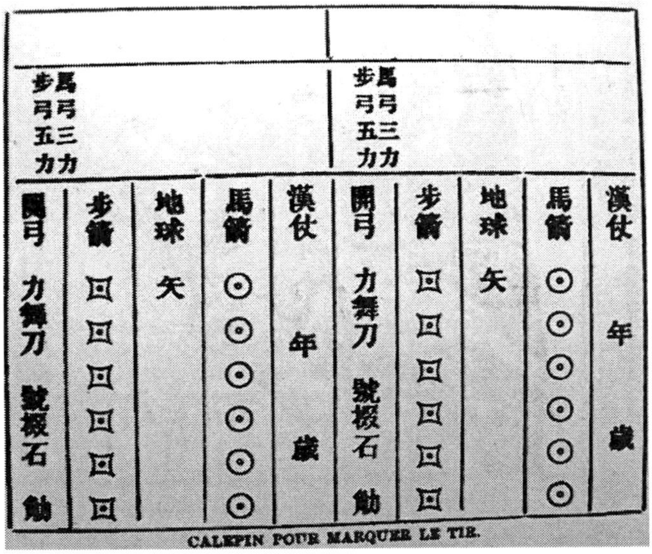

資料來源：Le P. Etienne ZiS. J.Siu [0].《Pratique des examens militaires en Chine》〔M〕，taipei: cheng wen publishing company 1971: 59。

　　內場考試時，乾隆朝之前進行策、論考試，到嘉慶朝之後，則改爲默寫武經中約百餘字一段話。清代武鄉試有些省份的內場考試較爲寬鬆，如雲南武鄉試時，士子「入場默兵書，無不是各挾一本印板孫子兵書而入。」〔註164〕然後按照印版照抄到試卷上，難度不是很大，儘管如此也存在一些目不識丁、持白卷而交者。如果在前三場內弓、馬、技勇超群，已經取中者，則令其補交，此不言而喻，是著其請人代寫也。而對於外場本來就弓、馬平常的士子，則基本上無取中之可能。

（三）考後典禮

　　武鄉試結束之後，由主考官將所錄取士子登記在案，九月底張掛出榜。武舉與文舉不同，並沒有副榜的說法。武舉的所掛之榜上「前畫一鷹後一熊」，因此命名爲鷹熊榜，其發音與「英雄榜」相同。榜文「在貢院之衡鑒堂上塡」，塡榜之時，督、撫、學三憲、四司道、兩監試官、六襄考官列坐於堂上，首府、首縣則據門而坐。武科雖然不如文闈一樣榮耀盛大，但是作爲國家取士的重要典禮，也是比較受重視的，塡榜完成後似文榜一樣用彩亭載

〔註164〕羅養儒撰；王樵等點校，雲南掌故，昆明市：雲南民族出版社，1996：139。

榜，前導以鼓樂，開中龍門而出，由府縣兩官護送至撫臺衙門前，張貼於大照壁上。榜文如圖 2-2-8 所示。

圖 2-2-8：武鄉試外場榜文圖

資料來源：Le P. Etienne ZiS. J. Siu [0].《Pratique des examens militaires en Chine》〔M〕，taipei: cheng wen publishing company 1971: 86。

從圖中可以看出，武鄉試榜內容豐富，包含監臨主考官官職與姓名、武鄉試錄取人數及錄取來源、所有士子的姓名和所在府州縣及出身、出榜日期等信息。在發榜之後士子還要再次填寫親供以驗明正身。在乾隆朝之前需要根據其所在地區的不同，「地方近者限一月，遠者限兩月，京城限十日，俱令到學政衙門填寫親供」〔註 165〕送交兵部、乾隆二十六年之後應浙江學政李因培的奏請，改爲武闈鄉試榜發之後，由所在地區的布政使「頒發親式樣」並行文要求各州縣中式舉人「在本州縣衙門內」親自填寫親供，由各州縣申送布政使，彙齊同試卷一併送交兵部。

到嘉慶朝，在順天府武鄉試結束時，「順天學政將錄取之武生、武監生姓名造具清冊，先期咨部，以備校對。」〔註 166〕所有中式的武生，在覆試之前

〔註 165〕商衍鎏著，清代科舉考試述錄〔M〕，北京：生活・讀書・新知三聯書店，1958：83。

〔註 166〕商衍鎏著，清代科舉考試述錄〔M〕，北京：生活・讀書・新知三聯書店，1958：85。

需要「取具五人聯名互結」，親自赴兵部塡寫親供、在各個直省武鄉試結束後，新中式武生須在監臨督撫、提調、監試等官的監督下，赴貢院塡寫親供，並且將親供單與試卷一起送交兵部。武鄉試錄取榜單掛出後的第二天早晨，舉行專爲慶祝新中式武舉而舉辦的鷹揚宴（在後文中有詳述，此處從略）。

嘉慶六年（1801 年）規定，武鄉試完成後，順天府尹和各省督撫製作武鄉試錄，將中式武生名下，將馬步箭所中枝數，弓刀石斤兩，分晰注明。三年後又將「中式武舉年齡」也增加進武鄉試錄，如圖 2-2-9 所示。

圖 2-2-9：武鄉試錄示意圖

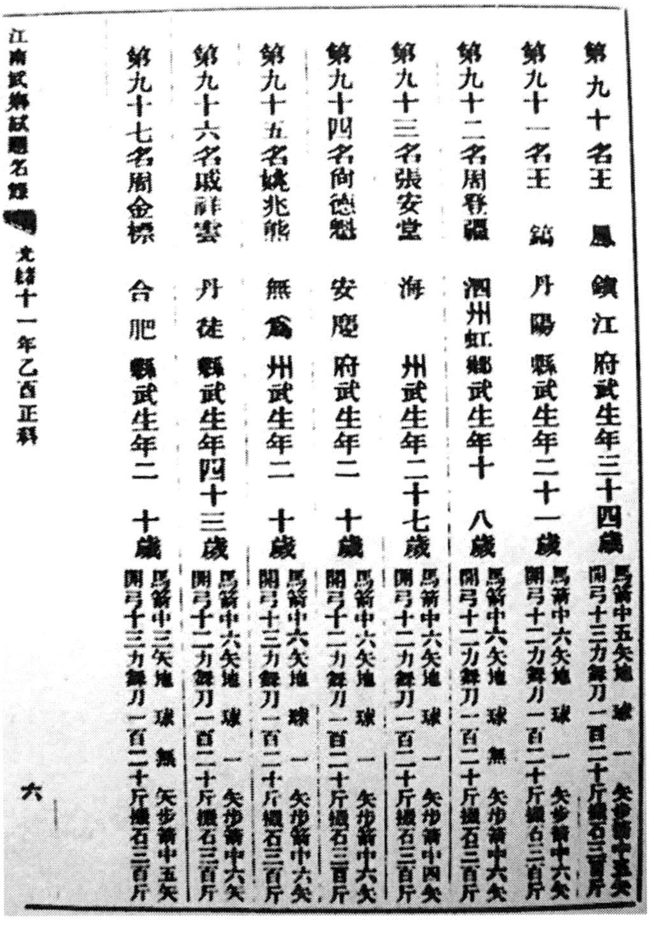
第九十名王　鳳　鎮江府武生年三十四歲
馬箭中五矢地　球一　矢步箭中五矢
開弓十三力舞刀一百二十斤掇石三百斤
第九十一名王　鎬　丹陽縣武生年二十一歲
馬箭中六矢地　球一　矢步箭中六矢
開弓十二力舞刀一百二十斤掇石三百斤
第九十二名周登瀛　泗州虹鄉武生年十　八歲
馬箭中六矢地　球無　矢步箭中六矢
開弓十二力舞刀一百二十斤掇石三百斤
第九十三名張安堂　海　州武生年二十七歲
馬箭中六矢地　球一　矢步箭中四矢
開弓十二力舞刀一百二十斤掇石三百斤
第九十四名向德魁　安慶府武生年二　十歲
馬箭中六矢地　球一　矢步箭中六矢
開弓十二力舞刀一百二十斤掇石三百斤
第九十五名姚兆熊　無爲州武生年二　十歲
馬箭中六矢地　球一　矢步箭中六矢
開弓十三力舞刀一百二十斤掇石三百斤
第九十六名戚祥雲　丹徒縣武生年四十三歲
馬箭中六矢地　球一　矢步箭中六矢
開弓十二力舞刀一百二十斤掇石三百斤
第九十七名尉金標　合肥縣武生年二　十歲
馬箭中三矢地　球無　矢步箭中五矢
開弓十三力舞刀一百二十斤掇石三百斤
江南武鄉試題名錄　光緒十一年乙酉正科
六

資料來源：Le P. Etienne ZiS. J. Siu [0].《Pratique des examens militaires en Chine》〔M〕，taipei: cheng wen publishing company 1971: 88。

（四）復試磨勘

武鄉試錄在填寫刊刻完成後送交兵部，兵部在內閣、吏、戶、禮、刑、工等部、都察院、通政使司、大理寺之中選擇一些官員，然後由皇帝欽點其中二到三員對武鄉試錄進行磨勘，主要是「逐名核對」馬步箭與技勇考試成績和「磨對筆跡」以考察內場程文和親供單是否為他人所寫。磨勘完成後，兵部「於次年四月底彙齊五月內具題恭呈御覽。」〔註167〕自道光十五年起，武鄉試也仿照會試之例對士子進行覆試，兵部從各「親王、郡王，兼管都統之親王、郡王，六部滿漢堂官」之中開列名單請旨欽點二三員，集中中式武生覆勘馬步箭，並按照鄉試中式原冊所填弓刀石斤重詳加覆試。咸豐九年（1859 年）後，根據御史李培祐的建議，各省中式武舉與順天府中式武生同樣參加覆試，各省鄉試中式武生於「八月初一日至十五日到齊兵部」，根據中式人數選派王大臣，分闈覆試其馬步箭和技勇水平。如果覆試不合格則暫停一次參加會試的資格「原圍監射較射大臣交部議處，該中式武舉照會試之例，下屆仍令隨同新中武舉一體覆試，其初次因何項技勇不符者，即覆試何項」，並注明何項不合式於下次專門覆試，如果「積至三次覆試不能合式即將中式字樣註銷。」〔註168〕

為了保證士子能夠繼續努力學習武藝，乾隆二十六年（1761 年）對武舉人作出規定，要求武舉中式之後必須參加會試，「至武舉中式後三科不赴會試者，令該管州縣嚴行飭查。」〔註169〕

五、清代武鄉試的應試者待遇

清代武鄉試中式的武舉待遇主要包括兩方面，一是考後為武舉人專設的慶典——鷹揚宴，二是為中式武舉人提供各種出路。

（一）武鄉試後的盛筵——鷹揚宴

武鄉試揭榜後，為考中的士子舉行專門的宴會來慶賀，叫做鷹揚宴。「鷹揚」二字原出自《詩經・大雅・大明》中「維師尚父，時維鷹揚」，「鷹揚」

〔註167〕（清）景清等：《欽定武場條例》四庫未收書輯刊玖輯玖冊，北京出版社，2000 版，9-465。

〔註168〕（清）景清等：《欽定武場條例》四庫未收書輯刊玖輯玖冊，北京出版社，2000 版，9-465。

〔註169〕（清）昆岡，欽定大清會典事例，卷七百十九〔M〕，臺北：新文豐書局，1976：14390。

取「翏鷹擊空」、「我武維揚」之意，意爲士子勇武如鷹之飛揚，可大展雄才。漢代曾稱驃騎府爲鷹揚府，並置鷹揚郎將，統領府兵。唐代玄宗開元二十九年（741 年）開始對中式武舉舉行鄉飲酒禮，成爲後世爲慶賀武科鄉試新舉人而專門舉行宴會的發端。〔註170〕鷹揚宴的做法在清初就已經出現，順治三年就命大學士范文程主持鷹揚宴。順治十五年（1658 年）制定了鄉試宴樂制，規定文武鄉試開榜後有鹿鳴、鷹揚等宴，由教坊司鼓樂承應。鷹揚宴的舉行時間一般安排在鄉試武舉揭曉的第二天，清人徐兆昺在《四明談助》中記載道：「武鄉試揭曉翌日，燕監射、主考、執事各官及武舉於順天府，曰『鷹揚燕』」，〔註171〕由順天府或各直省出資，宴請的對象包括武鄉試監射官、主考官、有關執事官員以及新考取的武舉人。順天府的宴會地址在順天府府堂，各直省的宴會地址在省城的布政使司。順天武鄉試的鷹揚宴座次（其餘各省鷹揚宴與順天府類似）在欽定大清會典圖中有詳盡的規定：「順天府堂上，當後楣監射大臣席於中，兵部堂官、主考、都統、監試官席於左右同行，南向、同考官席於堂中左右各一行、參領、章京、外簾官、監箭官、執事官席於後各二行、大興縣、宛平縣經歷、照磨、內外委官席於東西序之南左右各一行，均東西向。」具體情況參見圖 2-2-10。

清代武鄉試鷹揚宴在宴會對象、時間、辦宴目的與座次安排等方面全國基本類似，但具體實施流程上，順天府和各省則略有不同。根據搜集到的史料，特錄順天和廣東兩地流程進行比較。

順天府鷹揚宴流程爲：「武鄉試揭曉次日黎明，監射、較射主考各官朝服齊詣府署，府尹、府丞迎於堂簷下，禮生引至香案前聽贊，行三跪九叩，禮畢花陞堂，和聲署樂作。武舉均吉服序立階下，執事官授爵酌酒，府尹南向揖酹酒三。監射、較射主考等官咸就位，登歌鹿鳴之章，酒三行饌再舉。宴畢，復齊詣香案，前行一跪三叩禮，諸武舉隨各官散出。」〔註172〕

河南省武鄉試鷹揚宴流程爲：「發榜次早，中式各舉人齊至督學衙門，脫藍換青簪花披紅，詣府學謁拜文廟畢，出文明門由青雲路至宴所，宴設布政司堂上，進大門內分東西立候，監臨、典試及督學、監試、總鎮至迎揖恭設香案，監臨、典試、督學、監試、總鎮及司道俱衣朝衣望，闕行三跪九叩

圖 2-2-10：武鄉試鷹揚宴圖

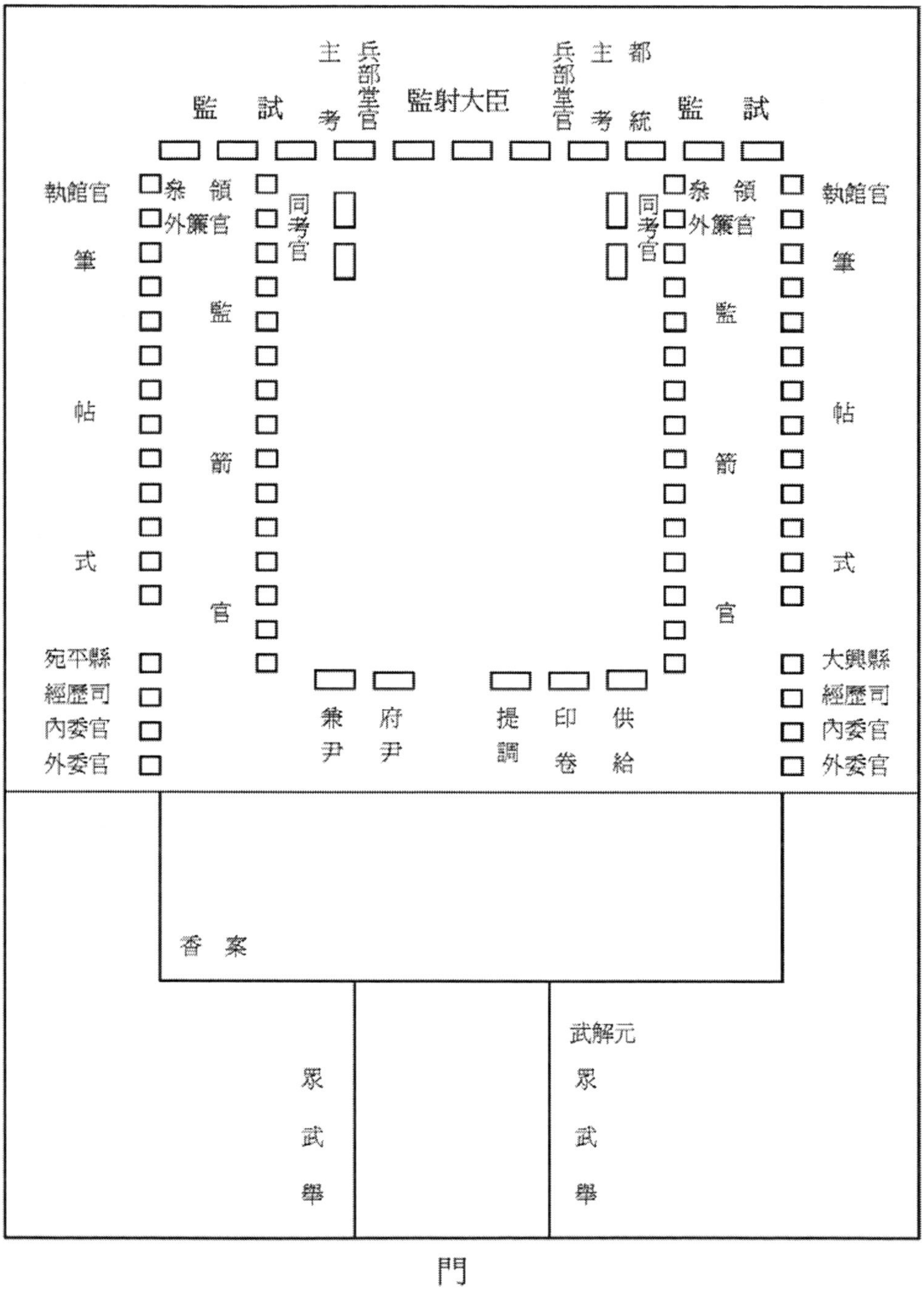

資料來源：（清）崑岡等撰，欽定大清會典圖〔M〕，臺北：新文豐書局，1976：1513。

頭，禮畢舉人蕭班恭拜，先典試、次督學、次監試總鎮、次布按二司、次提調、監試及分考官。各行四拜禮、次場內執事及府廳州縣各官，行兩拜禮、又分左右對行兩拜、禮畢司罇執爵捧盒唱名，每五名一班，各賜酒三爵，飲謝畢，布政使送酒，典試、督學各坐定，舉人進揖告坐，依次出就席。舉人先撤席稟謝，照例備匾額、綵亭、綵旗、鼓樂送歸。典試、督學飲畢各回。」〔註173〕

　　從考試流程上看，清代各省武鄉試鷹揚宴的程序與順天府相比更複雜，究其原因在於鄉試是地方的政壇一大盛事，因而備受重視。雖武科地位不及文科重要，但鷹揚宴的禮節與鹿鳴宴相差無幾。而順天府除承辦武鄉試外還有武會試、武殿試等更高級別考試，因而重視程度相對較低。當然，在實際運行中，各地鷹揚宴也並非如規定那樣嚴密規整，甚至出現食物迅速被撤掉等混亂情況，在《南京舊聞》中，就曾記載江南武科鷹揚宴的情況：「江南武闈報竣，例行鷹揚宴典禮，與鹿鳴同陳設，在貢院之至公堂，由堂而下至丹墀共三十二席。首座為爵帥，餘則以官階之大小定位，次之高下，新武舉二十餘名亦各就席坐。杯箸未及舉，而看饌早被撤去，狼藉滿地，頃刻都盡。」〔註174〕如圖2-2-11所示。此外，鷹揚宴也並非每科鄉試後都一定舉行，曾國藩在充任學政之時，因「卷案未存，即未設鷹揚宴」〔註175〕。可見與文科相比仍不受重視。

　　除了新晉武舉人可以參加鷹揚宴之外，清代武鄉試還存在一種特殊的恩典政策，即凡鄉試及第滿六十週年，適逢「花甲再周」的年老武舉人，經奏准可以與新科武舉人一起參加鷹揚宴，謂之「重赴鷹揚」，使這些武藝出色而又能享高壽者的武舉人不但可以和新中式的武舉一起參加宴會享受恩澤，同時還能得到花紅表裏和賜以武銜的恩寵和表彰。重赴鷹揚宴的做法始於清嘉慶十五年（1810年），藩司朱勳上奏稱「陝西朝邑縣武舉藺廷薦，係乾隆庚午科中式，呈請重赴鷹揚宴，令同本科新中之武舉一同入宴，並捐給花紅表裏。」〔註176〕嘉慶帝認為「向來各直省文闈鄉試，遇有本省應行重赴鹿鳴宴

〔註173〕（清）王士俊修，河南通志〔M〕，臺北：臺灣商務印書館，1986。
〔註174〕薛冰點評，南京舊聞〔M〕，古吳軒出版社，2003：36。
〔註175〕（清）曾國藩，曾國藩日記（下冊）〔M〕，北京：宗教文化出版社，1999：101。
〔註176〕（清）景清等：《欽定武場條例》四庫未收書輯刊玖輯玖冊，北京出版社，2000版，9-462。

圖 2-2-11：武科鷹揚宴圖

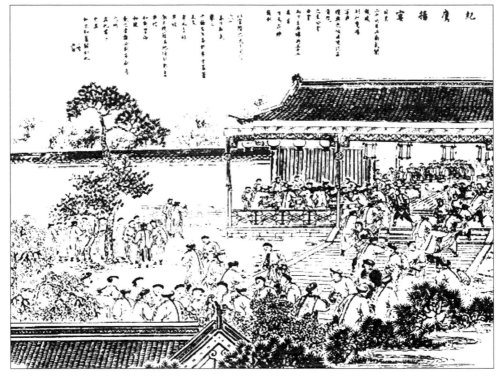

資料來源：吳友如，點石齋畫報・大可堂版，第 2 冊〔M〕，廣州：廣東人民出版社，1983：
220。

者，該督撫於先期具奏、文武兩闈事同一律⋯⋯各直省鄉試遇有武舉應行重
赴鷹揚宴者，並著該督撫先期具奏請旨。」〔註 177〕在嘉慶二十一年（1816
年），根據武舉所任官階高低分別做出規定：「三品以上武職，無論現任在
籍，應重赴鷹揚宴者該督撫專摺具奏。而四品以下，以及未經出仕尋常年老
舉人，俱咨部於科場事竣匯總具題。」〔註 178〕自此成為定制。

　　重赴鷹揚宴的做法甚至在武科停罷之後仍在施行。清朝末年曾官至平陽
左營守備的武舉人丁椿榮在光緒二十九年（1903 年）癸卯科重赴宴會時，武
科舉已經在兩年前停罷，特奏准其歸入文科的鹿鳴宴，由於其年近九旬，時
人俞樾還特地賀詩為之祝壽：

〔註 177〕趙之恒標點，大清十朝聖訓（1～20 冊）〔M〕，北京：燕山出版社，1998：
　　　　6431。
〔註 178〕（清）陶澍著，陶澍集〔M〕，長沙：嶽麓書社，1998：346。

玉詔新頒罷武科，尚餘嘆嗜舊廉頗、因將猛士大風曲，併入嘉

賓小雅歌、正惜同年儕輩少，欣聞異數聖朝多、惟憐我轉積唐甚，

不是詞場老伏波。

相對於清代中後期全國每科千餘名士子的及第數量而言，自嘉慶十五年（1815 年）開始的重赴鷹揚宴的武舉人數量並不多。對於這一現象，陳康棋曾在《潛紀聞初筆》中進行了分析，認爲文科的「蓋儒臣耆德，林下頤年，幸遇科甲重周」，必定有原先部下或門生「爲之端牘乞恩，賦詩紀盛」，因此重赴鹿鳴宴的事跡容易傳播，而武科的「白頭故將，老廢田間」，子孫不習書，原有部下四處分散，即使「躬享上壽，再值紫光獻技之年」，恐怕會「伏極自悲，亦不冀朝廷有此曠典。」〔註179〕武舉人重赴鷹揚宴極少的原因，其實不僅是由於武舉自身悲傷這麼簡單，事實上，武舉人年老之時承蒙國家恩典，有機會重赴筵宴和接受封賞，非但不會如陳所說「伏極自悲」，反而是一件很榮耀的事。筆者認爲造成武舉重赴鷹揚者數量稀少的原因主要有三：第一是武舉及第者多投身軍旅，而清中後期多戰亂，不少武科士子未及六十週年即已經過世、第二是武科相對於文科不受重視，武科士子仕途發展不暢，從表中重赴鷹揚宴者的名單可以看出，提督、總兵、副將等高級武官很少，多爲守備、游擊、千總等基層武官，因此影響力較文科而言遜色不少，也導致很多地方志記載不詳，一些重赴鷹揚者未能登記在案。第三點在於文舉人的弟子可以藉重赴宴爲朝廷厚待士子歌功頌德，也就是變相爲統治階級宣揚其對士子的恩典，而這些當年的武舉人沒有門生和官職，雖空有功名，但與普通百姓沒什麼區別，國家即便費了財力物力進行招待，除了能讓武舉本人對國家恩典感激涕零外，對於朝廷並沒有什麼實質性的好處，達不到預期的弘揚皇恩、籠絡士子的效果。

（二）武舉人的任職待遇

在武舉人任職待遇方面，首先是爲未能通過武鄉試的武生和覆試不合格的武舉安排出路。咸豐九年（1859 年）就規定：「新中武舉覆試未能合式」的武生，「兵部給與驗票令其隨營學習」，除了「始勤終怠、弓馬生疏、差操貽誤」將被革斥外，只要弓馬可觀、差操無懈者，即可以在五年學習期滿後在兵部註冊，並且由各省督撫考選爲把總。如果在五年之內、下科武鄉試到來

〔註179〕（清）陳康祺，晉石，清代史料筆記叢刊，郎潛紀聞〔M〕，北京：中華書局，1984：248。

之前仍能夠通過覆試，合式後仍獲取武舉人的功名。

通過武鄉試選拔的武舉人，經過兵部組織的覆試合格之後即具備參加武會試的資格。漢族出身的武舉人，如果投身行伍隨營差操學習，在和平時期表現優異者可以充任千總和把總等武官，各直省武舉在本省學習之後，如果有千總和把總缺出，即可以在本省與兵丁一例拔補。雍正七年之後，將武舉人任職地點作出調整，「將隨標差操學習之武舉等，令該督撫等看其材技優嫻曉習營務者，照年滿千總例，送部考驗，分發別省遇有千把缺出即行補授。」〔註180〕如果遇到戰事，則可以直接充任千總，如乾隆年間平定準噶爾叛亂時「武舉等自備鞍馬資糧効力者⋯⋯補千總。」〔註181〕漢軍出身的武舉，則可以「外七門千總」，雍正朝之後「內九門千總」如果出現空缺也可以遞補入職。各省的武舉人，可以被選任各個衛所守備和千總等官職。出身滿蒙八旗的武舉人，最初規定出任「門千總」，雍正年間規定滿洲武舉除了「仍按科分名次補授內九門千總」外，由步軍統領不時考驗加以訓導，如果三年以內「材技優長辦事勤敏」〔註182〕遇到巡捕營守備有空缺時，滿蒙八旗的武舉人可以遞補入職。

由於武舉僅僅是具備了做官的資格，並非一定有官可做，加之武舉數量眾多，因此除了投身營伍之中，大量武舉人留存在民間。由於習武過程中需要大量的財力支持，因此習武士子的家庭出身和條件一般相對較好，有錢人家參加武舉是為了混出個功名來光宗耀祖或者保衛門庭，中式之後便可以在家享清福。而對於家境一般的武舉人來說，由於其孔武有力又有功名在身，在鄉里之中找到一份工作並不是難事。據齊如山的《中國的科名》記載，武舉人在鄉里的生活主要有以下幾種類型。

首先是成立武學，招收學生，「教以各種騎射武試的功課，也能得些束脩養家」。在兩份道光八年和二十九年山東武鄉試同年齒錄中，及第的武舉人記載其業師時，就有不少武科出身者（如表2-2-2）。從表中可以看出，有不少武科出身者回歸鄉里開設武學授徒，指導的弟子中也有一些取得了武舉人的功名。

〔註180〕中國第一歷史檔案館整理，康熙起居注〔M〕，北京：中華書局，1984：2024。

〔註181〕（清）年羹堯撰；季永海等翻譯點校，年羹堯滿漢奏摺譯編〔M〕，天津市：天津古籍出版社，1995：238。

〔註182〕沈雲龍主編，百吉輯，臺案彙錄乙集（下冊）〔M〕，臺灣：文海出版社，1975：295。

表2-2-2：清代武科士子出任教師情況統計表

山東道光八年武鄉試同年齒錄				山東道光二十九年武鄉試同年齒錄			
及第名次	考生姓名	業師姓名	業師功名	及第名次	考生姓名	業師姓名	業師功名
十九	陳芳春	潘廷貴	武生	三十三	王金斗	姜子印	武進士
三十一	陳志清	馮瑞光	武生	四十二	吳恩慶	於景恩	武生
十八	信鳳鳴	？占鰲	武生	二十二	那喇氏德克緒	明春、明通寶慶、慶瑞	武舉
四十二	金廷選	金長清	武生	不詳	周立信	周桂林、周錫圭	武生
四十五	劉兆蘭	王諱烈	武進士	二十一	李進樑	崔銘盤、李雲	武生
十五	張爾泰	張萬春	武舉	二十四	尹振翎	高光燦、王連登	武生
十六	張逢春	張萬春	武舉	二	吳大振	渠廷俊	武生
十一	孫漢煐	倪澄川	武生	四十七	鄧玉堂	鄧廷棟	武生
四十三	郭　？	崔華亭	武舉	二十六	王壽鵬	趙廷傑、趙攀麟	武生
				二十	李錦堂	馬雲峰	武舉
				四十五	喬魁齡	胡福	武生
				六	史鶴九	李印耀	武生
				二十五	於萬春	於連元、王守勳	武生、武舉
				二十三	張西城	張殿元、張印元	武舉、武生
				不詳	呂環	阮廷珍	武生
				十五	鄭麟閣	黨兆麟	武生
				三十七	萬家春	姜齡、姜渭揚	武生、武舉

資料來源：筆者根據《道光八年、二十九年山東武鄉試同年齒錄》（清道光刻本）等資料統計而得。

　　其次是當集頭。集就是指集市，在南方稱為「墟」，北方則叫做「集」。集頭有些類似於市場管理員。無論何地的集市，由於人多事雜，難免出現口角、爭執、鬥毆等事，需要集頭調和管理。要當集頭必須得是稍有勢力之人，否則進行調節之時難以令雙方服從，事情便難以解決，而武舉由於自身有功名護身，而且本身習武也有氣力，當集頭最為合適，「有狡猾不講理者，他可

以現揍他一頓。」〔註183〕

此外是從事一些非法勾當。之前的兩類工作無論是開武學授徒還是去集市管理秩序，都算是本分的工作。但是也有些不自愛的武舉人仗著功名在身而胡作非為。齊如山將此類從業者概括如下：

> 開賭場這自然是坐收抽頭之利，且收入極豐的事情，但是賭局之中，不法之徒最多，常有口角鬥毆之事，非有勢力之人鎮不住，有勢力而自愛之人，又絕對不幹此事，所以幹此者多是武舉。
>
> 鑄私錢從前議論國家的錢法，有兩句諺語曰：「錢重則私銷，錢輕則私鑄。」意思是錢的分量比銅價重，則民間便把錢銷毀了賣銅，錢的分量比銅價低，則民間便把銅私自鑄成錢，都是圖利的性質。這雖是不法的行為，然有機會才能做，若大惡霸則隨時可以私鑄。他買了官鑄的錢來，以一千改鑄為兩於，再以一千五的價錢賣出去，商人買得之後，便可攙在官錢裏面一個當一個用，是鑄者與商人各賺了五百。所以從前有混錢清錢之分，清錢者都是官錢之錢也，混錢者內雜私鑄之錢也、不過攙多攙少，也有分別，而私錢之大小也不同，所以又有小錢、砂板、魚眼、水上漂，等等的名目，這話說來太長，且不在本書範圍之內，只不過隨便帶著說幾句而已。這當然是很賺錢的買賣，不過所有鑄造的工匠，推銷的人員，都是些不規則之人，很難駕馭的，好人絕對幹不了，而武舉則能。
>
> 窩強盜這個名詞，通稱窩主，賊盜住在他家中，偷搶了物器來，他管推銷，這裏邊當然是有大利可圖的。於以上這三種，固然不只是武舉，但以武舉為多，可是也不容易，大規模的須與縣官勾著手，小規模的也得在三班六房等人手中花幾個錢，否則也是常來搗亂。放高利債不但利息高，且是非還不可，這個名詞叫作霸王帳、這還是好的，厲害的還要探聽誰家有美貌的姑娘，有好的房產，好的田地，等等，他必要借給人家錢，而且到時想還他都不收，好藉以謀占人家的婦女房地，甚至強姦、強奪、強佔，等等事情不知有多少。〔註184〕

到清代末期，武科舉取士名額增加，入仕途徑的擁塞造成了大量武舉人

〔註183〕齊如山著，中國的科名〔M〕，遼寧教育出版社，2006：106。
〔註184〕齊如山著，中國的科名〔M〕，遼寧教育出版社，2006：106～108。

閒散在民間，甚至從事一些走私等更為嚴重的違法活動。後文對此有詳述，茲不贅言。

第三節　清代武科舉會試

　　清代武科會試是中央舉行的第一級考試，從順治三年（1646 年）開始設立以來，一直實施到清末武科舉終結。武會試的主要任務是對集中到京師的各地武鄉試及第者進行遴選，從中選拔出參加武殿試的考生，同時也肩負著檢驗各地方取士水平和態度的任務。武會試在考試的時間地點，考試內容、取士標準、士子待遇等諸多方面都有其獨有的特點，是清代規模最大、持續運行時間最長，考核士子最多的一級考試，在清代武科舉考試中佔據非常重要的地位。

一、清代武會試的時間地點

　　武會試是清代三級武科舉考試的第三級，也是中央舉行的最初一級武科舉考試。武會試由兵部主持，一般在武鄉試的第二年舉行。與鄉試一樣，武會試也分為正科和恩科，正科武會試三年一試，恩科武鄉試根據皇家的不同慶典如新皇登基、皇帝或太后大壽等年份不定期舉行，如果恩科與正科同年，則而恩科武會試則在正科武鄉試的翌年舉行。清代武會試的日期與文會試不同，一般定在秋季的九月份，因此也被稱作「秋闈」。武會試在清朝初年就確定了考試日期，順治元年（1644 年）冬十月規定「武會試定於辰、戌、丑、未年」舉行。順治三年（1646 年）初次舉行武會試時確定了具體試期：「順治三年（1646 年）確定九月初九日試騎射，十二日試步射，十五日試策論……十九日出榜。」《清實錄》記載順治三年（1646 年）武會試具體日程安排：「監試馬步射及執事官於初八日見朝、次日入闈、事竣、於十三日謝恩。第三場考試、及各項執事官、亦於十三日見朝、赴部筵宴入闈事竣謝恩。」〔註185〕可見，武會試的步射僅一天即可完成，由此不難推斷出清代初期參加武會試的士子人數極為有限。這與天下並未平定，很多省份的武鄉試尚未開展不無關係。

　　雖然在制度上規定了九月初九到十五的考試日期，但是在清代歷史上，武會試的日期調整現象屢見不鮮。武會試考試日期的第一次調整出現在康熙

〔註185〕鐵玉欽主編，清實錄教育科學文化史料輯要〔M〕，瀋陽：遼瀋書社，1991：
　　　　277。

三年（1664年），康熙帝在九月辛卯下詔「改武會試於九月二十一日。」但並未形成定制，此後武會試外場的馬步箭合技勇考試時間大多自「九月初七日起至九月十二日止」，〔註186〕乾隆元年（1736年），由於外場考試日期較爲緊迫，因此將考試時間延展兩日改爲九月初五、初六、初七等日考試馬射、初八、初九、初十等日考試步射、技勇。十一日起，在外場考試合格的武舉人中重新「揀選好字號。」十二、十三兩日，武會試考官進行受卷和塡明所選士子的籍貫和履歷等工作，在十四日將試卷「移送貢院，外簾各官編號點名。」〔註187〕十五日進行內場策論考試。由於馬、步射和技勇考試都在戶外進行，容易受到天氣變化的影響，因此特作出規定，外場考試「若遇大雨」導致場地泥濘無法按期完成，則「准奏明展限。」〔註188〕咸豐九年（1859年）兵部尚書全慶，奏請武會試與文會試時間統一在「三月初一日起令各省武舉人赴兵部投文準備覆試，四月初五日起考試外圍，十三日考試內場，十六日揭曉，十七日磨勘，二十日覆試。」〔註189〕御前大臣軍機大臣在覆核奏章時考慮到「武會試若改四月，恐遠省士子未能趕到」，〔註190〕將武會試日期定在了「八月初五日分闈考試外場，十四日考試內場。」〔註191〕咸豐十年（1860年）又恢復舊制，下旨諭令當年庚申恩科武會試仍於九月舉行。到同治元年（1862年），規定「嗣後武會試，均著仍照定例辦理，以符舊制。」〔註192〕武會試的考試日期又重新恢復爲九月初七日考試外場馬步箭和技勇。光緒二十四年（1898年）由於應試人數增多，原定日期匆促，因此再度展限二日，定爲初五日開考外場，十三日將挑取人數出示曉諭，內場考試的時間也以次遞推。

〔註186〕（清）景清等：《欽定武場條例》四庫未收書輯刊玖輯玖冊，北京出版社，2000版，9-396。

〔註187〕（清）景清等：《欽定武場條例》四庫未收書輯刊玖輯玖冊，北京出版社，2000版，9-396。

〔註188〕（清）景清等：《欽定武場條例》四庫未收書輯刊玖輯玖冊，北京出版社，2000版，9-396。

〔註189〕（清）景清等：《欽定武場條例》四庫未收書輯刊玖輯玖冊，北京出版社，2000版，9-396。

〔註190〕（清）景清等：《欽定武場條例》四庫未收書輯刊玖輯玖冊，北京出版社，2000版，9-397。

〔註191〕（清）景清等：《欽定武場條例》四庫未收書輯刊玖輯玖冊，北京出版社，2000版，9-397。

〔註192〕（清）景清等：《欽定武場條例》四庫未收書輯刊玖輯玖冊，北京出版社，2000版，9-397。

　　武會試的舉行地點，根據內外場考試的不同而有所區別。在外場考試中，順治十八年（1661 年）和康熙三年（1664 年）均在左翼門外舉行。左翼門是清朝故宮的一個重要城門，如圖 2-3-1 所示，從俯瞰圖中可以看出，武會試的考試地點左翼門在太和殿外一點，基本處於紫禁城的中央核心地帶，武會試外場考試在這個靠近皇帝統治中心的地方舉行，也在一定程度上體現了對於武會試的重視。武會試的內場考試舉辦的地點相對固定，與文科會試一樣在順天貢院舉行，如圖 2-3-2 所示。

圖 2-3-1：武會試外場──左翼門

資料來源：左翼門：http://www.17u.com/blog/article/600615.html
　　　　　左翼門俯瞰：http://imgsrc.baidu.com/forum/pic/item/d41c9b50fc6fba7685352482.jpg

圖 2-3-2：武會試內場──順天貢院

資料來源：順天貢院圖
　　　　　http://www.picturechina.com.cn/bbs/watermark.php?YXR0YWNobWVudHMvbW9ud
　　　　　GhfMDgwMy8yMDA4MDMxOF9hMTllODBmY2FjNTFiODk0ZDE0ZmhWY05VU
　　　　　k0wbnc5WC5qcGcmYW1wO2FpZD0xOTQ5NA==
　　　　　http://www.picturechina.com.cn/bbs/watermark.php?YXR0YWNobWVudHMvbW9ud
　　　　　GhfMDgwMy8yMDA4MDMxOF8wOGE3NjM3NzZlZDM0YWUxYTQyZkdFZHV4
　　　　　WkR5ZnV5ai5qcGcmYW1wO2FpZD0xOTQ5Nw==

二、清代武會試的應試資格

武會試作為全國性的武科舉考試，其應試對象的確定較之武童試和武鄉試更為複雜，主要包括通過武鄉試的武舉人，綠營之中的部分武官和文舉人或翻譯舉人等。其中前兩類構成了清代武會試的應試主體，後一類僅在一段時間內具備參加武會試的資格。以下分別對這三類士子群體進行分析。

（一）通過武鄉試的各類中式武舉人

康熙年間規定：「經武鄉試中式之武舉人」〔註193〕可以參加武會試。出身與任職情況不同的武舉人參加武會試的報考程序也有所不同，具體又分為以下四種。

首先是八旗武舉，包括八旗滿州、八旗蒙古和八旗漢軍三類士子。在通過武鄉試考中舉人之後，獲取參加武會試的資格，報考之時由所在各旗「出具文結，並造履歷清冊」，送到順天府進行備案，並將名單清冊提交兵部，取據的文結中應當對出身作出詳細聲明，將「滿洲、蒙古、漢軍並包衣滿洲蒙古漢軍字樣，於結內分別填注。」〔註194〕在清代，漢軍武舉和八旗武舉並非始終能夠參加武科舉考試，漢軍武舉自康熙四十八年議准可以參加武科鄉會試起一直延續至清末，而八旗滿蒙的士子由於自身有一套升遷系統，在清代前期並未被允許參加武科舉，直到雍正元年，武會試為儘量選拔出優異的人才，「冀收得人之效」，才「廣開登進之途」，設立八旗的滿蒙士子考試武場之例。但僅運行十年之後，由於滿蒙士子中「未見有宜用綠營之材」且「滿洲弓馬技勇遠勝於漢人」持續運行下去容易出現「科場前列悉為滿洲之所佔」〔註195〕的現象，從而可能阻礙漢族士子進身之路，雍正十二年（1734年）又停止滿蒙士子參加武舉的規定。直至嘉慶十八年，才重新「議令滿洲蒙古旗人與漢軍漢人一體應試。」由此可見，武會試應試群體中滿蒙漢軍八旗士子自康熙後期開始出現，集中在雍正元年（1723年）至雍正十二年（1734年）和嘉慶十八年（1813年）後這兩個時間段。

其次是駐防武舉。清代入主中原之初陸續在各省險要之地增派八旗兵分駐，由兵部統領駐防事務。各地駐防官兵及其子弟可以參加武科舉考試，並且在各省武鄉試時專為駐防官兵子弟留出錄取名額。駐防武舉參加會試時，

〔註193〕黃光亮，清代科舉制度之研究〔M〕，臺北：嘉新水泥公司出版社，1977：46。
〔註194〕陳光輝，席鳳寧主編，中國狀元大典〔M〕，北京：北京出版社，1998：2289。
〔註195〕韓延龍主編，法律史論集，第一卷〔M〕，北京：法律出版社，1998：147。

需要由所在地「將軍都統等衙門咨送」，到京之後由於各地駐防官兵的旗籍仍然隸屬於在京原佐領冊下，因此需要由其所在京旗「造具年貌三代科分名次清冊及到京日期」〔註196〕報交兵部，由各旗內務府辦理會試事務。

再次是直隸和各直省武舉。通過順天武鄉試和各直省武鄉試的武舉人是構成武會試應試者來源的最主要部分。直隸武舉由於出身不同而細分爲兩類：順天的武舉人直接由順天府給文赴試」、直隸的武舉人由「直隸總督所屬」按照文舉人會試之例，由舉人所在各州縣賦明身份，將印結呈送布政司，由直隸總督審核後報兵部備案。各個直省的武舉人參加會試的報名資格則需要由「原籍地方官取具保結」，申送所在省份的布政司，上奏該省督撫查驗，造具履歷清冊後呈報兵部查核。

最後是其它類型的武舉人。主要包括投身軍營的武舉人和捐職的武舉人兩類。投效軍營且「已准留營差遣」的武舉人，在會試之前希望參加考試者，可以由所在營伍「給咨應試」，與普通武舉人一樣「造具年貌、籍貫、三代履歷的清冊」報兵部查核，合格者即取得會試資格、對於捐職但尚未得到選派的武舉，如果願意參加武會試，則允許與其它武舉一樣投考，對這一部分武舉還專門做出優待政策，規定如果參加武會試中式，則將其名字「造入新冊」以備日後錄用，如果未能通過，則仍可以「歸原班選用。」

（二）綠營之中的營、門、衛、御所千總和把總

除了武舉人之外，在清代中期的一段時期內，分佈於直隸和各直省的低級武官也擁有應試資格，可以直接參加武會試。康熙四十八年（1709 年）規定，直隸和各直省的「營千總、營把總、及年滿千總並門千總、衛千總、守禦所千總」〔註197〕，有「通曉文義願應武會試者」，在其出仕地方由所在省份督撫、提鎮給咨送部，在京等候推選的「年滿千總」令其自行赴兵部呈送具結，如果會試未能考中，「現任千總把總仍回原任，年滿千總仍候推補」〔註198〕。會試中式之後，如果願意歸職者，令其暫回歸職。嘉慶十八年（1813 年），皇帝認爲綠營千總和把總身爲六、七品官員，與之品級相同的

〔註196〕（清）景清等：《欽定武場條例》四庫未收書輯刊玖輯玖冊，北京出版社，
　　　　2000 版，9-400。
〔註197〕（清）景清等：《欽定武場條例》四庫未收書輯刊玖輯玖冊，北京出版社，
　　　　2000 版，9-405。
〔註198〕張友漁，高潮主編，中華律令集成，清卷，長春市：吉林人民出版社，1991.11：
　　　　594。

「八旗漢軍驍騎校」卻只能參加武鄉試，如果准其直接應武會試待遇「實爲過優」，因此對其資格作出限制：「除本係武舉出身仍准應武會試外，非武舉出身之千把總願試者准其一體應武鄉試」，待取中武舉之後才可以參加武會試。

（三）文舉人和翻譯科舉人

清廷出於希望獲取文武全才的考慮，在康熙五十三年議准「鄉試文舉人有願改武場，武舉人有願改文場者，照文武舉人會試例申送」，如果考中則塡入新冊，如果落榜「仍各歸入文武原冊」，並且不許再考。這項規定一直延續到乾隆七年，御史陳大玠上奏認爲文武互試「原爲簡拔全材，但日久弊盛生，夾帶、傳遞、換卷皆勢所必有，內簾但憑取中，外簾稽查甚難」，〔註199〕很容易「滋場屋之弊」，〔註200〕請求停文武互試之例，奏章得到批准，自乾隆十年乙丑科武會試起「文舉人不准應武會試，武舉不准應文會試。」〔註201〕道光二十四年，規定各省駐防文舉人和翻譯舉人「如有弓馬可觀願應武會試者」，〔註202〕准其改應武會試，要求「各省督撫、將軍、都統、副都統、城守尉遵奉施行。」爲防止出現士子報考多項考試的混亂局面，特別規定「已呈改武會試者不得復考翻譯科。」〔註203〕

通過上面的闡述可以得知，清代武會試的士子來源十分廣泛。爲了更好地拔取人才，武會試還設置了一些特殊的報名限制條件。

首先是對應試武舉年齡的限制。這幾乎成爲清代武科舉四級考試的通例，也是武科顯著區別於文科舉的一個特點。文會試對於參加考試的士子年齡沒有限制，甚至爲了鼓勵士子投考，對於年長的士子還尤加恩賞。在這種鼓勵政策推動下，文科舉出現很多年長甚至非常高齡的士子，如：康熙三十八年（1699年）的廣東貢生黃章，以一百零二歲之高齡，「入闈秋試大書百歲

〔註199〕（清）景清等：《欽定武場條例》四庫未收書輯刊玖輯玖冊，北京出版社，2000版，9-406。

〔註200〕沈雲龍，近代中國史料叢刊續輯（217）清代科舉考試述略〔M〕，臺灣：文海出版社，194。

〔註201〕（清）景清等：《欽定武場條例》四庫未收書輯刊玖輯玖冊，北京出版社，2000版，9-407。

〔註202〕（清）景清等：《欽定武場條例》四庫未收書輯刊玖輯玖冊，北京出版社，2000版，9-407。

〔註203〕（清）景清等：《欽定武場條例》四庫未收書輯刊玖輯玖冊，北京出版社，2000版，9-406。

觀場四字於燈令其曾孫前導」、〔註204〕乾隆五十一年的高要人謝啓祚,由本省
舉薦參加會試時行年九十四歲,未能取中及第,但被欽賜翰林院檢討、道光
年間的廣東舉人陸雲從,在丙戌科參加會試時已經一百零三歲,特別「恩賜
國子監司業銜。」〔註205〕朝中大臣很多還通過寫詩來記錄這一盛事:「四朝天
下老,萬里地行仙、頤袞登童試,春官應丙口、耆英瓊海重,禮數辟雝傳、
倘比雞窠叟,先生尙少年」。〔註206〕這種每屆鄉會試榜後「查明年老諸生賞給
副榜、舉人及司業、檢討等職銜」的優待政策專爲文場而設。武會試則完全
不是如此。乾隆九年(1744 年)湖南巡撫蔣溥曾上書表示「已過中年」的舉
子「氣力就衰」,有些偶而合式,混進內場後「明知必不取中」,就爲好字號
代作論策,名爲舉子實則槍手,因此主張年屆六十者不准應試。乾隆十八年
(1753 年)山西布政使多倫也上奏認爲,武舉試是習武之士的進身之階,「必
須弓馬嫻熟、技勇超群者方可入選。」朝廷採納了他們的建議,規定各省督
撫飭地方官查明,如果出現武舉人「實在年屆六十以上者,停其給咨會試。」
〔註207〕在道光二十六年(1846 年),廣東巡撫黃恩彤奏請本省瓊州府文昌縣
武生符成梅「現年八十四歲精力未衰,請將該武生賜千總或把總職銜」,朝廷
批覆「武場專較年力,所奏斷難准行。」不僅如此,奏摺還引起道光帝的震
怒,認爲違例妄請大失朕望,著交部嚴加議處,以爲市恩邀譽者戒」,〔註208〕
最終將黃恩彤即行革職。可見,清代在文武科取士中對年長應考士子表現了
截然不同的態度。儘管文科高齡士子受制於精力也很難爲國家做出太多貢
獻,卻能夠作爲積極參加國家取士的榜樣得到恩賞。而對年老士子參加武科
卻嚴加禁止,甚至嚴厲處罰相關官員。態度之迥異反映出清廷對於武科取士
質量的重視。

　　其次是對應試武舉者的水平提出要求。雖然從科舉功名上看所有武舉人
都處於同一層級,但是,不同武舉人之間還是存在著水平高低的區別。清代

─────────────

〔註204〕（清）鈕琇撰;潘傑,朱傑選譯,觚勝,杭州市:浙江古籍出版社,1988:
　　　　110。
〔註205〕續修四庫全書編纂委員會編,續修四庫全書(1158 年)子部・雜家類,上海
　　　　市:上海古籍出版社,2002:534。
〔註206〕吳振棫著,養吉齋叢錄,北京市:北京古籍出版社,1983:369。
〔註207〕張友漁,高潮主編,中華律令集成(清卷)〔M〕,長春:吉林人民出版社,
　　　　1991:600。
〔註208〕趙之恒,牛耕,巴圖主編,大清十朝聖訓(第12～15 冊)〔M〕,北京:燕山
　　　　出版社,1998:7692。

武會試前，由兵部堂官會同欽派大臣對赴部報名的武舉人進行馬步箭的考試，根據其弓馬、年齡將士子劃分爲五個不同等級：「馬步箭俱優者」爲一等武舉、「馬箭尚優，步箭平常，步箭尚優、馬箭平常者」爲二等武舉、「馬步箭俱平常者」爲三等武舉，「弓馬生疏者」爲四等武舉、「弓馬甚劣，人衰老不堪者」〔註209〕爲五等武舉。位列「五等者不准會試」，同時要求會試提調官先期將「五等武舉姓名、籍貫、科分、名次等詳細查明。」防止出現「取具文結、蒙混報考」的士子。

　　除了以上兩項要求，出於防止科場舞弊的考慮，所有參加武會試的考生，還必須親自填寫親供送交兵部備案。乾隆二十六年（1761 年）規定，武鄉試榜發後由該省「布政使行文各州縣」，在各地的中式武舉「近者限一月，遠者限兩月，京城限十日，俱令到學政衙門填寫親供」，並由「各州縣申送布政使彙齊，同試卷一併送部。」如果有「抗違不依限填寫親供者，由地方官詳明督撫題參議處」〔註210〕。並且逾限期不填的武舉人不准參加會試。

三、清代武會試的取士名額

　　武會試的中額在清代是不斷變化的。清代初期各地取士人數的規定並不明晰。自乾隆朝開始，爲保證各地士子都能夠在武會試中被取中，起到保護各地應考積極性的作用，特改爲按照各個直省不同情況分別劃定取士人數。

　　順治二年（1645 年）規劃設立武會試時對錄取總數作出規定：「武會試中額取中二百名。」到順治三年（1646 年）首次實施武會試時遵照之前的規劃取中二百卷，其中一甲三卷，二甲二十七卷，三甲一百七十卷。此後的歷科武會試基本延續了這一取士人數規定。而同期舉行的文科會試取士中額多在三、四百之間，一般是武科的一倍半至兩倍，如順治三年丙戌科取中四百名、順治四年丁亥科再行會試取中三百名、順治六年己丑科取中四百名、順治九年壬辰科取中四百名。順治十一年（1654 年），爲了體現「國家選舉人才共襄治理。文武兩途、允宜並重」的精神，在六月規定「會試武進士額共加二十名」。因此在順治十二年乙未科武會試中，共取中二百二十名士子。順治十六年文科開恩科會試，九月順治帝諭令兵部「國家用人文武並重……文闈已再行會試，至將材爲詰戎飭備所需，亦宜預儲以備任使。著於明年令天下

〔註209〕許長志著，中國古代軍事教育史〔M〕，濟南：黃河出版社，1992：451。
〔註210〕張友漁，高潮主編，中華律令集成（清卷）〔M〕，長春：吉林人民出版社，1991：600。

武舉、亦再行會試。」〔註211〕順治十七年舉行恩科武會試時，由於「第二場步箭合式者人數不及取中之額」〔註212〕，因此將人數酌減爲一百名。順治十八年（1661 年）六月，武會試取中士子額增加一百名，達到了三百名，數量幾乎與文科會試相等，也成爲清代單科取士最多的一次武會試。

　　順治朝作爲清代定鼎中原之後的首個皇朝，天下尚未平定，始終處在四處征戰、各地反抗不斷發生的局勢中，非常需要科舉這種「不勞兵之法」來選拔和籠絡士子。順治二年浙江總督張存仁就曾提出：「速遣提學、開科取士，則讀書者有出仕之望，而從逆之念自息。」〔註213〕武科舉選拔的都是習武士子，在有效瓦解佔領地區反抗意志方面顯得尤爲重要。另外由於連年戰爭，習武從戎的人員較多，應試來源和士子出路都較爲廣闊。因此順治朝成爲清代歷朝武會試中額數量最多的一個皇朝也就在情理之中了。

　　康熙三年（1664 年），一直以來和清廷對抗的鄭氏集團首領鄭經在戰爭中接連落敗，與陳永華、馮錫范等率餘眾，退歸臺灣，留下了大量投誠官員，據管理福建投誠的官員貢岱奏報：「鄭氏部眾共投誠文武官三千九百八十五名，食糧兵四萬零九百六十二名，歸農官弁兵民六萬四千三百三十名，眷屬人役六萬三千餘名，大小船隻九百餘艘。」〔註214〕禮科給事中廖丹上奏「邊省投誠官員，應於各省分用，其武進士候選者甚多，請暫停武闈會試」〔註215〕，兵部議覆其奏疏時認爲「會試大典不便停止」，提議「將本科武進士減去一百名中額，止取百名，」〔註216〕並得到康熙帝應允。康熙九年（1670年）恩詔增廣中額，「武會試取中二百名」〔註217〕。康熙十二年（1673 年）

〔註211〕續修四庫全書編纂委員會編，續修四庫全書（369）史部・編年類〔M〕，上海：上海古籍出版社，1995：452。

〔註212〕清高宗（清）敕撰，清朝文獻通考，卷五十三，選舉七〔M〕，臺北：臺灣商務印書館，1987：5355。

〔註213〕中國人民大學清史研究所編，清史編年第一卷〔M〕，北京：中國人民大學出版社，2000：92。

〔註214〕（清）昆岡，欽定大清會典事例，卷七百十七〔M〕，臺北：新文豐書局，1976：14371。

〔註215〕（清）昆岡，欽定大清會典事例，卷七百十七〔M〕，臺北：新文豐書局，1976：14371。

〔註216〕（清）席裕福，皇朝政典類纂，卷二百二，選舉十二〔M〕，臺北：文海出版社，1979：3469。

〔註217〕（清）昆岡，欽定大清會典事例，卷七百十七〔M〕，臺北：新文豐書局，1976：14369。

會試人數又恢復到一百名。康熙十五年（1676 年）題准「武會試廣額，取中一百五十名」〔註218〕。康熙十八年（1679 年）定「武會試取中一百名」〔註219〕。康熙三十三年（1694 年）武會試在馬步箭合技勇這兩場考試之後，第三場策論取士採用南北卷分別錄取的方式，其中「直隸、山東、山西、河南、陝西定爲北卷，取中五十名、江南、江西、福建、浙江、湖廣、四川、廣東、廣西、雲南、貴州定爲南卷取中五十名。」〔註220〕此後武會試中額始終保持在一百名左右。康熙五十二年（1713 年）因爲武會試取士「只憑文章取中」，以致出現「不知其所學弓馬武藝……弓馬嫻熟學習武藝之人，多有遺漏」〔註221〕的現象，康熙帝重新確定武會試取士名額分配方法，令兵部把「各省到部武舉，照例考試弓馬，將合式武舉等實數查明，預行奏明」，〔註 222〕然後再按照「省之大小，人之多寡，照考取文進士例，按省酌定取中武進士額數」，〔註223〕以此保證「學習武藝弓馬優長者」不至於被遺漏。雍正元年確定滿州武鄉會中額，允許八旗滿州籍考生仿照漢軍例應試武科，並編滿字號，在會試中專門分配四名中額，一直到雍正十二年停止。自乾隆朝起，武會試開始施行分省分配中額制度，對於全國各個行省分別給予一定數量的武會試中額。乾隆初期武會試每科取士人數在一百人以上。從乾隆十七年（1752 年）起武科取士人數有了明顯的回落，大部分科目武會試中額控制在 40～60 人左右，一直延續到乾隆末年。從中額的地域分配上看，直隸、陝西、廣東和山東等地佔據了取士中額的較大的一部分，這五省的武會試中額之和占總額的三成以上。

　　嘉慶朝武會試的取士中額數量延續了乾隆末年以來的慣例，人數大多控制在 50 人上下。在地域的分配上，驍勇善戰、武風興盛的省份如直隸、陝

〔註218〕（清）昆岡，欽定大清會典事例，卷七百十七〔M〕，臺北：新文豐書局，1976：14369。

〔註219〕（清）昆岡，欽定大清會典事例，卷七百十七〔M〕，臺北：新文豐書局，1976：14369。

〔註220〕（清）昆岡，欽定大清會典事例，卷七百十七〔M〕，臺北：新文豐書局，1976：14371。

〔註221〕（清）昆岡，欽定大清會典事例，卷七百十七〔M〕，臺北：新文豐書局，1976：14372。

〔註222〕（清）昆岡，欽定大清會典事例，卷七百十七〔M〕，臺北：新文豐書局，1976：14372。

〔註223〕（清）昆岡，欽定大清會典事例，卷七百十七〔M〕，臺北：新文豐書局，1976：14372。

西、廣東、山東等省仍佔據武會試取士人員之主流。此外，武會試的考生來源又得到拓廣，嘉慶十八年（1813 年）規定滿蒙士子可以參加武科舉，奉天和滿蒙的武舉人也在武會試中佔據一席之地。

　　道光年間的武會試，平均中額比嘉慶朝略有提升，尤其是自鴉片戰爭爆發後，對於武備人才的需要，使得武會試的中式人數不斷增加。這一時期直隸、河南、江西等京畿重地和中原地區取士人數呈現出明顯的增長趨勢。

　　咸豐朝是清代內憂外患的時期，太平天國動盪使得很多江浙武舉人難以參加考試，人數最少的咸豐十一年武會試僅錄取二十五人。這主要因為太平天國運動在此時達到了極盛，直接導致很多省份的武鄉試難以執行，參加考試的士子來源嚴重不足，雖然武會試開科情況基本上沒有受到影響，仍保持了三年一次，但取士人數為清代歷朝最低，僅有不到 50 人。

　　同治年間時局逐步穩定，清朝社會也逐步進入一個短暫恢復發展階段，史稱「同治中興」。武科舉取士人數在這個階段也逐漸增多，尤其是在咸同年間通過捐輸增廣各地武生和武舉名額之後，能夠參與武會試的各地士子人數也有所增加，武會試中各個省份的錄取人數也相應增長。此前武會試錄取的士子中以直隸、河南、山東的人數居多，到同治和光緒年間，廣東、江蘇、安徽、四川、福建等許多省份的士子名額也有了大幅的提高，武會試在各個省份的輻射作用更為顯著。

　　清代武科舉會試大體上經歷了一個從清初人數眾多到中期人數逐漸減少再到後期逐步回升的過程：順治朝的武會試取士人數較多，每科人數在二百人以上、康熙和雍正年間取士人數有所降低，大約每科平均維持在一百人左右、乾隆年間取士人數逐漸下降到六十人左右、咸豐朝平均每科的取士人數達到歷史最低點，只有不到四十人，這與咸豐朝時局動盪，取士來源有限有一定的關係、從同治朝開始取士人數逐漸增多，達到了七十五人，光緒朝更恢復到平均每科取士一百二十八人，是除清初順治朝之外取士人數最多的一個朝代。

四、清代武會試的考試內容與錄取

　　清代武會試與武鄉試的考試順序基本相同，同為第一場馬射和步射考試、第二場弓刀石等技勇考試、第三場內場程文測試。在考試所用器具、考場的布置等方面與鄉試也大致相同，具體內容在武鄉試一節中已有詳述，此

處不復贅言。但武會試作爲中央級別的武科舉考試，在考試合格標準、外場取士方式和內場程文內容方面，也有自己的特點。

首先，清代在不同朝代對於參加武會試考試合格標準的規定各有不同（表 2-3-1）。

表 2-3-1：清代武會試考試合格標準變化表

年　　代	騎射合格標準	步射合格標準	技勇合格標準	內場合格標準
順治二年	發九箭中二矢	發九箭中三矢	－	策二篇論一篇
順治十七年	發九箭中四矢	發九箭中二矢	－	文理粗通平順不能有錯誤
康熙七年	發九箭中三矢	－	－	－
康熙十三年	－	發九箭中二矢	弓開滿、刀舞花、掇石離地一尺弓刀石三項中有一、二者爲合式	－
康熙三十二年	發九箭中四箭	發九箭中二矢（改用大靶）	－	－
康熙四十九年	－	－	－	論二篇，一爲論語孟子，一爲孫子吳子司馬法策一篇
乾隆二年	馬箭缺一或步箭缺一技勇三項俱頭號爲合式		－	
乾隆二十四年	－	－	有一二項爲頭號、二號	論一篇（武經論）、策一篇
乾隆二十五年	發六箭、射地球一箭合計中三箭	發六箭中二矢	－	－
嘉慶十二年				默寫武經百餘字
道光六年			除必有一二項爲頭號、二號，三項俱爲二號	

資料來源：筆者根據《清實錄》、《清史稿》、《清朝文獻通考》、《欽定武場條例》整理而得。

通過上表可以看出，清代武會試的考試要求總體上逐漸側重外場考試、輕視內場考試。具體來看，外場考試中的馬步箭考試因爲「射箭有一日之短長」，難以準確反映出士子的實際水平，故要求不斷降低，由注重士子力量考核轉爲注重準確性的考量。而技勇考試由於對士子能力的考核較爲穩定準

確，加上個別朝代帝王的喜好，要求越來越嚴格。從康熙十三年（1674 年）設立技勇考核開始，由最初能完成其中一二項即算通過，到乾隆二十四年（1685 年）提高爲必須在弓、刀、石中有一到兩項成績在頭號和二號或者三項同爲二號，更爲重視士子的體力考核。內場考試的合格要求由順治、康熙年間的策問二道、論一道，減少爲乾隆策問一道、論一篇，再到嘉慶年間僅默寫武經一段百餘字，徹底成爲了外場考試的附庸。

其次，武會試外場考試成績等級劃分更加細化。隨著考試合格標準不斷變化，與之相應的對於士子成績等級的劃分也在發生變化：清初武會試舉行時，對於士子外場成績的評定只有「合式」和「不合式」兩類，所有「合式」士子均可以參加第三場的程文策試。由於外場考試的區分度相對較弱，因此士子能否取中主要看內場程文考試表現的好壞。而這一時期由於尚未施行分省取中制度，使得江浙等文風興盛地區的武舉人取中比率較高，如表 2-3-2 所示。

表 2-3-2：康熙年間武會試及第者籍貫統計表

省 份	二十四年	二十七年	三十三年	四十二年	四十五年	四十八年	合 計
江南	32	17	33	16	18	23	139
浙江	3	16	21	12	12	9	73
直隸	16	12	3	4	15	19	69
山東	12	13	6	13	5	15	64
順天	9	9	9	8	13	8	56
湖廣	4	2	9	1	7	10	33
山西	8	5	1	5	10	2	31
福建	3	7	4	3	11	2	30
河南	4	9	1	3	2	4	23
陝西	1	3	4	6	5	3	22
江西	3	4	2	3	1	2	15
廣東	－	－	1	2	－	1	4
雲南	1	－	1	1	－	－	3

貴州	–	–	–	2	–	–	2
四川	–	–	–	–	–	2	2
廣西	–	–	–	1	–	–	1
合計	96	97	95	80	99	100	567

資料來源：筆者根據《康熙朝武會試錄》（康熙年間刻本）資料整理而得。

　　從上表可以看出，在康熙年間武會試取士士子中，江浙一帶的人數眾多，出身江南的武舉人在六次會試中有 139 人之多，所佔比重達到 24.51%，出身浙江的武舉人數也有 73 人，所佔比重爲 12.87%，僅這兩省的武舉士子人數就佔了所有士子的將近四成，人數遠超過直隸、順天、山東等省份。與此形成鮮明對照的是，陝西、廣東等武風興盛之地的武舉及第人數很少，兩省共計只有 26 人，所佔比重僅爲 4.59%。康熙帝在三十三年（1694 年）閱試武會試錄時就發出感慨：「江浙人中式者多，山西、河南兩省各中一人，如此恐致遺失人才。」〔註224〕認爲武科會試的內場程文「不過熟記成語，抄寫舊套而已」，單純的「論文取中必至不均而人才亦多遺漏。」〔註225〕因此要求武會試取士「必以馬步箭俱優人才出眾者爲佳耳」〔註226〕但是從後面幾科武會試的錄取比重來看，這一原則並未得以很好的貫徹，只憑文章取中的現象仍普遍存在。

　　爲了使陝甘、直隸等武風興盛但文化素養稍低的士子能夠更好地被選拔出來，康熙五十二年（1713 年）改革士子的成績評定標準：在「合式」的基礎上，增加「好字號」這個級別：「題准武會試外場考試官，將馬步技勇人材可觀者，選取好字號，密開姓名交監試御史，令提調、印卷、彌封等官別編字號移送內簾。」〔註227〕並規定在錄取武舉時「先於好字號卷內，擇其文理通曉者取中」。如果「好字號」人數不足中額，再「於合式內取中。」〔註228〕

〔註224〕鐵玉欽編，清實錄教育科學文化史料輯要〔M〕，瀋陽：遼瀋書社，1991：270。

〔註225〕顧明遠編，中國教育大系歷代教育制度考〔M〕，武漢市：湖北教育出版社，2004：1710。

〔註226〕清高宗（清）敕撰，清朝文獻通考，卷五十三，選舉七〔M〕，臺北：臺灣商務印書館，1987：5354。

〔註227〕清會典事例第八冊，卷 637～722。兵部盛京兵部〔M〕，北京：中華書局，1991：917。

〔註228〕（清）景清等：《欽定武場條例》四庫未收書輯刊玖輯玖冊，北京出版社，

雍正二年（1724 年），應侍郎史貽直的奏請，武會試中設立「好字號」的辦法在順天和各直省的武鄉試中推廣施行。雍正七年（1729 年）對「好字號」進一步進行細化，規定「武會試，頭場和二場考試弓馬技勇，分別劃分爲雙好、單好字號」，並且將「雙好字號之人，編入東文場坐號，單好字號之人，編入西文場坐號，歸號之後……先於雙好字號內，擇其文理平順者取中，如不足額即於單好字號內，擇其條暢者，補中足額。」〔註 229〕此後，武會試錄取分爲雙好、單好、合式、不合式四個等級，除最末等的不合式者被黜落外，考列前三等級的士子都有進入內場考核的資格。但內場閱卷規定：「先就雙好中盡數取擇，始及單好，如中額不敷，方及合式字號。」〔註 230〕通常情況下，在取士時雙、單好字號中達到「文理平順之卷」要求的士子數量就已經「盡敷中式」之名額，因此「合式字號幾成虛設」〔註 231〕，這些外場考列合式者幾乎沒有被取中的可能。由此也滋生一些弊端，一些外場射術和技勇一般的士子，混入內場後即出現「爲他人代倩」的活動。乾隆二十七年（1762 年）兵部應侍郎王際華所請，將「合式字號，竟行裁去。」〔註 232〕此後武會試取士，對其外場成績的劃分只分爲雙好、單好和不合式三個層次，其中雙單好的士子可以進入內場考核，所有參加內場的士子均有錄取的希望。

此外，武會試內場程文考試清代武會試的內場程文考試的內容與要求變動頻繁。順治二年（1645 年）確定考「策二篇、論一篇」，論題出自武經七書，要求士子答題時「題目字句不得錯落。」同時對具體的用字作出規定：「破題用也爲矣，承題用夫、蓋、甚、矣、乎、歟，起講用意謂，若曰，以爲，今夫，小結用蓋，大結用「抑」，大抵，嗟夫等字。」〔註 233〕對士子寫卷

2000 版，9-382。

〔註 229〕 （清）昆岡，欽定大清會典事例，卷七百十八〔M〕，臺北：新文豐書局，1976：14378。

〔註 230〕 楊學爲等主編，中國考試制度史資料選編〔M〕合肥市：黃山書社，1992：353。

〔註 231〕 楊學爲等主編，中國考試制度史資料選編〔M〕合肥市：黃山書社，1992：353。

〔註 232〕 清高宗（清）敕撰，清朝文獻通考，卷五十三，選舉七〔M〕，臺北：臺灣商務印書館，1987：5358。

〔註 233〕 楊學爲等主編，中國考試制度史資料選編〔M〕，合肥市：黃山書社，1992：333。

的字體也作出規定：「文有正體，凡篇內字句務求典雅純粹。」〔註234〕康熙四十九年（1710 年）將內容改爲「論題二篇，策一篇」，〔註235〕第一場論題出自《論語》、《孟子》，第二場出自《孫子》、《吳子》和《司馬法》，再考策問一道。乾隆二十四年（1759 年）「將《四書》論一篇裁汰，只留《武經》論一篇、策一篇」，並在兩年後降低對士子的卷面要求：「試卷添築，塗改，覆算字數，除添注及塗而不改者，計數易曉，毋庸差歧，其塗甲改乙者不重算，其塗少改多者，以所改之字計算，塗多改少者，以所塗之字計算，每卷總計添注，塗改不得過一百字，令士子在每場文字末自書添注、塗改共若干字樣。並用官文書體式，如一二等字，俱書壹貳之類，以防增減，如所注已超一百字及遺漏自注者，即行貼出，若登注小有不符，無關弊竇，免其貼出。」〔註236〕乾隆五十一年（1786 年）對於策問的字數做出規定：「策不滿三百字者，比照紕謬例，罰停一科。」〔註237〕嘉慶十二年（1807 年）武會試內場考試停止「策論」，改爲從《孫子》、《吳子》、《司馬法》三部武經之中，抽取一段約百餘字內容默寫，同時考試要求也不斷降低，認爲武科非文場可比，武科會試「外場爲重，內場試卷小疵，原可不必苛求」〔註238〕。同治九年（1870 年）規定，內場考試「擇其字書端楷者選取……有不能書寫或塗寫錯亂及添改字數過多模糊難認，卷子倒寫者即爲違式。」〔註239〕除了「干例載違式專條者」按照規定不得取中外，其餘錯誤如試題未能「低二格書寫」，武經未能「頂格書寫」等歸入「錯誤潦草」之類，僅不得濫置前列，並不妨礙被取中。

　　儘管與騎射和技勇考核相比，內場程文策試在考核中並不是重點，但由於武會試是面向全國舉子進行的考試，其內場考核題目有很強的導向作用，

〔註234〕劉海峰，張亞群主編，科舉制的終結與科舉學的興起〔M〕，武漢：華中師範大學出版社，2006：331。

〔註235〕（清）景清等：《欽定武場條例》四庫未收書輯刊玖輯玖冊，北京出版社，2000 版，9-382。

〔註236〕（清）景清等：《欽定武場條例》四庫未收書輯刊玖輯玖冊，北京出版社，2000 版，9-382。

〔註237〕（清）景清等：《欽定武場條例》四庫未收書輯刊玖輯玖冊，北京出版社，2000 版，9-382。

〔註238〕（清）景清等：《欽定武場條例》四庫未收書輯刊玖輯玖冊，北京出版社，2000 版，9-383。

〔註239〕（清）景清等：《欽定武場條例》四庫未收書輯刊玖輯玖冊，北京出版社，2000 版，9-384。

與武鄉試側重結合所在省份特點發問所不同，武會試的策論考試內容更為宏觀和豐富，以康熙二十七年（1688 年）武會試策問題目為例（表 2-3-3）。

表 2-3-3：清代康熙二十七年武會試策問內容

年份	題目	內	容	
康熙二十七年	策問一	1、古者閭里之師即卒旅之長平居教以禮義，講之忠孝，及乎師出則受成於學，凱旋則獻馘於泮，其所以教養之精，意可得考歟？	2、皇上戡亂以武安邦，以文乃者，允所在提鎮弁兵選將聖論，春秋釋奠文武各以品秩祭意至厚也，在外將帥果能實心推行躬樹表率歟？	3、國家文武並用之意，正合而一之非分而二之也，多士挾策而應國家之求其何以通文武為一道，聊兵民為一體，得建威銷萌之要，立以安長治之基？
	策問二	1、洪範八政，一曰食重農也，八曰師重兵也，兵農二者古帝王治天下之大要也，顧三代以前寓兵於農，三代以後竭力於公，兵仰食於帑，期間分何之故可得言歟？	2、成周尚己，管子作內政，以寄軍令，其法為近古，漢置材官於郡國，而京師有南北軍之屯，宋以禁兵分成諸州，說者以為皆不如唐之府衛得兵農遺意然歟否歟？自漢趙充國興兵屯之利歷代行之，皆有成效，其法尚可師歟？	3、從來冊籍有兵戰勝無兵每以為患，所以汰老弱擇驍勇，俾國家收勝兵之用，無冗食之虞，果何道之從歟？抑統馭得人自可致飽騰而清虛冒歟？

資料來源：筆者根據《康熙二十七年武會試錄》（康熙年間刻本）相關資料整理而得。

　　從上表可以看出，康熙二十七年武會試的策問題目內容豐富，能夠對士子進行多維度的考察。從考試內容上看，包括「如何提升軍隊素養」、「地方軍事官員如何推行教化以收文武全才」、「軍隊給養配給方式」、「兵制和軍屯」、「軍隊將領吃空餉銀的防治」等諸多問題，選題角度涵蓋軍隊規制、軍事訓練、軍紀整肅、軍事將領、後勤保障、軍事理論、邊境防禦等多個領域。從考核方式上看，既考核對歷代軍事制度的識記和復述，也存在對經典軍事理論的理解和闡釋，還詢問當時軍隊中存在現實問題的分析與解決之道，考察的方式涉及識記、理解和運用三個不同層次，對士子提出了很高的要求。

　　在早期武會試內場考試中，除策問之外，論題也是考核的一種重要方式，自順治二年（1645 年）開始出現，一直持續到嘉慶十二年（1807 年）為止。表 2-3-4 為這一段時期內場考試之論題。

表 2-3-4：清代武會試內場考試「論」題內容表

科　　目	論題內容	論題來源	考核角度
康熙二十四年	是以聖人綏之以道，理之以義	《吳子兵法圖國第一》	治國之法
康熙二十七年	聖人配之以為天地經紀	《姜太公六韜文韜·守國》	治國之法
康熙三十三年	用兵之具盡於人事	《姜太公六韜龍韜·農器第三十》	兵器使用
康熙四十二年	撫之以仁	《吳子兵法圖國第一》	統兵之法
康熙四十五年	理者知眾如治寡	《孫子兵法·兵勢》	治軍方略
康熙四十八年	六德以時合教	《司馬法》	統兵謀略
乾隆十年	居則有禮動則有威	《吳子兵法治兵》	行為準則
乾隆十三	行己有恥	《論語·子語》	個人修養
	義者所以行事立功	《吳子兵法·圖國》	行為準則
乾隆十九年	君子學道則愛人	《論語陽貨》	個人修養
	經之以五事	《孫子兵法·始記》	後勤保障
乾隆二十二年	知者不惑	《論語·子罕第九》	個人修養
	治眾如治寡	《孫子兵法·兵勢》	治軍方略
乾隆三十四	上下同欲者勝	《孫子兵法·謀攻》	士氣鼓舞
嘉慶元年	以治為勝	《吳子兵法·治兵》	統兵謀略

資料來源：筆者根據《康熙朝武會試錄》（康熙年間刻本）相關資料整理而得。

　　從出題來源看，論題在康熙年間大多出自武經七書中的一段，包括《孫子兵法》、《吳子兵法》、《司馬法》和《姜太公六韜》等多種兵書。康熙四十九年（1710 年）後，改為論兩道，其中一道出自四書，另一道出自武經。四書題目均出自《論語》，並沒有如文科舉中出現的「援引題」、「橫擔題」、「截搭題」等別出心裁的題目，考試難度相對較低。武經七書也逐漸集中到《孫子兵法》和《吳子兵法》這兩部最經典的兵書上，使士子備考的負擔減輕。從論題內容來看，四書題目主要考量士子對於行為準則和自我修養的分析，武經題則更多關注於軍隊治理、士卒統領和後勤保障等具體軍務的解讀。兩者互為補充，與策問一起形成了一套豐富完整的內場考試題目體系。到清代中後期，自嘉慶朝起，內場改為默寫《武經七書》一段，自此對士子的考核完全淪落為可有可無的雞肋，在考試內容和方式上與之前的內場考核相差甚

遠。下表 2-3-5 為清代嘉慶朝武會試內場改制後部分武會試和武鄉試內場考試
題目。

表 2-3-5：清代嘉慶朝後期部分武會試默寫武經題目內容

科　目	字數	內　　　　　容	出　　處
嘉慶十三年	109	凡戰者以正合以齊勝　如循環之無端孰能窮之哉	《孫子兵法兵勢第五》
嘉慶二十四年	149	近而靜者恃其險——見利而不知進者勞也	《孫子兵法行軍第九》
道光十三年	117	順奉時——行其所能	《司馬法定爵第三》
道光二十一年	153	凡先處戰地而待敵者——故能為敵之司命	《孫子兵法虛實第六》
道光二十五年	101	故用兵之法戒為先——乃授其兵是謂將事	《吳子兵法治兵第三》
道光三十年	118	故形兵之極至能因敵變化而取勝者謂之神	《孫子兵法虛實第六》
咸豐六年	141	順天阜財——於敵反是	《司馬法定爵第三》
咸豐九年	112	凡用兵之法——未覩巧之久也	《孫子兵法作戰第二》
咸豐十一年	96	昔之善戰者——故能自保而全勝也	《孫子兵法軍形第四》
同治元年	94	凡民以仁救——自古之政也	《司馬法嚴位第四》
光緒二十年	103	故不知諸侯之謀者——此軍爭之法也	《孫子兵法軍爭第七》
光緒二十一年	112	將軍之事靜以幽——不可不察也	《吳子兵法九地第十一》

資料來源：筆者根據《清代武會試錄》相關內容整理而得。

表 2-3-6：清代嘉慶朝後期部分武鄉試默寫武經題目內容

年　　代	省份	字數	內　　　　　容	出　　處
道光十四年	四川	115	進而不可禦者……所與戰者約矣	孫子兵法《虛實第六》
道光十五年	四川	118	故形兵之極至於……而取勝者謂之神	孫子兵法《虛實第六》
道光十九年	廣西	98	計利以聽……不可先傳也	孫子兵法《始計一》
道光二十九年	廣西	182	故不知諸侯之謀者……所以變人之耳目也	孫子兵法《軍爭第七》
咸豐十一年	廣西	71	故仁見親……所以兼愛其民也	司馬法《仁本第一》
同治四年	浙江	141	視卒如嬰兒故可與之赴深溪……知天知地勝乃可全	孫子兵法《地形第十》

同治六年	廣東	118	吳子曰凡兵有四機……知此四者乃可爲將	吳子兵法《論將》
同治九年	廣西	162	故進不求名……勝乃可全	孫子兵法《地形第十》
同治九年	陝西	109	凡戰者以正合以奇勝……如循環之無端孰能窮之哉	孫子兵法《兵勢第五》
同治九年	福建	114	孫子曰凡用兵之法馳車千駟……未覩巧之久也	孫子兵法《作戰第二》
同治九年	廣東	124	能使敵人自至者……故能爲敵之司命	孫子兵法《虛實第六》
同治九年	湖北	156	孫子曰凡先處戰地而待敵者佚……故能爲敵之司命	孫子兵法《虛實第六》
同治九年	湖南	93	可以往難以返曰掛……不盈而從之	孫子兵法《地形第十》
同治九年	江南	124	昔之善戰者……戰勝而天下曰善非善之善者也	孫子兵法《軍形第四》
同治九年	江西	169	古者以仁爲本……所以不亡戰也	司馬法《仁本第一》
同治九年	貴州	89	昔之善戰者，先爲不可勝以待敵之可勝……善攻者動於九天之上	孫子兵法《軍形第四》
同治十年	雲南	97	故智將務食於敵，食敵一鍾……國家安危之主也	孫子兵法《作戰第二》
光緒元年	廣西	106	凡戰勝則與衆分……說其心效其力	司馬法《嚴位第四》
光緒十五年	浙江	99	孫子曰昔之善戰者……故能自保而全勝也	孫子兵法《軍形第四》
光緒十七年	江南	96	然則一軍之中……能審料此可以擊倍	吳子兵法《料敵第二》
光緒二十年	雲南	129	凡興師十萬……而知敵之情者	孫子兵法《用間十三》
光緒二十年	浙江	108	善守者藏於九地之下……其戰勝不忒	孫子兵法《軍形第四》

資料來源：筆者根據《清代武鄉試錄》相關資料整理而得。

　　從上述兩個表中可以看出，嘉慶朝後內場考試改爲默寫武經，考核方式僅爲簡單的識記，武鄉會試在字數要求方面也基本相同，完全沒有了考核層次上的差別、在考試範圍的選擇上，大部分的考試題目都從《孫子兵法》一部兵書中選擇，使士子在備考過程中忽視其它軍事理論教材的學習。考試標準的變革幾乎放棄對士子內場素質的要求，使參加武科舉考試的士子對自身文化素質愈發忽視，也爲清代末期武科舉的最終革廢埋下不小的隱患。

五、清代武會試的考試流程

　　清代武會試考試從類型上劃分主要有外場考試和內場考試兩大類，其中外場考試又可以分為馬射、步射的射術考試以及開弓、舞刀、掇石的技勇考試兩類、在考試的順序安排上，採取先外場、後內場的辦法，由於技勇考試的三項內容會耗費士子大量的體力，容易降低射箭的準確度，因此在外場考試中首先進行射術考試，之後是技勇考試，最終進行內場的程文測試。

（一）外場考試

　　武會試首先進行外場考試，地點設在左安門外。外場考試當天，「兵部先期行文步軍統領衙門，至考試之期，德勝門早開遲閉。」〔註240〕在進行外場考試前派出維持考場治安負責巡管的兵丁，這類兵丁完全由八旗軍組成，根據會試所分「辰、宿、列、張」四闈，每闈指定兩旗各派參領一員、兵丁十名，共計八十名兵丁。具體的分配原則是「辰字圍鑲黃正黃兩旗，宿字圍正白正紅兩旗，列字圍鑲白鑲紅兩旗，張字圍正藍鑲藍兩旗」。〔註241〕在考試期間，由步軍統領衙門選派營弁和兵丁負責發放和回收士子所射之箭等工作，具體做法為：在每闈的馬道適中之處搭蓋收箭棚廠一座，分別在頭、二、三靶處各撥派營弁一員兵丁三名、在步箭落箭處搭蓋棚廠一座，在落箭處撥派營弁二員兵丁六名。所有的五員營弁和十五名兵丁均專門負責收回士子所射之箭，之後送至收箭棚。在收箭棚內安排「營弁二員帶領兵丁六名」會同兵部揀派的司員和筆帖式各一員專司收放箭。兵部在馬步箭考前曉諭應試武舉人在箭枝上書寫姓名，在考完之後親身赴棚報名領取箭隻。所有的營弁和兵丁均需要提前造具名冊，送交兵部以備查核，防止「間雜人等在落箭處及收箭棚附近處窺伺，滋擾考試運行。」〔註242〕

　　在清代中後期，對於技勇考試越來越重視，很多士子希望在這一場中有突出的表現以增加取中的可能性。為了防止出現弊竇和影響武科考試的正常進行，道光五年（1825年），兵部嚴行飭禁士子向王大臣「跪求一隻箭、添一

〔註240〕（清）景清等：《欽定武場條例》四庫未收書輯刊玖輯玖冊，北京出版社，2000版，9-357。

〔註241〕席裕福，沈師徐，近代中國史料叢刊續輯，皇朝政典類纂，選舉一、二〔M〕，臺灣：文海出版社，1966：3472。

〔註242〕（清）景清等：《欽定武場條例》四庫未收書輯刊玖輯玖冊，北京出版社，2000版，9-361。

力弓」的行爲，如「當場仍有士子跪求，王大臣即將其人扣除，不准入考，倘王大臣徇情不扣，監試御史扶同不參，別經發覺一併議處。」〔註243〕

外場考試完成後，對成績合格的士子進行標記。康熙四十一年（1702年）規定「第一場馬射合式者於面上用印記」，令本人親自填寫籍貫成績等信息以核對其字跡是否相符，合格者准入三場，並將親填的箭冊進行封固。到拆號之時將本人中式策論墨卷與前冊磨對字跡，如有不符合的現象，則將作弊者褫革查究。乾隆二十一年（1756年）安徽巡撫高晉奏稱「應試舉子兩面頰皆用印記爲期將及經旬，非惟保護維艱，亦且觀瞻不雅。」〔註244〕此後改爲印於士子左右小臂。

武會試外場一般在九月十三日完竣，當天即由外場監射、較射大臣公同密定士子成績。隨後即將外場成績公佈，「挑選好字號總計若干人，開列清單，分闈出示曉諭。」〔註245〕對於外場考試未能通過的士子，貼出告示詳細注明其落選的緣由。起初，武會試結束後並未採取這種辦法，武會試所派的皇子和王大臣「監同閱看時，往往於技勇弓馬並不認眞考校無所激勸，注明出示使被汰之故。」〔註246〕這就導致張榜之日很多應考士子和送考人「見榜上無名」，其中「好事者尙不甘心，俟王大臣御史散場時聚眾遮道妄語央求，導致車轎人馬被阻難行地面」的現象屢有發生。乾隆五十三年（1788年）湖北巡撫惠齡在舉行湖北武鄉試時，將弓馬生疏軟弱的士子一概汰去後，出示曉諭時採取「將該生等或因騎射、或因技勇，未能入選之處，於各名下詳細注明」〔註247〕的辦法，使落選的士子能夠各自清楚被淘汰的原因，此後武會試開始仿照施行。

在武會試成績榜單張掛時間和地點的確定方面，由於應考武會試的各地武舉人多爲孔武有力之人，一旦落第，可能在張榜時因爲氣憤鬧事，雖有弁

〔註243〕（清）景清等：《欽定武場條例》四庫未收書輯刊玖輯玖冊，北京出版社，2000版，9-364。
〔註244〕（清）景清等：《欽定武場條例》四庫未收書輯刊玖輯玖冊，北京出版社，2000版，9-361。
〔註245〕（清）景清等：《欽定武場條例》四庫未收書輯刊玖輯玖冊，北京出版社，2000版，9-368。
〔註246〕（清）景清等：《欽定武場條例》四庫未收書輯刊玖輯玖冊，北京出版社，2000版，9-368。
〔註247〕（清）景清等：《欽定武場條例》四庫未收書輯刊玖輯玖冊，北京出版社，2000版，9-368。

兵彈壓，但「恐伊等恃眾傷人，又恐伊等逞刁罷考」因此不敢上前禁止。爲解決「無名者自之落第負氣喧嘩，或攀榜分撕或攔輿爭論」及其導致「外場喧鬧耽誤內場考期」〔註248〕的現象，光緒七年（1881年）清廷曾希望根據御史莫勒賡額上奏建議，將外場成績公佈地點由曠野之中辰、宿、列、張四闈所搭成席棚處轉移至貢院門外，光緒十四年（1888年）御史文郁也上奏主張「外闈應出示曉諭貼兵部大門外牆，毋庸在外圍宣示」，〔註249〕但被兵部分別以「改於貢院出榜，勢必全聚貢院門外，人數眾多難免有擁擠之虞」和「兵部出示則四闈之人萃於一處，其擁擠喧嘩恐，有更甚於外闈者」〔註250〕爲由駁斥，僅對出榜時間作出調整，由外場考試當天出榜改爲外場考完後次日卯時，由各闈監射、較射、王大臣等公同挑選，會同監試御史照例標判的分繕名單，轉箚各闈執事營員黏貼張卦，同時要求地面各官及巡捕營將弁務須多派兵役實力巡查。

（二）內場考試

對於曉諭之中被挑入內場之武舉，在外圍榜文張貼出示後，應親自「填寫面貌籍貫」，嚴禁「假手書役」導致出現舛錯現象。武會試考官將武舉所填寫籍貫履歷的試卷回收後，由印卷官進行覈對，然後蓋兵部堂印。監射、較射大臣則聯名「會銜具奏」各直省挑入內場武舉名數，於次日進入內場。雍正元年（1723年）規定，在進入內場時，監射大臣與監試御史需要將所取好字號較對明白後，將號冊親手交給兵部堂官「按冊印清卷面，並將號冊所注好字號，各就省分謄清一本」〔註251〕，並且在監試御史之號冊和兵部謄清之號冊上加蓋兵部堂印，由兵部和御史將各自名冊攜入貢院，原有外場考試官號冊可以不帶入內場。乾隆七年（1742年）修訂進入內場號冊的要求和時間，規定外場考試官號冊和御史、兵部所持號冊一併封固，由監試御史攜帶卷箱在外場完竣的當天即帶入貢院。

〔註248〕（清）景清等：《欽定武場條例》四庫未收書輯刊玖輯玖冊，北京出版社，2000版，9-368。
〔註249〕（清）景清等：《欽定武場條例》四庫未收書輯刊玖輯玖冊，北京出版社，2000版，9-368。
〔註250〕（清）景清等：《欽定武場條例》四庫未收書輯刊玖輯玖冊，北京出版社，2000版，9-368。
〔註251〕（清）景清等：《欽定武場條例》四庫未收書輯刊玖輯玖冊，北京出版社，2000版，9-378。

　　武會試內場考官收到所帶號冊之後，送交彌封官進行彌封。之後由外簾監試御史按照原有外場監箭原冊中印明的「雙單好字號」和「馬箭、地毯、步箭、弓刀石」的成績分六項在各卷面上親筆填注，交由兵部司員填寫內場點名冊，並同內場試卷一併送入內場。監試、提調等官一同在午門中間所專門設立的黃案上拆封及核對姓名，並再將卷面親手印明分配到東西號舍的舉子坐號，再次彌封之後交入內簾之中。

　　武會試的內場考試，一般是九月十五日在順天貢院舉行。武舉士子進入內場之前需要經歷兩次檢查：第一道檢查在東西磚門外，雍正十一年（1733年）規定：「步軍統領委巡捕營官二員，各帶兵二十名，於東西磚門外，按照成績名冊」〔註252〕對士子進行「點名、搜檢後發給號牌放入磚門。」〔註253〕同時安排步軍統領、都察院派撥五營五城弁兵員役晝夜進行巡查，嚴禁考生之外的其它人進入磚門以內和在場外牆垣徘徊、第二道檢查在貢院門口，由大興、宛平兩縣縣官「在大門兩旁，照牌點入大門內」，同時仍「令千總搜檢」，未有違例攜帶小抄的武舉士子准入內場，監試御史按名給武舉分發試卷。士子進入內場後，武會試內場監試、提調等官再「逐名點入，令其各歸號舍。」〔註254〕將號舍封畢之後，赴內簾領取試題，由提調官率同委官按號分發。由於武科內場僅考一場，清初為「策、論」若干道，至嘉慶朝後僅默寫武經一段，所耗費時間較文科短很多，因此不允許在號舍內住宿，武舉寫完，即交卷離場。

　　在內場考試完成後，為了防止出現槍替現象，士子交卷時還有一項特殊的測試，即監試、提調官根據事前帶入內場的外場較射箭冊，「查明士子在外場較射冊原填某號技勇，令舉子進行覆驗，如果成績與外場相符」〔註255〕才准其交卷，給籤放出。但由於內場考試考生人數較多，考期僅為一天，時間較為迫促，加上士子經歷三場考試之後身心頗為疲敝，有可能因精力稍疲或疾病偶作而影響成績。清廷出於體恤士子的考量，在乾隆四年（1739年）採

〔註252〕（清）景清等：《欽定武場條例》四庫未收書輯刊玖輯玖冊，北京出版社，2000 版，9-378。

〔註253〕（清）景清等：《欽定武場條例》四庫未收書輯刊玖輯玖冊，北京出版社，2000 版，9-378。

〔註254〕（清）景清等：《欽定武場條例》四庫未收書輯刊玖輯玖冊，北京出版社，2000 版，9-379。

〔註255〕（清）景清等：《欽定武場條例》四庫未收書輯刊玖輯玖冊，北京出版社，2000 版，9-380。

納御史甄之璜的建議：「三項技勇不必全行覆驗，但驗一二項如果相符，亦即准其交卷給籤放出。」〔註256〕降低了士子的壓力，僅對「與原填技勇全不相符」之類明顯屬於槍替的人員嚴加詳查治罪。

（三）揭榜

武會試的揭曉日期由知武舉向朝廷具奏，一般定於九月十六日。在揭曉前一日，兵部會派司官二員、巡捕營將弁四員、兵丁二十名，將堂印送至貢院等候鈐榜，之後將堂印護送回部。期間所用的綵亭、夫役等均由大興、宛平兩縣預備。到武會試揭曉之日，由巡捕營派撥將弁二員、兵丁八名赴貢院，護送榜文至兵部，將武會試榜張掛於兵部門外，由中城兵馬司負責搭蓋榜棚，派撥掛榜、護榜夫役的工作。

（四）磨勘與覆試

會試之後進行磨勘原本是文會試的通行做法，武會試中並未施行。道光十三年（1833 年）武會試中，會試正副主考官白熔、胡達源在錄取時出現棄雙好士子而中單好士子的現象（表 2-3-7），違反了取士慣例。根據清代武會試的取士要求：「內場取中試卷，先於雙好字號內擇其字畫端楷者選取，如不足額，再於單好字號內選取。」〔註257〕

表 2-3-7：道光十三年會試取士違例情況表

所在闈	省　份	姓　名	成績評定	違例原因
辰字圍	福建	許逢時	單好、十力弓且覆試不符	有雙好一名未錄
辰字圍	陝甘	馬興臨	單好、十力弓且覆試不符	有雙好二名未錄
宿字圍	滿洲蒙古	烏和哩	單好、十二力弓且覆試不符	有雙好二名未錄
列自闈	山東	楊雲鳳	單好、十力弓	有雙好三名未錄
列自闈	廣東	李達元	單好、十力弓	有雙好三名未錄
列自闈	廣東	池化鼇	單好、十力弓	有雙好三名未錄

資料來源：四庫未收書輯刊編纂委員會，四庫未收書輯刊玖輯玖冊〔M〕，北京：北京出版
　　　　社，2000。

〔註256〕（清）景清等：《欽定武場條例》四庫未收書輯刊玖輯玖冊，北京出版社，
　　　　2000 版，9-384。
〔註257〕（清）景清等：《欽定武場條例》四庫未收書輯刊玖輯玖冊，北京出版社，
　　　　2000 版，9-385。

　　但從表中看，此段提到表格上面那段後面。共計十四名雙好士子被主考官棄取，而六名成績爲單好的舉人反被取中，當年武會試共取士 45 名，違例比例達到 13.3%，取中這六名士子技藝俱極平常，落選士子中又不乏傑出之士，如陝甘省雙好未中的武舉馬步霄「馬上中七矢，步下中六矢，刀石俱係頭號」，〔註258〕成績遠勝過取中的士子馬興臨。

　　取士不公引發道光帝不滿，特命軍機大臣覆核箭冊「將主考官白鎔處以降補大理寺卿、副考官胡達源處以降補翰林院侍講」〔註259〕，並下詔令兵部商討仿照文會試之例，採取復加磨勘的做法。派大臣將取中武舉比對監射、較射各冊。道光十四年（1834 年）武會試中，再度出現考官重蹈前輒、取中單好而放棄雙好字號的現象，順天武鄉試正副考官桂齡龔倘將其歧鳴等二十五名雙好武生棄取，卻取中單好武生三十三名。經兵部查出後，根據慣例「將主考官桂齡著降爲三品候補，副考官龔倘著降爲正四品候補」〔註260〕。此後，武會試內場結束後派大臣進行磨勘成爲定例。武會試磨勘一般在武會試發榜之後次日即九月十七日舉行，由提調司員將四闈的監射箭冊、較射箭冊、監試箭冊和內場取中試卷一起交付給派出之大臣。武會試的磨勘大臣一般人數爲二至三名，由兵部從內閣、吏、戶、禮、刑、工五部、都察院、通政使司、大理寺等部門中咨取。這些大臣將考生中「馬步箭、技勇的六項雙好、單好字號進行比較核計」。〔註261〕磨勘的具體規則是：首先，取中原有雙號字樣的武生，如雙好不敷中額或該省本無雙好武舉，則准於單好內取中。其次，在單好字號的衡量中，需要綜合比較士子弓、刀、石三項強弱，不能僅憑中箭多少作爲唯一評價標準。武會試磨勘的施行，對會試主考官取士起到一定監督作用，既有助於科場防弊，又有效地降低了外場表現出色、尤其是技勇傑出的士子被屈抑棄錄的可能性。

　　在磨勘大臣覆勘完成並覆奏朝廷之後，兵部奏請欽派王大臣對合格的中式武舉進行覆試。覆試時間一般爲九月二十日，覆試地點設在「南箭亭正白

〔註258〕續修四庫全書編纂委員會編，續修四庫全書 812 史部・政書類〔M〕，上海：上海古籍出版社，1996：118。

〔註259〕續修四庫全書編纂委員會編，續修四庫全書 812 史部・政書類〔M〕，上海：上海古籍出版社，1996：119。

〔註260〕續修四庫全書編纂委員會編，續修四庫全書 812 史部・政書類〔M〕，上海：上海古籍出版社，1996：121。

〔註261〕張友漁，高潮主編，中華律令集成〔M〕，長春：吉林人民出版社，1991：623。

旗侍衛教場」。由武備院「派弓匠赴兵部墜驗弓力，鏨磨刀石」後運送至校場。中式武舉按照箭冊「初次填注字號」認眞考校，根據武舉不同表現，分別給予不同待遇，詳情見圖 2-3-3 即示。

圖 2-3-3：武會試磨勘覆試圖

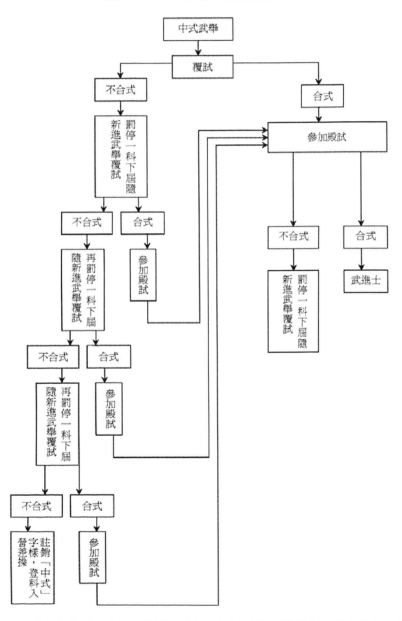

資料來源：筆者根據《大清會典事例》、《欽定武場條例》、《清實錄》等史料整理繪製。

武舉人參加王大臣所主持的覆試之合式者可以取得武殿試資格，如果不能合式則罰停一科，下屆仍隨新科武舉覆試。如連續三次仍未合式即將中式字樣註銷，仍留武舉功名，准其入營差操，按照該武舉人考中舉人的科分照例銓選。值得注意的是，武舉人的覆試未能合式停科後，其覆試時馬步箭或弓刀石六項中不符之項記錄在案，在下屆覆試時僅覆試上屆不符之項，合式即爲通過，在一定程度上降低了武舉人覆試的難度。覆試完成後，王大臣將順利通過的中式武舉造具名冊上報朝廷以備殿試選用。兵部根據名冊負責刊刻武會試錄，將所有外場監射、親王、郡王職名開列，署名於會試錄上。兵部同時頒發龍門冊，將武會試參加人數開單列出，知照各省督撫留存備案。

六、清代武會試的待遇與恩賞

作爲中央一級武科考試，武會試對於考官和考生都有相應的獎勵措施。主要包括在考試期間食品的供應以及考後的諸多恩賞活動以及對於士子和考官的銀兩獎勵等。

（一）考官待遇

朝廷爲主持武會試內外場考試的諸多考官準備了多次筵宴，相比於武鄉試的上馬宴和鷹揚宴，武會試的宴會無論在規模上還是內容上都有顯著的提升，與其中央一級考試的地位相匹配。

1、武會試上馬宴

武會試上馬宴自順治二年（1645 年）開始設立，直到嘉慶二十二年停止。根據考試內容的不同分設外場上馬宴和內場上馬宴兩類。

外場上馬宴通常在外場考試之前的九月初四日舉行，地點設在兵部，邀請參加外場考試的所有官員出席，設置的席位數量爲「一等席十有二、看席一，二等席六十七。」〔註262〕外場上馬宴的座次安排爲：「監射大臣席在當堂後楣」正對門而坐，顯示其在外場考官群體中的核心地位、「較射大臣和兵部尚書、侍郎等兵部堂官的席位在當前楣」，與監射大臣的席位對面而坐、監試御史、提調官、協辦提調官、監箭官、管轄官、放馬官等考務官員則分別坐於左右兩旁的前排，因爲監射大臣地位最爲尊崇，因此這些官員與監射大臣

〔註262〕四庫全書第六百十三冊，史部（381）政書類〔M〕，上海：上海古籍出版社，1987：662。

距離的遠近也在一定程度上反映出其在外場考官群體中的重要程度、司務廳官席位於前排最末的位置、監鼓官、管轄官、放馬官在左右兩旁的後排依次而坐、鴻臚寺官、鳴贊官、光祿寺官和供給官靠近較射大臣一側，分左右而坐。在靠近門口月臺上望闕擺設香案，作爲「謝恩行禮」之用。具體情況見圖 2-3-4：

圖 2-3-4：武會試外場上馬宴座次分佈圖

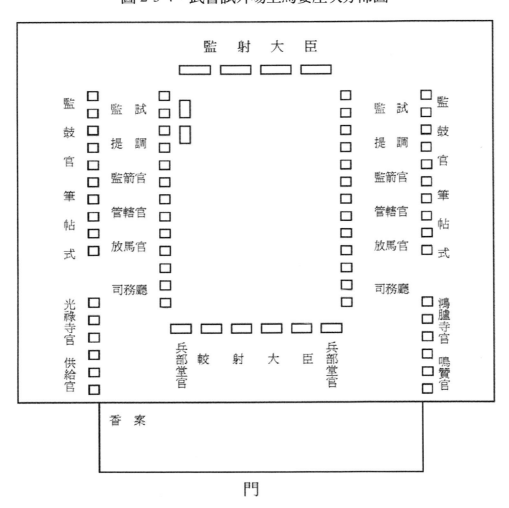

資料來源：（清）崑岡等撰，欽定大清會典圖〔M〕，臺北：新文豐書局，1976。

　　內場上馬宴在內場考試前舉行，地點同樣設在兵部，由所有內場考官參加。內場上馬宴席位檔次比外場多一級，具體數量爲「一等席十、看席一，

二等席二十四，三等席十有六。」內場上馬宴的座次與外場有些類似，以「主考官、知武舉和彈壓官」地位最尊，其席位於當堂後楣，與之相對的當堂前楣處，仍是兵部尚書、侍郎所在的兵部堂官席。同考官、監試、提調、參領、章京、收掌、受卷、彌封、印卷各官則左右分佈於兩側前排，司務廳官的席位仍位於最末。負責監門、搜檢、巡綽、瞭望的各執事官坐在兩側後排，鴻臚寺官、鳴贊官、光祿寺官、供給官、醫官在靠近兵部堂官一側，分左右而坐。同樣在靠近門口月臺上望闕擺設香案，作為「謝恩行禮」之用。具體情況見圖 2-3-5。

圖 2-3-5：武會試內場上馬宴座次分佈圖

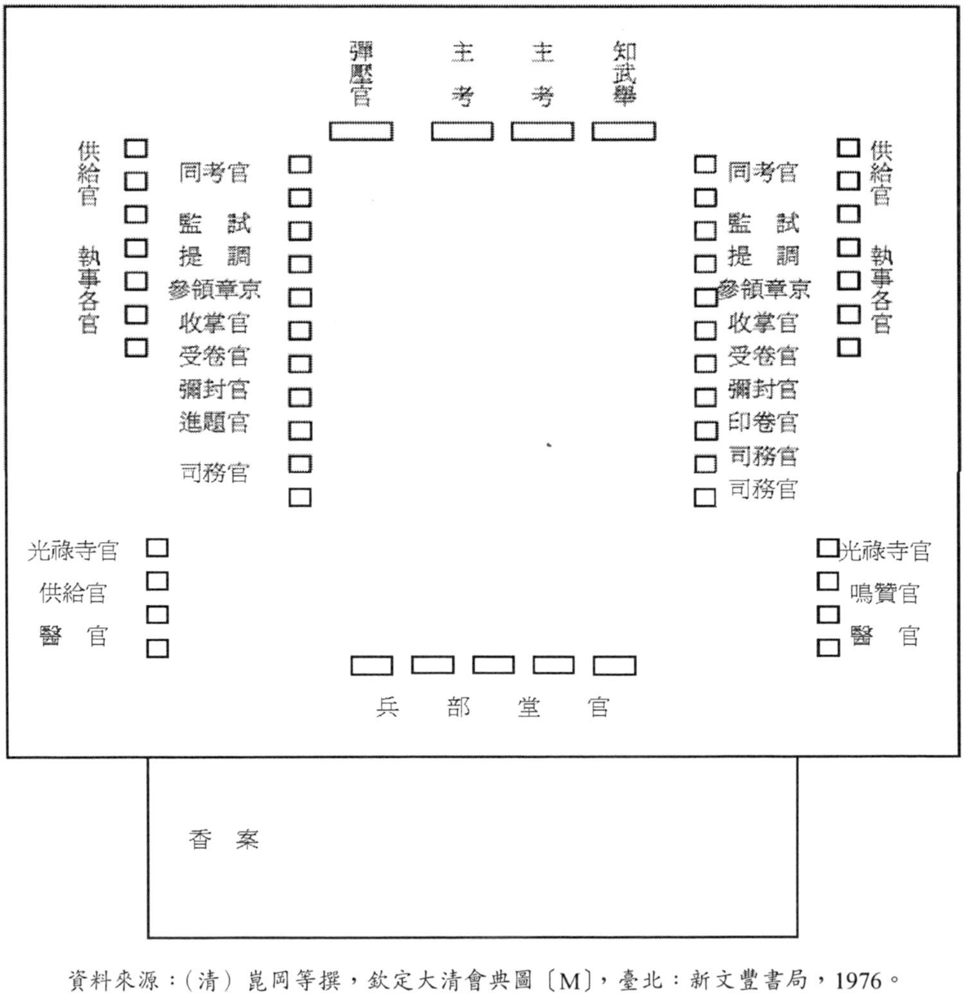

資料來源：(清) 崑岡等撰，欽定大清會典圖〔M〕，臺北：新文豐書局，1976。

2、武會試下馬宴

武會試的下馬宴自順治二年起開始施行，並一直持續到清末武會試結束。在內場考試「揭曉次日」於兵部舉行，所有的內外場考試官均一體參加（見圖2-3-6）。

圖2-3-6：武會試外場下馬宴圖

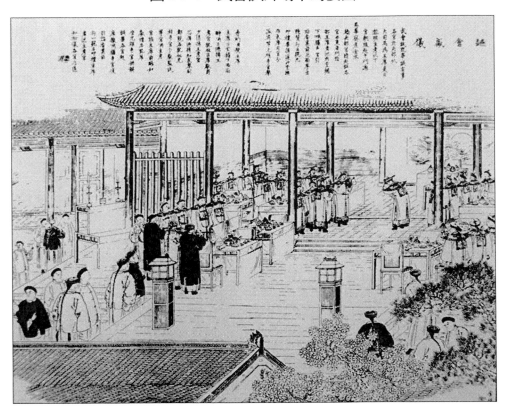

資考資料：《點石齋畫報》（辛集）年代，光緒十二年（1886）宴會盛儀圖：78。

武會試下馬宴不設看席，其席面檔次分類共有三級，與內場上馬宴相同，具體的數量為「一等席十有四，二等席二十五，三等席十有六」。下馬宴集合了武會試內外場的所有官員，在考官座位排序上，也基本按照考官的官階大小進行排列：監射大臣、主考官、知武舉及彈壓官坐在當堂後楣的首席，其中監射大臣居中，主考官次之，知武舉和彈壓官位於兩側，較射大臣、兵部尚書侍郎等堂官對面而坐，位於當堂前楣的次席，其中以較射大臣為尊，居於正中、其它考試官員則分別位列左右兩側的前排，其先後順序為同考官、

監試官、提調官、參領章京、收掌官、受卷官、彌封官、進題官和司務官、在左右兩排後側的席位上，是供給官以及負責外場的監箭官、管轄官、放馬官、負責內場的監門官、搜檢官、巡綽官、瞭望官等一系列執事官員、在靠近較射大臣一側的左右兩排，則是鴻臚寺官、鳴贊官、光祿寺官、醫官等官員的席位。與上馬宴一樣在「月臺上香案前」設立「謝恩行禮」的位置。具體情況如圖 2-3-7 所示。

圖 2-3-7：武會試內外場下馬宴會圖

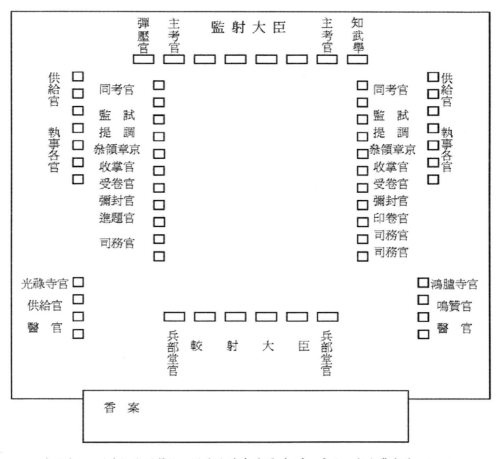

資料來源：（清）崑岡等撰，欽定大清會典圖〔M〕，臺北：新文豐書局，1976。

下馬宴的具體流程為：首先由兵部堂官及執事官員俱穿朝服，齊集署內，等候監射大臣、主考官、較射大臣等官，所有官員彙集之後「同詣露臺香案前」，主考和監射大臣「率同執事各官排立，聽鳴贊官贊禮，行三跪九叩。禮

畢，陞堂」，兵部堂官到「滴水簷下向外奠酒」，之後按照宴會安排的座位就坐，此時由「和聲署作樂」，在「湯三品酒七行」的宴會之後，仍一起至香案前排立，行「一跪三叩禮」，完成之後兵部堂官與主考官監射大臣等揖別，下馬宴就此結束。

　　無論武會試的內外場上馬、下馬宴，所用到的「宴圖、宴棚、圍屏」等物品均由大興和宛平兩縣的官吏在前一日送抵兵部，所用桌椅則由光祿寺預備。同時，由兵部行文樂部預備筵宴作樂，鴻臚寺派鳴贊官負責鳴贊。由巡捕五營派「守備一員、千總二員，外委二員，兵丁十名」負責維持秩序，在乾隆二十九年（1764 年）因將領管束不嚴，出現下馬宴時「不肖之徒擅將食物搶取」的混亂現象，因此採納御史喀爾崇義的建議，將「八旗護軍統領職名進呈」，由皇帝親自選取委派一員，由該統領「率該管之護軍參領妥協看管。」通過提升維持秩序官員的級別來保證武會試筵宴的正常秩序。

　　武會試的宴會並非每科之後都舉行，在遇到齋戒和忌辰時，會區別對待：宴會舉行之日適逢「忌辰及大祀、中祀、齋戒」則完全停止筵宴，如道光九年（1829 年）己丑科武會試成績揭曉次日正「恭值孝敬憲皇后忌辰」，因此將筵宴停罷一次，光緒九年（1883 年）癸未科武會試時處在「致祭歷代帝王廟齋戒期」也照例停止筵宴、宴會舉行之日遇到「群祀齋戒」時，除承祭官不入宴之外，筵宴仍可以照例舉行。此外，個別恩科武會試為彰顯皇恩浩蕩，雖遇到「齋戒忌辰」也會採取變通之法，最為明顯的例子是光緒二十年（1894 年）恩科武會試，其會試揭曉的次日九月十六日正值「祭歷代帝王廟齋戒期」，但因此次會試「恭逢恩科」，特改期於九月十八日後照例舉行下馬宴。

3、宴席內容

　　清代的筵宴從類型上劃分主要分為滿席和漢席兩大類，其中滿席多用於帝、后去世、皇帝大婚、大軍凱旋、賞賜貢使和經筵講師、公主下嫁外藩等活動之時，一般分為六個檔次，因與科考關係不大，故不詳述。科舉考試包括武舉考試所舉行的宴會系列都是用漢席，「文武會試考官入闈、出闈各宴用漢席」。清代「漢席」分為一等漢席、二等漢席和三等漢席三個檔次，並有上席、中席之別。

　　武會試的上馬宴和下馬宴所用之席主要包含了一、二、三等漢席。一等漢席主要供應監射大臣、較射大臣、兵部尚書和侍郎等高級考官，菜譜包括：內饌鵝、魚、雞、鴨、豬肉等二十三碗，果實八碗，麵食三道，蔬食四道（表

2-3-8）。二等漢席主要供應同考官、監試御史、提調官等中級考官，菜譜與一等席大致相同，只是不用鵝，果食，其它菜品則與一等席同，仍有魚、雞、鴨、豬肉等肉食二十碗，果實八碗，麵食三道，蔬食四道。三等漢席主要供應管轄官、放馬官、監門官、搜檢官、巡綽官、瞭望官、光祿寺官、鴻臚寺官、醫官等執事官員，除沒有鵝、鴨之外，其餘菜品與二等席大致相同，包括魚、雞、豬肉等肉食十五碗，果實八碗，麵食三道，蔬食四道。除主食和菜品之外，每席還有酒一斤。

表 2-3-8：清代漢席一等席菜目表

肉食 23 碗		果盤 8 道	主食 3 道	蔬菜 4 道
白煮鵝（用鵝 1／3 隻）	東坡肉（豬肉 12 兩）	黃梨 12 個	包子 12 個（每個用麵 2 兩、豬肉 5 錢）	醬瓜 1 碟（1 兩）
白煮雞（用雞 1 隻）	鹿筋肉（鹿筋 2 兩，豬肉 6 兩）	紅梨 12 個		
小閣（豬大腸 1 根、豬肉 1 斤、豆粉 6 兩）	肉圓（豬肉 6 兩、豆粉 4 兩）	棠梨 15 個		
燒肉（豬肉 1.8 斤）	豬腰子（2 個）	鮮葡萄 1 碗（每碗 2 斤）	花卷 12 個（每個用麵 2 兩、香油 3 錢）	醬茄 1 碟（1 兩）
白肉（豬肉 1.8 斤）	山藥肉（山藥 1 斤、豬肉 4 兩）			
海參肉（海參 1 兩、豬肉 7 兩）	雞蛋糕（雞蛋 5 個）	柿餅 1 碗（每碗 2 斤）		
豬肚（0.5 斤）	婉雞（雞半隻）	曬棗 1 碗（每碗 2 斤）		醬苤藍 1 碟（1 兩）
鴨羹（鴨半隻、果仁 3 錢、豆粉 2 兩）	香蕈鴨（香蕈 1 兩、鴨半隻）	紅棗 1 碗（每碗 2 斤）		
豬蹄（1 個）	鹽煎肉（豬肉 12 兩）	栗子 1 碗（每碗 2 斤）	饅首 2 個（每個用麵 2 兩、香油 3 錢、白糖 3 錢）	
鮑魚肉（鮑魚 1 兩、豬肉 7 兩）	方子肉（豬肉 12 兩）			十香菜 1 碟（1 兩）
筍肉（水筍 4 兩、豬肉 6 兩）	魚（1 尾，重 1 斤）			
海帶肉（海帶 2 兩、豬肉 6 兩）				

資料來源：陳光新，中國筵席宴會大典〔M〕，青島：出版社，1995：498～499。

從上述描述可以看出，武會試後的筵宴較為豐盛，每種席面的製作流程和菜品份量均有嚴格的規定，光祿寺設炸食房，為廚役烹飪之所，各種宴席

必須在筵宴的前一天備齊，用碗、盤盛好放在紅漆的矮桌上，酒裝在瓷罐裏，然後抬到餑餑棚內，由光祿寺堂官親自驗看，再「按桌纏以紅布，覆以紅袱」，夜間由廚役看守，第二天再抬到現場陳設。〔註263〕為了保證宴會質量，乾隆五十二年（1787 年）還專門下旨，要求「必須按照品色實在備辦，不可虛應故事，有名無實。屆時應令主宴及管宴大臣一體查察。倘有名無實、以瘦敗之物應用，即據實參奏，惟該衙門堂官是問。」〔註264〕

　　除了一、二、三等漢席，在武會試上馬宴中還設有一項較為特殊的「看席」。看席亦稱「看桌」和「飣坐」，據徐珂的《清稗類鈔》記載：「短飣一作短，今俗宴會黏果列席前，曰看席，飣座謂飣而不食。」〔註265〕看席自隋煬帝時就已經存在，被稱為「九飣牙盤食」，宋代酒樓有供觀賞的「看盤」，在進饌之前，先擺上桌，在進食時撤去，起到引發食欲、「調胃口」〔註266〕的作用。在明清時期科舉考試中，也普遍出現了看席。明代的鄉試大典中，接待禮部主考官員的看席菜品就極為豐盛（表 2-3-9）。清代延續了明代的做法，在武會試中也設立看席，儘管具體的內容尚未能考察詳細，但從明代鄉試中的看席內容，結合清代漢席的具體內容，也可以推斷出其席面菜品亦較為可觀。而比看席菜品豐盛與否更為重要的是，在武會試的宴會中設立看席本身，也在一個側面說明武會試受到朝廷的重視。

表 2-3-9：明代鄉試看席菜品表

主食類	糖果類	水果類	肉食類	花飾類	酒　類
餅錠 8 個	斗糖 8 個	荔枝 1 盤	豬肉 1 肘	高頂花 1 座	豆酒 1 尊
大饅頭 4 個	糖果山 5 座	圓眼 1 盤	羊肉 1 肘	大雙插花 2 枝	
	糖五老 5 座	膠棗 1 盤	牛肉 1 方	肘件花 10 枝	
	糖僑餅 5 盤	核桃 1 盤	湯鵝 1 隻	果罩花 20 枝	
		栗子 1 盤	白鯗 2 尾	定勝插花 10 枝	
			活羊 1 隻	絨戴花 2 枝	

資料來源：陶文臺，中國烹飪史略〔M〕，蘇州：江蘇科學技術出版社，1983：106。

〔註263〕萬依，清代宮廷史〔M〕，瀋陽：遼寧人民出版社，1990：526。
〔註264〕陳光新編著，中國筵席宴會大典〔M〕，青島：青島出版社，1995：499。
〔註265〕徐珂編纂，清稗類鈔，第四十七冊〔M〕，上海：商務印書館，1928：48。
〔註266〕陶文臺，中國烹飪史略〔M〕，蘇州：江蘇科學技術出版社，1983：106。

4、考官經濟收益

清代出任武會試考官的官員,除了在履歷表中增加主持武科考一項內容和參加內外場的上馬宴和下馬宴之外,還能夠獲得一定的經濟收益。據《大清會典則例》的記載,武會試的外場監射大臣和內場正、副考官,均能夠獲得「表二端、裏二端」,由戶部置辦八尺長的「表緞十二端」和「紡綢裏十二匹」,到會試之期由提調官出具印結,赴戶部支領後分發於各位考官。此外,監射大臣和內場正、副考官以及內外場執事各官均賞給「貼金銀花」一對,兵部提前行文工部備辦,每次武會試共計分發十五對重二兩的貼金銀花和一百零五對重一兩貼金銀花。

(二)士子待遇

武會試號召全國的武舉入京,為減輕士子參加會試的經濟壓力,保證考試生源的數量,規定各地對參加武會試的武舉發給盤費銀兩。據《中國考試大辭典》記載:「舉人會試,由布政使給予盤費,安徽二十兩,江西、湖北皆十七兩,福建十五兩,湖南十四兩,廣西十二兩,浙江、河南皆十兩,山西七兩,陝西六兩,甘肅、江蘇皆五兩,直隸、四川皆四兩,山東一兩,廣東二十兩,惟瓊州府增十兩,每名三十兩,於令咨日給發,雲南、貴州舉人給盤費銀每名三兩,仍給驛馬。」〔註267〕從這項規定可以看出,武舉參加武會試所享受的銀兩待遇基本和距離京師的遠近相關,但是由於各個府州縣經濟發展水平不均,再加上對於科舉的重視程度和武舉參加會試人數存在差別,清代各府縣對於參加武會試的武舉人補助的銀兩金額數各不相同,甚至在同一省內也差異巨大。表 2-3-10 是清代一些州縣對武舉參加會試的補助金額。

表 2-3-10:清代部分州縣武舉會試路費銀統計表

省	州縣	銀兩數	省	州縣	銀兩數	省	州縣	銀兩數
江蘇	靖江縣	十八兩(舊科)二十四兩(新科)	福建	建寧縣	二兩六錢一分	河南	新蔡縣	四錢五分三釐五絲
	金壇縣	十八兩(舊科)二十四兩(新科)		南平縣	三兩三錢三分三釐三毫四絲		商丘縣	六錢六分四毫
	松江府	八兩七錢九分		歐寧縣	三兩		項城縣	一兩四錢二釐八毫

〔註267〕孔昭明,臺灣文獻史料叢刊,第四輯(78)清會典臺灣事例〔M〕,臺北:臺灣大通書局,1984:79。

省	地名	數值	地名	數值	省	地名	數值
	常熟縣	十八兩（舊科）二十四兩（新科）	仙遊縣	八兩九分六毫	江西	陽武縣	參兩貳錢陸分玖釐伍毫柴忽陸纖
	吳縣	二十四兩	寧德縣	一十三兩		廣昌縣	四兩
	元和縣	十四兩	泉州府	一十一兩六錢九分八毫		撫州	十二兩
	鎮江府	十八兩（舊科）二十四兩（新科）	連城縣	五兩		瑞金縣	四兩
安徽	青陽縣	十二兩	松溪縣	五兩五錢	陝甘	寧夏府	五兩五錢二分四釐
	銅陵縣	六兩	長樂縣	三兩三錢三分三釐三毫三絲三忽		朔方道	五兩五錢二分四釐
	東流縣	二兩	永定縣	二兩八錢三分一釐		民勤縣	五兩三錢零八分七釐七毫七係
	望江縣	三兩三錢三分三釐	武平縣	二兩八錢三分四釐	直隸	正定府	十兩
	石埭縣	六兩	延平府	一十六兩六錢六分六釐六毫七　三忽		天津府	六兩六錢六分七釐
	桐城縣	十三兩三錢三分三釐三毫	永春州	十四兩三錢五分七釐五毫		信都縣	十二兩二錢八分六釐
	太湖縣	六兩六錢六分	詔安縣	一十八兩六錢六分六釐七毫		宣化府	六兩六錢六分六釐六毫六絲六忽
	直隸泗州	三兩二錢六分八釐	長汀縣	二十四兩		薊縣	一兩六錢六分七釐
山西	徐溝縣	一兩二錢五釐	安溪縣	一十一兩六錢九分八毫三絲		遵化州	五兩
	壽陽縣	十兩八錢四分六釐	寧洋縣	六兩六錢六分六釐六毫七絲		束鹿縣	二十兩
	澤州府	一十三兩五錢	福安縣	十三兩		通州	十兩
	代州	九兩	古田縣	五兩	廣西	恭城縣	十二兩二錢八分六釐
	浮山縣	三兩六錢一分五釐四毫	德化縣	一十四兩三錢五分七釐五毫		平樂縣	十二兩二錢八分六釐
	文水縣	一十三兩五錢	漳浦縣	十八兩三錢三分三釐三毫一絲	四川	雙流縣	四兩六錢一分三毫三絲一忽四微三塵
	平定州	九兩	建甌縣	三兩	山東	泰寧縣	伍兩三錢貳分
	隰州	三兩六錢二分	建陽縣	三兩	湖北	襄城縣	二兩二錢二分四釐五毫七絲

榆社縣	三兩六錢一分五釐	龍岩縣	十兩	奉天	臨榆縣	一兩三錢三分
隰州	三兩六錢二分	沙縣	三兩三錢三分三釐			
浮山縣	三兩六錢一分五釐	永春縣	一十一兩六錢九分			
崞縣	九兩六錢一分五釐四毫	尤溪縣	二兩			

資料來源：筆者根據《中國地方志文獻集成》中各個縣志資料匯總整理而得。

　　為防止出現各省武舉領取會試盤費銀卻不赴京師的情況，清廷還特地做出追查武會試盤費銀的相關規定，如果武舉士子在趕赴武會試途中出現患病、丁憂者，需要「呈明所在地方官驗明」後取具印結，「申報上司，轉詳督撫冊彙冊咨報兵部」由兵部咨明戶部。如果應考武舉已經抵達京師卻因「患病、丁優等事不能應試」則需要取具同鄉京官印結徑報兵部查核，通知本省督撫戶部存案，這兩種情況其所領盤費銀均免其追繳。如果出現武舉人「假捏呈報」沿途地方官印結以及同鄉在京官「不行查明、徇情濫結「的情況，則將舉人和出結各官按例懲處。對於所有領完盤費銀之後「人、文皆不到兵部及文到人不到」的武舉人，則追回其「原領銀兩」，勒令在半年繳清，如果不能按期追繳，則將承辦追繳的官員按照「雜項錢糧未完例議處」。

　　除了給各省武舉分發路費銀兩之外，清廷對邊遠省份的士子出於「體恤遠方寒畯」和籠絡邊境士子的雙重考慮，較其它省份士子有更多優待，其中「雲南、貴州武舉進京會試者，俱給與火牌，每名士子得驛馬一匹，廩糧飯食俱不支」〔註268〕，會試之後無論是否中式，自出榜之日起統限半年內將原牌赴兵部呈繳，下第武舉如果願意回籍者即行請領新牌，回籍者「行至中途如遇繞道探親等事」，可以將所持火牌在岔道之驛站呈繳，並由管驛州縣申報督撫備案。武舉如留京不即回籍者，待回籍時取具同鄉京官印結赴部，再行給發繳。起初對應試武舉「給予火牌、一路賞給驛馬」的政策只在雲南、貴州兩省推行。到清中期由於「關外人文漸盛」，而且「進京道里較雲貴等省更遠……新疆車馬等項雇覓維艱殊」〔註269〕，乾隆四十二年（1777年）遂決定「嘉峪

〔註268〕續修四庫全書編纂委員會編，續修四庫全書（808）史部・政書類〔M〕，上海：上海古籍出版社，1996：535。

〔註269〕高宗純皇帝實錄，第十三卷，乾隆40～42年〔M〕，北京：中華書局，1986：945。

關以外士子赴西安鄉試，及進京會試照雲貴之例一體賞給驛馬。」〔註270〕

　　對於磨勘與覆試均合格的及第武舉人，其待遇主要體現在仕途發展和經濟收益兩個方面，在仕途發展方面，中式武舉即取得參加殿試的資格，由於殿試所考科目內容與要求和會試類似，加之自宋代以來形成科舉考試殿試不黜落士子的習俗，中式武舉基本上可以通過殿試考核成為武進士。除了仕進之路的通暢，武會試的應試者還將獲得一定的經濟收益，主要包括旗匾銀和帽頂銀兩兩項：旗匾銀兩一般在殿試之後給發，由兵部根據題名錄向戶部支領，數量為每名武舉得銀十八兩、帽頂銀兩自雍正元年（1723 年）出現，雍正帝下詔賞給會試中式武舉銀兩，用於整理衣服、賃取馬匹等方面的開銷。除了武狀元和中式後覆試殿試罰科武舉無法領取外，其餘所有武舉人均可以在午門前領取帽頂銀兩五兩。

　　對於未能通過武會試的落地武舉，清廷也儘量為其提供出路，對參加武會試的武舉進行揀選。在武會試舉行之年，由兵部奏請欽派大臣，將會試之中原挑為雙好字號的武舉列為一等，挑取為單好字號的武舉和雖未經挑入雙好單好字號但人材弓馬較優者均一體列入二等，材技平常者列入三等，弓馬生疏者列為四等，弓馬甚劣人衰老不堪列為五等。其中位列四等的武舉「俟下次再行揀選」，而五等武舉則由兵部「奏請革退」。前三等武舉在部具呈姓名，分發所在省份督撫提鎮處，根據各地方營分大小就近酌量分發給經制、馬兵、名糧等營，與外委、千總、把總一體差操。表 2-3-11 記錄了清初對各省下第武舉隨營差操的名額分配情況。

表 2-3-11：會試下第武舉隨營差操名額表

等　　級	省　　份	名　　額	合　　計
第一等（2 省）	直隸省	30	60
	陝甘省	30	
第二等（3 省）	江南省	20	60
	福建省	20	
	山西省	20	

〔註270〕方國瑜編，雲南史料叢刊，第八卷〔M〕，昆明：雲南大學出版社，2001：238。

等級	省份		數量
第三等（5省）	浙江省	15	75
	河南省	15	
	四川省	15	
	雲南省	15	
	湖廣省	15	
第四等（5省）	山東省	10	50
	貴州省	10	
	江西省	10	
	廣東省	10	
	廣西省	10	
總　計	—	—	245

資料來源：四庫未收書輯刊編纂委員會，四庫未收書輯刊玖輯玖冊〔M〕，北京：北京出版社，2000。

　　從上表可以看出，武舉的分配根據人數不同分爲四個檔次，其中直隸和陝甘兩省由於應試武舉人數眾多且武風興盛，加之一個地處京畿重地，另一個扼守邊關要塞，因此吸納的下第武舉人數最多，均達到了 30 人，其它省份人數在 10 至 20 人不等。全國每科吸納落地武舉數量多達爲 245 名，這一人數在乾隆年間幾乎是中式武舉的 4～5 倍，爲會試下第武舉提供了較爲廣闊的出路。到清後期的光緒朝，由於咸同年間不斷增廣武鄉試中額，使武舉人數激增，隨之而來的是參加會試武舉人數的增加。會試後很多武舉紛紛赴部呈請隨營，爲進一步拓展士子任職空間，從光緒十八年（1892 年）起，經兵部奏請提升武會試每科分發省份隨營武舉人數，如表 2-3-12 所示。

表 2-3-12：光緒十八年會試下第武舉隨營差操名額增長表

等　級	省　份	原　額	增　額	定　額
第一等（2省）	直隸省	30	0	30
	陝甘省	30	0	30
第二等（5省）	江南省	20	5	25
	山西省	20	5	25
	浙江省	15	10	25

	四川省	15	10	25
	湖廣省	15	10	25
第三等（2 省）	福建省	20	0	20
	江西省	10	10	20
第四等（3 省）	河南省	15	0	15
	雲南省	15	0	15
	廣西省	10	5	15
第五等（3 省）	山東省	10	0	10
	貴州省	10	0	10
	廣東省	10	0	10
總　計	—	245	55	300

資料來源：四庫未收書輯刊編纂委員會，四庫未收書輯刊玖輯玖冊〔M〕，北京：北京出版社，
　　2000。

　　上表顯示，除了「尚敷分發」的直隸、陝甘、福建、河南、雲南、山東、
廣東、貴州等八省原定額數毋庸議加外，其餘七省取士額數均有 5 至 10 名的
增加。此次增廣名額之後，每科隨營武舉人數增長了 55 名，總數達到了 300
名，取中人數達到了光緒二十年（1894 年）和二十一年（1895 年）兩次武會
試中式武舉的 2.5 倍。對於這些留於本省的投營武舉，根據揀選時等級不同分
別規定了明確的賞罰措施：揀選武舉位列「一、二等者」，差操三年後如果材
技優嫻、曉習營伍，則可以報部註冊准許拔補千總，如遇有隔府、別營千總
缺出即應拔千總、三等武舉和未經揀選的武舉在三年期滿後同樣報兵部註
冊，如遇有隔府別營把總缺出即行較拔。而回營差操學習的下第武舉如果「偷
安規避、不諳營務」，則由所在省份的督撫即行參奏黜革。

　　除了武生出身的武舉外，也曾允許綠營千把總等低級武官參加武鄉試，
這些取中的士子因出身行伍被稱爲兵生武舉，此類武舉參加會試且經歷覆試
者，如果願意回到原來所在營伍差操者，可以在會試結束三個月內，「取具同
鄉京官印結，注明實係兵生字樣」〔註271〕向兵部具呈，「由兵部給票准於定額
外」發往該營，「留本身名糧隨營差操」，期限爲五年，如果期間遇到千總或

〔註271〕（清）景清等：《欽定武場條例》四庫未收書輯刊玖輯玖冊，北京出版社，
　　2000 版，9-435。

者把總空缺可以得到拔擢。如兵生武舉原來營伍的人數較多，則可以由該省督撫查明「武舉籍貫附近之營，酌量改撥」〔註272〕。武生出身的武舉如果誤報成兵生武舉，回營時由所在省的「督撫查明咨部」，如果考驗成績「技藝尚可、堪以收標」，則允許在營中差操五年，期滿專門拔補把總職銜。

為武會試參加者提供出路的做法甚至存在於武科舉廢除之後。清廷在1903年頒佈的《大清光緒新法令》中，兵部擬定武舉投標學習方案：「令各武舉自到標之日起差操三年，期滿之時由各該督撫出具考語造送詳細履歷到兵部，其中出身兵生的中式武舉以千總或把總補用，出身武生的武舉專門以把總補用」〔註273〕、出身武生者如有技藝出眾，實為營弁中不可多得的人員，則由督撫詳加考察，成績合格後也可以補為千總。同時為防止冒濫之弊，對此類武舉額數作出限制：「十員中准用二三員」〔註274〕。由於此時距離武科停罷已近十年，按一般二十至三十歲為武舉參與者的平均年齡推算，武舉年齡自光緒二十一年乙未科以後大多三十至四十內外不等，為保證投標武舉年力壯盛而非衰憊濫竽充數之輩，特地作出限制規定：「除已經獲取兵部驗票投標武舉之外，凡在光緒二十一年乙未科之前中式武舉概不准其自行投標及赴部領票。」以此達成「推廣登進之途、不失綜覈名實」〔註275〕之目的。

第四節　清代武科舉殿試

武殿試是武科舉中最高一級考試。在武科舉中施行武殿試的做法歷史悠久，自唐代武舉初創之時就曾經舉行，之後宋、金兩朝也在其武科舉考試中設立武殿試這一級考試，進入明代後，武科舉長期以來只存在武鄉試和武會試兩級，直到明末崇禎年間才舉行過四次。清代創立武舉之初即將武殿試確立為常設的一級考試，僅在清初順治帝時期有個別科目皇帝不親臨，其它時間大多由皇帝親自主持。武殿試的應試對象為武會試選拔出的武貢士，與其

〔註272〕（清）景清等：《欽定武場條例》四庫未收書輯刊玖輯玖冊，北京出版社，2000版，9-435。

〔註273〕上海商務印書館編譯所編纂，大清新法令，第二卷〔M〕，北京：商務印書館，2011：384。

〔註274〕上海商務印書館編譯所編纂，大清新法令，第二卷〔M〕，北京：商務印書館，2011：384。

〔註275〕上海商務印書館編譯所編纂，大清新法令，第二卷〔M〕，北京：商務印書館，2011：384。

它級別的武科舉考試相比，武殿試規模較小但地位尊崇，在考試的時間地點、考試流程與內容、考後士子與考官待遇等方面與之前的三級考試不盡相同，存在一些獨有的特點。

一、清代武殿試的時間地點

清代初期武殿試舉行的時間和地點並不固定，順治二年（1645 年）題准「武會試之後，於十月內舉行殿試」〔註276〕。首次武殿試在順治三年（1646年）九月二十日舉行，「武會試十九日出榜後，取中武舉，於次日見朝。」〔註277〕由兵部將所有中式武舉按會試成績分爲「一甲三卷。二甲二十七卷。三甲一百七十卷」進呈御前，交由皇帝取中，傳臚盛典的時間在九月二十三日。順治六年（1649 年）和順治九年（1652 年）的兩次武殿試都在九月二十五日舉行，二十六日進行傳臚，宴武進士於兵部。從武殿試創立到順治九年（1652 年）武殿試，考試內容較爲簡單，多爲通過武會試的中式武舉進殿面聖接受冊封。自順治十二年（1655 年）起皇帝開始在殿試中「親行閱視」武舉，殿試的內容也較之前三次更爲豐富，由僅僅進殿冊封改爲「先試馬步箭，次試策文」，在十月初一日試會試中式武舉騎射於景山、十月初三日試會試中式武舉步射於景山、十月初五日上御太和殿，策試會試中式武舉、十月初七日舉行傳臚儀式。順治十五年武殿試的時間和規制與十二年類似。順治十七年，武殿試提前到四月舉行，這也是清代武科舉一百餘科中唯一一次在春季舉行的武殿試，騎射技勇的考核在四月初九日，策試武舉在四月十一日，五月初三舉行傳臚典禮。順治十八年由於武闈已考過步箭、及策論，又經內試選定，因此批准了兵部奏議將武殿試停止一科。順治年間的武殿試，並沒有將舉行時間固定下來，乃因皇帝並非親自參與選士，初期的幾科武殿試僅有傳臚一項，中後期舉辦時間波動明顯，甚至出現過暫停殿試的情況，體現出武殿試初行時期制度尚不穩定。康熙初年，由於幼主尚未執政，武殿試呈現出與順治初年較爲類似的情況，由大臣閱示武舉人的騎、步射，殿試的主要任務是對中式武舉進行策問和傳臚，時間大多在十月初七至十月十四日之間。康熙親政後，下令武科考試規程與文科類似，場規也與文科看齊。從康熙九年（1670 年）起的連續四科武殿試，皆由皇帝主持，舉行時間也固定爲

〔註276〕胡維革，中國傳統文化薈要〔M〕，長春：吉林人民出版社，1997：490。
〔註277〕鐵玉欽主編，清實錄教育科學文化史料輯要〔M〕，瀋陽：遼瀋書社，1991：278。

十月初五日策試武舉士子、十月初七至初八日左右考核馬步箭、十月十四日傳臚。從康熙二十一年（1682 年）開始，武殿試的舉辦時間進入到一個長期穩定的時期，連續十科武殿試的時間都定爲十月初三至初七日依次舉行策試、馬步箭考核和傳臚盛典。康熙五十一年（1712 年）後，五次武殿試舉行時間也多在十月中旬至下旬。康熙年間，隨著清代統治的日益穩定，武科舉考試逐漸步入正軌，舉辦時間的相對穩定和皇帝親試次數的增加也反映出武科舉在清代科舉考試的地位基本確立且相對穩定。

雍正朝武殿試的舉行時間稍晚一個月左右，大多集中在十一月中下旬至十二月期間，考試的科目順序與順治、康熙年間一致，體現出較好的連貫性。值得注意的是，雍正期間的武殿試對士子馬步箭和技勇考試的時間較長，其中有四科都在四天以上，而武會試中式武舉的人數較之前的康熙晚期和之後的乾隆初期並沒有明顯的增長，由此可以推測雍正帝看重武舉士子的騎射和技勇水平，殿試考核較爲仔細。

乾隆至道光年間，除乾隆元年（1736 年）由於皇帝尙「在三年服制之內」無法親試武舉，「派王大臣在紫光閣閱看考試弓馬等項」之外，其餘諸科均由皇帝親試。舉辦時間也大多集中在十月十五至十月二十日左右，考試的順序一般爲「十月十五日默寫武經，十八日考試馬步箭，十九日考試弓刀石，二十日升殿傳臚」，一直延續到道光十八年。期間僅有嘉慶六年（1801 年）的十月三十至十一月初五日、二十五年（1820 年）的十一月十五至十一月十九日，道光二年（1822 年）的十月初一至十月初四日和道光九年（1829 年）的十月二十五至十一月初二日四科舉行的時間不在此區間內。自道光十八年（1836 年）起，由於「武會試內場揭曉之日與殿試相距一月。爲期過遠」，[註 278] 應兵部的奏請，將武殿試考試時間「酌較向例展前半月」改爲「十月初一日默寫武經，初三日考試馬步箭，初四日考試弓刀石，初五日恭請升殿傳臚。」[註279] 此後咸豐三年（1853 年）曾下令「自本科爲始，仍照道光十八年以前舊例行」將武殿試時間重新恢復到「十月十五日殿試默寫武經，十八日紫光閣考試馬步箭，十九日御箭亭考試弓刀石，二十日升殿傳臚」，但僅施行一科，又恢復爲十月初一日開考。至清末殿試終結，僅有咸豐十一年（1861 年）的

〔註278〕（清）景清等：《欽定武場條例》四庫未收書輯刊玖輯玖冊，北京出版社，2000 版，9-311。

〔註279〕（清）景清等：《欽定武場條例》四庫未收書輯刊玖輯玖冊，北京出版社，2000 版，9-312。

十一月初一至十一月初五日、光緒二十年（1894 年）的九月二十二至九月初六日和光緒二十四年（1895 年）的九月初一至九月二十六日，這三次武殿試的時間與慣例有所出入。清代武殿試考試時間詳情參見表 2-4-1。

表 2-4-1：清代武殿試各科考試日期詳表

日　期	策　論	騎、步射	技　勇	傳　臚
順治三年	九月初九	九月十二		九月二十三日
順治六年	不詳	不詳	不詳	九月二十六日
順治九年		九月二十五日		九月二十六日
順治十二年	十月初五	十月初一、初三	不詳	十月初七
順治十五年	十月十五	不詳	不詳	十月十六
順治十七年	四月十一	四月初九		五月初三
順治十八年	（停止殿試，武會試及第者直接授予武進士）			
康熙三年	不詳	十月十一		十月十四
康熙六年	不詳	不詳	不詳	十月十四
康熙九年	十月初五	不詳	不詳	十月初七
康熙十二年	十月初五	十月初七		十月初八
康熙十五年	十月初五	十月初七		十月十四
康熙十八年	十月初五	十月初八		十月初九
康熙二十一年	十月初三	十月初四		十月初六
康熙二十四年	十月初三	十月初四		十月初六
康熙二十七年	十月初三	十月初四、初五		十月初六
康熙三十年	十月初三	十月初四、初五		十月初六
康熙三十三年	十月初四	十月初五、初六		十月初七
康熙三十六年	十月初四	十月初五、初六		十月初七
康熙三十九年	十月初四	十月初五、初六		十月初七
康熙四十二年	十月初四	十月初五、初六		十月初七
康熙四十五年	十月初四	十月初五、初六		十月初七
康熙四十八年	十月初四	十月初五、初六		十月初七
康熙五十一年	十月初十	十月十一、十二		十月十四

康熙五十二年	十一月初七	十一月初九		十一月十二
康熙五十四年	十一月十二	十一月十三、十四、十五		十一月十六
康熙五十七年	十月十五	十月十六、十七、十八		十月十九
康熙六十年	十月十五	十月十六、十七、十八		十月十九
雍正元年	十二月十二	十二月十三、十四、十五	十二月十六	十二月十七
雍正二年	十二月二十六	十二月二十七、二十八	十一月二十九	十二月初一
雍正五年	十一月十五	十一月十六、十七、十八、十九	十一月二十、二十一	十一月二十二
雍正八年	十一月十三	不詳	不詳	十一月二十一
雍正十一年	十一月初三	十一月初九		十一月初十
乾隆元年	十一月二十一	十一月十九（非親試，因服喪）		十一月二十六
乾隆二年	閏九月二十一	閏九月二十七		閏九月二十七
乾隆四年	十月初十	十一月十一、十二		十一月十五
乾隆七年	十月二十一	十月二十二	十月二十三	十月二十五
乾隆十年	十月二十一	十月二十二	十月二十三	十月二十五
乾隆十三年	十月二十一	十月二十二？	十月二十三	十月二十五
乾隆十六年	九月三十	十月初一、初二	十月初四	十月初五
乾隆十七年	十月十六	十月十八	十月十九	十月二十
乾隆十九年	九月二十六	十月十二		十月十五
乾隆二十二年	十月初七	十月十二	十月十三	十月十五
乾隆二十五年	十月二十六	十月二十七	十月二十八	十一月初一
乾隆二十六年	十月二十六	十月二十七、二十八		十一月初一
乾隆二十八年	十一月初二	十一月初三	十一月初四	十一月初五
乾隆三十一年	十月十一	十月十二	十月十三	十月十五
乾隆三十四年	十月初十	十月十二	十月十四	十月十五
乾隆三十六年	十月十五	十月十六、十七		十月二十
乾隆三十七年	十月初十	十月十一、十二		十月十三
乾隆四十年	十月初十	十月十三、十四		十月十五
乾隆四十三年	十月初十	十月十二、十月十三		十月十四
乾隆四十五年	十月初九	十月十三、十四		十月十五

乾隆四十六年	十月十一	十月十三、十四	十月十五
乾隆四十九年	十月初十	十月十三、十四	十月十五
乾隆五十二年	十月十六	十月十八、十九	十月二十
乾隆五十四年	十月十六	十月十八	十月二十
乾隆五十五年	十月十六	十月十八、十九	十月二十
乾隆五十八年	十月十六	十月十八、十九	十月二十
乾隆六十年	十月十六	十月十八、十九	十月二十
嘉慶元年	十月十六	十月十八	十月十九	十月二十
嘉慶四年	十月十六	十月十八	十月十九	十月二十
嘉慶六年	十月三十	十一月初二	十一月初三	十一月初五
嘉慶七年	十月十五	十月十八	十月十九	十月二十
嘉慶十年	十月十五	十月十八	十月十九	十月二十
嘉慶十三年	十月十五	十月十八	十月十九	十月二十
嘉慶十四年	十月十五	十月十八	十月十九	十月二十
嘉慶十六年	十月十五	十月十七	十月十八	十月二十
嘉慶十九年	十月十五	十月十八	十月十九	十月二十
嘉慶二十二年	十月十六	十月十八	十月十九	十月二十
嘉慶二十四年	十月十五	十月十八	十月十九	十月二十
嘉慶二十五年	十一月十五	十一月十八	十一月十九	十一月十九
道光二年	十月初一	十月初三	十月初四	十月初四
道光三年	十月十五	十月十八	十月十九	十月二十
道光六年	十月十五	十月十八	十月十九	十月十九
道光九年	十月二十五	十月二十八	十月二十九	十一月初二
道光十二年	十月十五	十月十八	十月十九	十月二十
道光十三年	十月十四	十月十八	十月十九	十月二十
道光十五年	十月十五	十月十八	十月十九	十月二十
道光十六年	十月十五	十月十八	十月十九	十月二十
道光十八年	十月十五	十月十五	十月十九	十月十九
道光二十年	十月初一	十月初三	十月初三	十月初五
道光二十一年	十月初一	十月初三	十月初四	十月初五

道光二十四年	十月初一	十月初三	十月初四	十月初五
道光二十五年	九月二十六	九月二十九		十月初三
道光二十七年	十月初一	十月初二	十月初三	十月初五
道光三十年	十月初一	十月初二	十月初三	十月初四
咸豐二年	十月初一	十月初二	十月初三	十月初五
咸豐三年	十月十五	十月十八	十月十九	十月二十
咸豐六年	十月初一	十月初三	十月初四	十月初五
咸豐九年	十月初一	十月初三	十月初四	十月初五
咸豐十一年	十一月初一	十一月初三	十一月初四	十一月初五
同治元年	十月初一	十月初三		十月初五
同治二年	十月初一	十月初三		十月初四
同治四年	十月初一	十月初三		十月初五
同治七年	十月初一	十月初三	十月初四	十月初六
同治十年	十月初一	十月初三	十月初四	十月初五
同治十三年	十月初二	十月初三	十月初四	十月初五
光緒二年	十月初一	十月初三	十月初四	十月初五
光緒三年	十月初一	十月初四	十月初四	十月初五
光緒六年	十月初一	十月初四	十月初五	十月初六
光緒九年	十月初一	十月初三	十月初四	十月初五
光緒十二年	十月初一	十月初四	十月初四	十月初五
光緒十五年	十月初一	十月初三	十月初四	十月初五
光緒十六年	十月初一	十月初三	十月初四	十月初五
光緒十八年	十月初一	十月初三	十月初四	十月初五
光緒二十年	九月二十二	九月二十四	九月二十五	九月二十六
光緒二十一年	十月初一	十月初三	十月初四	十月初五
光緒二十四年	九月初一	九月初三	九月初三	九月二十六

資料來源：筆者根據《清實錄》、《清史稿》、《清朝文獻通考》、《欽定武場條例》等史料整理
而成。

　　武殿試舉行的地點，根據考試內容不同而有所區別。在外場考試中，考
試馬步箭的地點有瀛臺、紫光閣、景山、南苑、安寧殿、暢春園內西廠，考

試弓刀石等技勇的地點有瀛臺，箭亭，景山，南苑，安寧殿和暢春園西廠，考試策論或者默寫武經地點主要集中在太和殿和太和門。

　　順治年間外場考試地點較爲分散，分別在景山，南苑、左翼門、瀛臺等處舉行。自康熙朝起，紫光閣取代瀛臺逐漸成爲外場考試的主要地點，而暢春園內西廠也在康熙中後期連續七科成爲考試場所。乾隆朝外場的所有考試均在紫光閣舉行，嘉慶年間由於諸武舉由西苑進內進入有些擁擠，在嘉慶十九年（1814 年）改爲御紫光閣閱視馬步射，十九日在景運門外禦箭亭閱視弓石。在嘉慶二十二年至二十五年連續三科於箭亭舉行武殿試外場考試後，自道光朝起將馬步箭和弓刀石技勇考試的地點分別確定爲紫光閣和箭亭，並成爲永制延續至清末。與武殿試外場考試內容基本不變、地點多次轉換的特點相反的是，武殿試內場考試內容從策問、論到默寫武經經歷多次轉變，而考試地點卻始終較爲固定，除康熙中期（二十一年至三十三年）五次武殿試在太和門之外，其餘考試均在太和殿舉行。清代武殿試舉行內外場考試的地點如圖 2-4-1、2-4-2、2-4-3 所示。

<h3 style="text-align:center">圖 2-4-1：清代武殿試外場馬步箭考試地點圖</h3>

景山　　　　　　　　　　　　　　瀛臺

紫光閣

圖 2-4-2：清代武殿試外場弓刀石技勇考試地點圖

箭亭

圖 2-4-3：清代武殿試內場程文考試地點圖

太和殿　　　　　　　　太和門

二、清代武殿試的考試流程

武殿試是清代最高級武科舉考試，能夠參加的士子主要來源於會試中式且經過覆試通過的武舉人，他們在參加殿試之前需要參加一項活動——「演禮」。演禮是清代對於新登仕籍者的通行做法，旨在教給士子「演習引見時的禮節」，從短期來看，為的是使士子在殿試面聖時能做到敷奏對揚皆有通曉之語，從長期來看，為的是武進士及第後外放地方做官時，在地方任上能夠「宣讀訓諭，審斷詞訟」，達到「皆歷歷清楚，使小民共曉」〔註280〕的效果。一般文科中式舉人在吏部演禮，而武科中式舉人則「於殿試前赴兵部演

〔註280〕徐珂著，清稗類鈔，第四冊〔M〕，上海：商務印書館，1917：191。

習引見履歷。」〔註281〕演禮的內容之一是士子對自身的稱呼，由於武科面向滿蒙漢軍和漢族士子，因此中式武舉來源也較爲廣泛，其中大部分爲漢族出身的武舉人，這些士子在被帶領引見時「有稱奴才者有不稱奴才者，均繫本人自行奏對」。咸豐二年（1852 年）殿試時曾出現兵部堂官帶領引見出現「漢武舉等俱不奏稱奴才」的現象，經御前大臣奏參後，改爲「中式武舉引見俱一律奏稱奴才。」〔註282〕奴才一詞在當今來看有貶義，但在清朝典章制度中位置特殊，滿臣才可以自稱「奴才」，漢臣一般自稱「臣」。「奴才」作爲滿洲人主奴之間的「自家稱呼」，要比「臣」顯得與統治者親近的多，漢臣如自稱爲「奴才」就算是「冒稱」。由此可見，在武舉人引見之時要求其俱稱奴才，在當時的歷史環境下，暗含將籠絡入滿族之內的意味，從側面反映出清廷對於武士子的籠絡與賞識。

（一）內場考試

清代武殿試在考試內容安排上的一個顯著特點，就是將內場的程文策試放置於第一場，這一點與武鄉會試先考馬步射和弓刀石技勇，最後考內場有明顯的不同。順治十八年（1661 年）曾規定武闈著先試策論，後試馬步箭。

清中前期武殿試內場策論的地點設在太和殿外，在考試之前一日，由兵部官、鴻臚寺官設策案於太和殿內東偏，又設一黃案於殿外丹陛正中，光祿寺官備試桌於丹墀左右。「殿試應用紙張由兵部先期行文戶部預備」，派提調官出具印結後赴部支領。

殿試當天早晨，在皇上升殿後「讀卷官並執事等官各具朝服，赴丹墀聽鴻臚寺官贊行。「行三跪九叩頭之禮」內院官進殿內策案前侍立，兵部官在殿外丹陛西邊侍立。內院官把策題交付兵部官，兵部官員跪受試題，再行至「丹陛正中黃案前，跪，置案上，行三叩頭禮。」之後舉策題「從丹陛下，置於御道中。」所有中式武舉人聽鴻臚寺官贊，行三跪九叩頭禮後分東西侍立。由鴻臚寺官帶領到御道中的策題案前，眾武舉皆列班跪拜，聽鴻臚寺官鳴贊。兵部官開始發放試題，發放完畢之後再由鴻臚寺官鳴贊，然後武舉行三叩頭

〔註281〕（清）景清等：《欽定武場條例》四庫未收書輯刊玖輯玖冊，北京出版社，2000 版，9-317。

〔註282〕（清）景清等：《欽定武場條例》四庫未收書輯刊玖輯玖冊，北京出版社，2000 版，9-317。

禮，各回試桌進行答卷。眾武舉對策完畢後，受卷官、掌卷官、彌封官等將
將試卷收貯箱內，由讀卷官在「午門外東直房公閱。」〔註283〕

　　清代中期以後，由於武士子的內場水平越來越低，許多武鄉會試內場考
試中出現所校策論各藝俱繫傳遞代倩，全非出於應試士子本人之手的現象，
嘉慶帝認為「其試卷彌封等事竟是虛文。以弓馬技勇、眾人共見之優劣不據
以定去取，轉憑假借之文藝，暗中摸索屈抑真才，並非謹慎核實之道。在嘉
慶十二年採納御史陸言的建議「內場策論、改為默寫武經。由主考官擬出一
段約百餘字，有不能書寫、或塗寫錯亂者，即為違式。所有殿試及各省鄉
試、并學政考試、俱請改為默寫武經。」〔註284〕從嘉慶十三年戊辰科開始，
武殿試內場考試改為默寫武經一段，由讀卷大臣密擬武經一段約百餘字進
呈，恭候欽定後交內閣刊刻。在內閣刊刻題紙時由兵部箚順天府先期派送刻
字匠六名，刷字匠五名赴內閣，同時著派護軍統領一員帶領護軍校在彼嚴密
稽察，士子使用過的殿試試卷由兵部製造，要求士子在卷前填寫中式武舉履
歷籍貫，卷面及中間接縫處鈐蓋兵部堂印。殿試卷卷面彌封另以白紙兩頁襯
貼卷中以昭嚴密。清代武殿試的程文考試要求與會試相同——「武經頂格書
寫毋庸另寫題目」〔註285〕，除武舉答卷時不能書寫、卷子倒寫、塗寫錯亂添
改字數過多模糊難認作為違式論處不許取中外，其餘錯誤「均歸入錯誤潦草」
可以取中。為提醒殿試武舉不至於違例，在殿試內場散卷時，另給一紙，「將
條例刊刻」於其上〔註286〕，由於武科殿試取中也是以外場為主，內場考試的
地位急劇下降，因此在清代中後期，皇帝並非每次武殿試內場時都出席，在
皇帝不出席的時候，殿試程序與之前略有不同：

　　　　殿試默寫武經，皇上不升殿，先一日鴻臚寺官設題目黃案一
　　　　張，於太和殿內西旁，又設黃案一張於殿外丹壁上正中，光祿寺官
　　　　備試課桌于丹壁下東西向，鑾儀衛校以次排設。殿試日清晨，內
　　　　閣官捧題，設於殿內西旁黃案上，兵部鴻臚寺官俱穿補服。引中式

〔註283〕（清）景清等：《欽定武場條例》四庫未收書輯刊玖輯玖冊，北京出版社，
　　　　2000版，9-317。
〔註284〕劉海峰，李兵著，中國科舉史〔M〕，上海：東方出版中心，2004：384。
〔註285〕（清）景清等：《欽定武場條例》四庫未收書輯刊玖輯玖冊，北京出版社，
　　　　2000版，9-322。
〔註286〕注：這一做法沿用至今，當代各項考試中，很多考試將答題注意事項和要求
　　　　印製在試卷正文之上方。

武舉進午門兩掖門，于丹墀下兩旁排立。讀卷管及執事各官俱朝服于丹墀下兩旁排立，畢，內閣官將題目於案上舉起，在殿簷下授於兵部堂官，兵部堂官跪受舉起，由中路至丹陛上黃案前跪設於黃案上行三叩頭禮，贊禮官於黃案旁立讀卷，執事各官聽贊，在丹墀排班，行三跪九叩頭，禮畢兵部司官舉起提案，至丹墀下散題。中式諸武舉跪受行三叩頭禮，畢起各赴試桌，默經畢。受卷、彌縫、掌卷等官俱於左廡階下受封，收封畢，用箱儲送讀卷官公閱。〔註287〕

　　清代武殿試的內場考試內容較爲簡單，由皇帝對士子進行策問一道，題目一般由皇帝親自擬定，如表2-4-2所示。從表中可以看出，清代中前期武殿試策問均圍繞軍事領域發問，所提問題大多爲練兵之法，軍餉核查與監督、軍隊賞罰措施、如何遏制驕縱之風、著名兵法戰策的學習等，內容涵蓋軍事訓練、軍紀整肅、軍事將領、軍事理論、軍事裝備等多個領域。從考核方式上來看，大多要求應試武舉人提出自己的建議，只有少部分是考察識記復述，比較重視考量士子的眞才實學。

表2-4-2：清代中前期部分殿試科目策問題目表

年　份	策　問　題　目	策問類型
康熙九年	1、將兵之道不越寬嚴，撫恤士卒則宜崇寬厚，訓練軍伍則端尙嚴明，二者何以兼行而盡善歟？	待兵寬嚴之度
	2、綠營沿習具文，部伍廢弛，步伐不嫻者比比，宜如何申誠鼓舞盡操閱之實以收折衝禦侮之效？	練兵禦敵之法
	3、將弁侵扣糧餉成風，兵丁虛冒滋弊，上下相蒙，欲嚴中飽，核軍實，何道而可？	軍餉核查之道
康熙三十九年	1、督撫提鎮往往各挾私衷，互相告訐，有乖治體。何道而裨一意奉公，猜嫌悉化，以收藩屛屏干城之效歟？	督撫提鎮矛盾調解
	2、訓習士卒比來因循玩愒，多視操練爲具文，欲使之整飭營伍嫻熟技勇步伐止齊咸當其節將何術之從？	練兵禦敵之法
	3、欲內外大小武臣實心彌盜，務使根除盡絕，毋致脫漏滋蔓貽地方之患，何道而可？	緝除盜患之策
康熙四十二年	1、今欲使武臣咸知大體，負封疆之任，何以使士卒無驕，而闆閭不擾也？	遏制驕縱之風

〔註287〕（清）景清等：《欽定武場條例》四庫未收書輯刊玖輯玖冊，北京出版社，2000版，9-309。

	2、各營兵制皆有定額，今或尺籍有名而行間無士率由將弁虛占傳相效尤何以克此之弊？	軍餉核查
乾隆十三年	1、管子五教一曰教目，二曰教身，三曰教足，四曰教手，五曰教心，其於訓練之道盡得歟？	管子理論闡釋
	2、兵法務出奇制勝，有云不呼儆、不苟聚、不妄行、不強進，此持重之道矣，又云舉之如飛鳥、動之如雷電、發之如風雨，二者果不相背歟？	兵法選擇原則
	3、淮蔡之平因天大雪疾馳破敵，能言其略歟？	經典戰例分析
	4、軍制有賞罰，所以示大信於天下，管仲相桓一朝數賞，後父教其子，兄教其弟，齊用以強，國語云鼓而行之，至於軍斬有罪者，以徇凡三徙舍其罰之，輕重大小能言其故歟？	軍隊賞罰辦法
乾隆四十五年	1、民間失竊小案令兵役協緝、江海令兵役以時巡哨，地方大吏者何以體察周詳而信賞必罰？	軍隊賞罰辦法
	2、訓練之法必使習其事而齊其心，今內八旗都統、外督撫提鎮練習務以時舉核，所謂運用之妙存乎一心者其道安在？	軍事訓練方法
	3、兵甲器械欲其利也，八旗勁旅弓矢火器克敵制勝超於前古，制之有方，用之有法，凡所以講明而飭整者非善事之先資歟？	軍器地位探究

資料來源：筆者根據乾隆朝《武進士登科錄》等內容整理而得。

　　清代中期之前，很多帝王對於武殿試的內場考試都比較重視，其中尤以康熙帝為最，他在考選武士子時堅持「文武並重」的思想，認為武職雖以騎射嫻熟、人材壯健為要。若不知讀書、則不知兵法。今提鎮等官、俱都任用的是學問優者。康熙帝對於內場考試給予很大關注，不僅每次殿試都親自御批試卷，甚至對考試策論的題目、涉及的內容和考生的用詞、文義都一一顧及。如康熙二十一年（1682 年）壬戌科武殿試，在與讀卷官大學士勒德洪、李埨，學士張玉書審閱武舉前 8 名的試卷時，康熙取出第一卷親閱並問道：「其文能詳對否？」李埨答：「此卷條對清楚」。康熙又打開卷子認真審閱，發現「文不能對」者命不准填榜，對「覽至稱善」的卷子親自圈定名額。此外，康熙帝審閱武舉試卷時特別注意卷中是否有對用兵、驅寇提出很好的方略，先把有「實講利弊之處」的卷子檢出，並優先圈定填榜，當時康熙問到狀元的卷子「有言海寇當剿者否？」閱後發現卷上沒有提到剿滅海寇的計謀方略，感到很不滿意，立刻御批把當科狀元定為二甲第一名。

（二）外場考試

　　武殿試的外場考試分為騎射、步射和弓、刀、石技勇考試兩項，首先進行騎射和步射考試。武殿試的馬、步箭考試自康熙朝起在紫光閣門前舉行，

具體的考試流程爲：馬、步箭考試之前一日，由兵部先期行文，令工部內務府，預備「御用精緻黃銅炙硯、紅螺炭」等物並準備「支搭黃幄」，考試馬、步箭所用的「箭道席牆」，起初由工部「派員帶領外間工匠備辦」，自光緒十八年（1892 年）起，因皇帝「駐蹕西苑」而「紫光閣繫屬禁苑重地，且與儀鑾殿近在咫尺」，爲了防止出現「諸多未諳致有貽誤」現象，改由內務府下屬專門管理皇家園囿、河道的機構——奉宸苑負責預備，同時由巡捕五營預備「箭靶旗籌馬匹「等項物品，並且選派營弁執行「押旗、放馬、三鼓、打箭」等各項考務工作。兵部則從本部司員和筆貼式中選派若干人等充任殿試執事官員，具體人員分配情況爲：「請駕官二員、帶排官每排四員、押旗官二員、放馬官二員、沿河催馬官二員、馬道旁唱名官十八員、沿河管轄官三員、監鼓官三員。」殿試當天考生從福華門和東華門出入，因此令奉宸苑將景運門在五更時打開以便士子按時入場。由於殿試大多爲皇帝親試，中式武舉無論參加騎射或步射都會對皇帝安全構成一定潛在威脅，因此考前還需要一定的安保工作，由兵部先期行文滿洲八旗驍騎營中掌管八旗共同事務的行政機關——「值年旗」選派「十五名善射人員」，負責預防突發事件。此外，這些善射人員可以爲士子做出表率。

在正式殿試之前，由一名兵部侍郎充任請駕官，先期預備閱視並記錄下考試馬步箭的紫光閣和考試弓刀石技勇的御箭亭這兩個考場情況，向皇帝分別奏報。殿試考試當天凌晨，由「巡捕三營率員弁洽馬道」，在紫光閣之西按定例設三個馬箭靶，一個步箭靶，每靶處設立一面鼓，丹陛西階下設一藍旗，東階下設十個步射所用木志。黎明時分，武備院「張黃幕於紫光閣丹陛上，設寶座御案於幕內，設低桌於御案之右」〔註288〕，懋勤殿太監將「朱筆、暖硯」陳列於案，鑾儀衛負責「張黃蓋於幕東偏。」

兵部派出四名放馬官「率中式武舉每十人爲一班」在馬道之南排列，揚旗官率參將一人立西階下，四名監鼓官分別率營員各依鼓爲位，四名會試監射大臣和四名殿試讀卷大臣以及兵部尚書、侍郎等堂官，各以次立東階下「西向侍班」。四名記注翰林，立於西階下，所有官員都需要身穿補服。

兵部充任請駕官的一名侍郎赴乾清門具奏。皇帝乘輿抵達後由兵部「帶排官」帶領中式武舉，依次跪列道旁敬謹迎送。領侍衛大臣、御前侍衛以及

〔註288〕（清）景清等：《欽定武場條例》四庫未收書輯刊玖輯玖冊，北京出版社，2000 版，9-311。

豹尾侍衛引鑾駕至丹陛上，降輿升座。侍衛東西兩側侍立，豹尾侍衛於階下左右排列。兩名紅本處官捧兵部所進漢字名冊，陳於御案前，以清字冊安於低桌上，東面跪展清冊，恭請皇帝按名照驗。兵部依次排交巡捕營在馬道口按名帶領騎射。由於清代滿族統治者精通騎射，在一些朝代皇帝親自在殿試外場考試時進行射箭的情況屢見不鮮，據不完全統計，康熙帝在主持武科殿試外場考試時就有五次親自射箭，而且所發弓矢全中，乾隆帝時也曾率王大臣在殿試時射箭。在皇帝射箭完畢後，起初由兵部尚書進至中階下跪奏，後改為兵部滿漢左右侍郎一員於黃幄前西旁侍立，按名跪奏：「第一班第一人某馬射，隨退立原處。」揚旗官督參將揚旗，放馬官監督武舉上馬，每名武舉人在馬上射三矢，箭中某靶後，由司鼓官監督營官報鼓。每一班進前馬射時，兵部尚書或者侍郎都需要進行跪奏。

馬射結束後，將步靶陳設於甬道之上，「兵部將武舉人依次排交乾清門侍衛」由侍衛率眾武舉至中階下，仍以十人為班，「侍衛於步射時按名跪奏武舉姓名」，士子每人各射步箭二矢。射中箭靶之後，仍由司鼓官監督營官報鼓。御筆將所有馬射和步射成績「親加記識」。馬步射均完成之後，紅本官從御案出承接「所陳冊並清字冊後，緘藏之。」〔註289〕皇帝乘輿還宮，其它官員和舉子皆退散。至此殿試外場考核宣告結束。次日舉行弓、刀、石等技勇考試，技勇考試地點除極個別科份在瀛臺、景山、南苑、安寧殿和暢春園西廠之外，絕大多數科目都在故宮景運門外的箭亭（見圖2-4-2）。

在技勇考試之前工部先期派員「帶領匠役赴兵部錚磨刀石」〔註290〕等考試用具，並令武備院傳八旗弓匠領送弓張，之後巡捕五營派撥弁兵運送刀石至箭亭。與考試馬步箭類似，兵部從本部司員和筆貼式中選派若干人等充任殿試執事官員，其中有請駕官四員、執弓官十六員、遞膳牌官四員、填榜官一員。帶排官每排四員，仍用考試馬步箭時的官員。第二天黎明，武備院移丹陛上黃幕稍南，兵部官捧武舉綠頭名簽，引至閣前稍束祗候。隨率營員陳刀、石於陛前（刀一百二十斤，石三百斤，為頭號，在中。刀一百斤，石二百五十斤，為二號，在左邊放置。刀八十斤，石二百斤、為三號，在右邊放置），兵部官三人執弓各一（頭號十二力，次十力，次八力）。武備院宮六人

〔註289〕（清）慶桂，國朝宮史，卷之五〔M〕，北京：北京古籍出版社，1994：68。
〔註290〕（清）景清等：《欽定武場條例》四庫未收書輯刊玖輯玖冊，北京出版社，2000版，9-311。

執出號弓（自十三力至十八力）各一，立東階下。餘儀俱如前。皇上出景運
門，兵部帶排官帶領中式武舉依次跪列道旁迎駕，恭候皇上閱視。在皇帝升
座後，兵部將開列中式武舉名單交奏事處領班之員，轉交乾清門侍衛。侍衛
率武舉每十人至前，「均照會試原中弓刀石斤重號數」進行考試，同時由侍衛
跪奏武舉姓名和弓力。兵部、武備院等官員，各依所用弓力授與硬弓，武舉
人依次進至中階下開弓，完成之後由兵部官帶領參加舞刀考試，最後進行掇
石考試，每考一科之時，侍衛都如前一樣，跪奏武舉姓名。

　　所有三項技勇考試結束後，皇帝以冊授兵部尚書、侍郎等官，接到冊子
之後兵部官員退至丹陛下稍東，恭按朱筆圈定十八人，排次名籤（原冊繳紅
本處）。捧由東階升至御前跪呈，各奏名籍由皇帝親定一甲三人，二甲，三甲
若干人。籤名確認後交給兵部尚書，尚書跪受後退至階下，皇帝乘輿還宮。
武舉人則仍由兵部帶排官帶領，跪於列道旁送駕，其中被皇帝欽點的前三名
在唱名時，由兵部帶排官帶領出班跪送。兵部尚書侍郎等根據御定名籤，填
注甲第名次於上，封存好之後授與讀卷大臣，至內閣填寫金榜，待次日升殿
傳臚。

　　技勇考試因為對士子的考核具有相對穩定性，不似馬步射有一日之短
長，再試時未必仍能迭中，所以受到皇帝重視，「武場考試務當以弓力強弱，
分別去取，弓力既能挽強，技勇又復優嫻，自稱上選。」〔註291〕在嘉慶朝，
武舉能否開出號弓成為了獲得皇帝首肯位列一甲的必要條件，甚至發出「武
科大典，竟無一出號弓，成何事體」〔註292〕的感慨。上之所好下必甚焉，一
些武舉士子為了博取好成績而出現故意臨場申報情況，如嘉慶十年安徽武舉
孫文湧於開試十二力弓後「忽又跪奏乞求再賞開十四力之弓」〔註293〕，這種
投機的舉動被嘉慶帝認為「實屬膽大冒昧，既能開十四力之弓何以不於試覆
試時求請開試，乃敢於朕前率行陳請？」〔註294〕對其處以「罰停殿試」的懲
罰，並規定此後「武舉禁止跪求弓力，如有冒昧奏請者罰停殿試」。〔註295〕

〔註291〕（清）吳大猷，四會縣志〔M〕，臺灣：成文出版社，1967：66。

〔註292〕楊學為等主編，中國考試制度史資料選編〔M〕，合肥市：黃山書社，1992：
　　　　354。

〔註293〕（清）景清等：《欽定武場條例》四庫未收書輯刊玖輯玖冊，北京出版社，
　　　　2000版，9-335。

〔註294〕（清）景清等：《欽定武場條例》四庫未收書輯刊玖輯玖冊，北京出版社，
　　　　2000版，9-335。

〔註295〕（清）景清等：《欽定武場條例》四庫未收書輯刊玖輯玖冊，北京出版社，

對於參加殿試技勇考試的中式武舉如果出現「開弓違式技藝平常」的現象，則除將舉子本人罰停殿試之外，原會試武闈監射、較射之王大臣一併交部議處，覆試王大臣也要交部察議。順治十七年（1660年）皇帝親試殿試時，中式武舉「李言、潘龍士、朱鵬、史學鎰、許鵬、陸如贄、劉潛、查道生、馬逢元、方亦臨十名，馬箭步箭俱甚不堪，主考官著議處具奏，最終罰武會試主考黃機、張士甄俸各一年」。〔註296〕康熙二十七年（1688年）紫光閣皇上閱射時，兵部侍郎成其範取中的武舉內有王大猷等三人不能開弓，皇上面問緣由，又「飾稱天寒弓勁。本應照溺職例將其革職，最後從寬免革職。著降五級調用。」〔註297〕嘉慶十六年（1811年）武殿試時「安徽省程冠甲、廣西省莫懷亮二名馬步箭中靶最少，十二力弓全未開動，刀石亦俱平常，俱著罰停一科，俟下科再行殿試。所有原看此二名之外闈王大臣，著交部議處，覆試之阿哥、王大臣交部察議。」〔註298〕嘉慶二十四年中式武舉「張元英、郭建章二名俱不能開弓，且昨日馬步射亦屬平常，俱著罰停殿試一科。其原圍監射大臣綿課、戴聯奎、穆克登額、曹師曾及覆試大臣永錫、英和、和寧、文孚俱著交部議處。」〔註299〕

（三）傳臚與發榜

武殿試結束後進行一系列獎賞活動，其中最主要的有兩項：傳臚和發榜。在武殿試結束的次日，由兵部將中式武舉職名開列，仍按原單每十人為一排，排齊中式武舉帶領引見，之後赴軍機處祗領黃冊擬旨進呈。引見後的第二天舉行武殿試一項重要儀式──傳臚大典。傳臚又稱作「臚傳」，也叫做「臚唱」，即宣旨唱名的意思。在《史記‧叔孫通傳》曾記載「上傳語告下為臚」，〔註300〕殿試盛典用「傳臚」二字，是表示把皇帝之語傳遞給各位新進士的意思。對武進士舉行傳臚聖典的做法在明代崇禎年間就已經出現，「崇禎四

2000版，9-335。

〔註296〕王鴻鵬等編著，中國歷代武狀元〔M〕，北京市：解放軍出版社，2002：271。

〔註297〕（清）景清等：《欽定武場條例》四庫未收書輯刊玖輯玖冊，北京出版社，2000版，9-336。

〔註298〕四庫未收書輯刊編纂委員會，四庫未收書輯刊，玖輯〔M〕，北京：北京出版社，2000版，9-336。

〔註299〕四庫未收書輯刊編纂委員會，四庫未收書輯刊，玖輯〔M〕，北京：北京出版社，2000版，9-336。

〔註300〕司馬遷，史記，卷九十九，劉敬叔孫通列傳〔M〕，北京：中華書局，1975：2723～2724。

年武會試，時帝銳意重武，……分三甲，傳臚賜宴，欽點一甲三人」。〔註301〕
但施行時間較短，旋即隨明朝覆亡而消失。到了清代武殿試，傳臚才眞正實
現了制度化和規範化。

　　清代殿試傳臚的做法自順治三年丙戌科開始，「順治三年九月庚申，兵部
奏言武會試十九日出榜後，取中武舉於次日見朝傳臚赴宴。」〔註302〕初期傳
臚情形難以確考，但從順治初年武殿試中皇帝並不親自閱試武舉人弓馬技
勇，僅按照會試成績取士等表現可以推斷，當時的殿試傳臚規模和隆重程度
與文殿試相比應存在一定差距。從順治十二年（1655年）起，清廷提出「國
家用人文武並重，今科武進士俱照文進士殿試大典一體舉行。」〔註303〕此後
對武殿試傳臚的重視程度逐漸增加，到順治十五年（1660年）規定「武進士
殿試讀卷傳臚俱照文場例。」〔註304〕自此，武殿試與文殿試享受同等規模和
待遇，並一直延續到清末。

　　清代武殿試傳臚盛典的舉辦日期並不固定，一般根據武殿試考試內容的
變化而有所不同，通常情況下在外場考試結束後的三天左右，傳臚地點則
固定於太和殿內。作爲武科舉中最高級別的考試恩賞盛典，傳臚的形式非常
隆重。在傳臚盛典舉行之前，由兵部「先期行文」鴻臚寺、禮部、工部等
多個部門，協調和組織各項準備工作，具體如下：欽天監負責「選擇吉時」，
樂部「設大樂」，鴻臚寺「派鳴贊官」、鑾儀衛設「儀仗」同時「派撥榜棚，
五城支搭黃榜」，工部「預備應用黃案案罩」會同鴻臚寺「陳設黃傘雲盤」，
禮部則負責「備設校尉」。在傳臚當天，兵部先派出八名兵部司員或筆帖式，
其中兩名「捧榜官」、四名「引榜官」和兩名「陳設黃榜官」，這些官員在
左右掖門處「帶領中式武舉」仍按內場考試時順序排列，準備覲見皇帝。同
時領侍衛內大臣和步軍統領在「景運門等處添派兵役」維持紀律，禁止士
子喧嘩，以昭顯盛典的嚴肅。傳臚當天的流程，清人景清有詳細而豐富的
描述：

〔註301〕龍文彬，明會要，卷四十七〔M〕，北京：中華書局，1956：880。

〔註302〕鐵玉欽主編，清實錄教育科學文化史料輯要〔M〕，瀋陽：遼瀋書社，1991.10：
　　　　278。

〔註303〕續修四庫全書編纂委員會編，續修四庫全書（369）史部・編年類〔M〕，上
　　　　海：上海古籍出版社，1995：452。

〔註304〕王雲五，清朝文獻通考，卷五十三，選舉七〔M〕，北京：商務印書館，1936：
　　　　5353。

十月初五日御殿傳臚。

兵部先期簡欽天監。選擇吉時送部。前期一日具奏。是日清晨，法駕鹵簿於太和殿前，全設諸王以下公以上于丹陛，文武各官于丹墀，俱穿朝服侍班，各武進士等俱穿公服，戴三枝九葉頂，侍班于丹墀下班末兩旁。

兵部鴻臚寺官安設黃榜案於太和殿內西旁，東旁亦設一黃案，復設黃案一張于丹陛上正中，設雲盤於丹陛下，設龍亭於午門外，內閣官捧榜，安設於殿內西旁黃案上。

陳設畢，兵部堂官鴻臚寺堂官引皇上具禮服出宮，午門鳴鐘鼓，兵部堂官鴻臚寺堂官奏引皇上升太和殿，作樂鑾儀衛官贊：鳴鞭。鳴鞭三，讀卷官各執事等官聽鴻臚寺鳴贊官贊，行三跪九叩頭禮畢。

內閣官自案上取榜舉起，在殿簷下授於兵部堂官，兵部堂官跪受，舉起。由中階右旁下，跪安于丹陛正中所設黃案上，行三叩頭禮畢。鴻臚寺官導引各武進士入拜位，排班侍立，鴻臚寺官贊，有制跪各武進士皆跪。鳴贊官立于丹陛東旁，傳制曰：奉天承運皇帝制曰，殿試天下武舉第一甲賜武進士及第，第二甲賜武進士出身，第三甲賜同武進士出身。贊第一甲第一名某人，第一甲第一名上前跪。贊第一甲第二名某人，第一甲第二名亦上前跪。贊第一甲第三名某人，第一甲第三名亦上前跪。又贊第二甲第一名某人等若干名，訖聽贊禮官贊。行三跪九叩頭禮畢，回至原處侍立兩旁。贊禮官贊：舉榜。兵部堂官舉榜由中階下，置於雲盤內，兵部司官恭捧張蓋，由中路出太和門、午門中門，跪置龍亭內，行三叩頭禮。鑾儀衛校尉舉起。樂部和聲署作樂，舉至西長安門外，張掛於長街。給一甲一名盔甲，諸武進士俱隨出觀榜。鑾儀衛官贊：鳴鞭。鳴鞭三。皇上還宮，諸王以下文武百官皆出。巡捕營備傘蓋儀從，送一甲一名武進士歸第。〔註305〕

以上描述表明，武科聖典的重要性體現在多個方面：從舉行的地點來看，武科傳臚設在皇帝登基的太和殿、從皇帝參加儀式的工具來看，使用鹵

〔註305〕（清）景清等：《欽定武場條例》四庫未收書輯刊玖輯玖冊，北京出版社，2000 版，9-310。

簿大駕，所謂鹵簿大駕，是輦輅全副職事儀仗，舊時皇帝只有遇大典出門時，才用全副儀仗近導，然而有時為彰顯典禮的鄭重，皇帝不出門也會陳設鹵簿大駕，武科傳臚聖典皇帝用鹵簿大駕，體現出對朝廷對於武科的重視、從傳榜之時所走路途來看，兵部堂官捧榜後從中階下，丹陛的中階平常只有皇帝一人才可走，此時特地走此處，也顯示出鄭重之意，恭捧張蓋的兵部司官由太和門、午門中路出，宮中有三門，中為君門，左右為臣門，特允許捧榜官員由中路出來，顯示對於武進士極為褒獎。除了這些大典進行中的規定，其它方面的措施也體現出典禮的重要地位，如道光十二年（1832 年）新武進士未傳臚之前，曾出現三、四人在品級山之下自東而西站立的情況，經查是由於「參鴻臚寺序班引領武進士行走錯誤」〔註 306〕所致，皇帝認定此行為「非尋常疏忽可比」，即刻下旨將該堂官查明，即行革退。對於傳臚時候帶領士子行走出錯的官員即行革退，懲罰力度之高也反映出統治者對武科傳臚聖典的重視。

在傳臚盛典之後舉行武殿試恩賞活動中另一項重要內容：一、發金榜。金榜是指「殿試揭曉的榜式」，〔註 307〕武科殿試後的金榜分為大金榜和小金榜兩種，大金榜用「硬黃紙表裏二層」，用墨書填寫考中武進士人的名次、姓名、籍貫等信息，以皇帝詔令的形式下達，鈐蓋「皇帝之寶」璽印，於殿試揭曉後張掛於西長安門，三天後收回宮中。清代武殿試大金榜的數量至今尚未有準確的考量，但其作為武舉取士昭示天下的標誌，數量應與武殿試舉行的次數相同。清代武科殿試自順治三年起至光緒二十七年，共舉行 109 科，期間從未中斷，但在順治十八年未曾舉行殿試，由此推知清代武科殿試大金榜數量應當是 108 科。在《中國考試史文獻集成》中收錄當世現存的光緒三年武科大金榜，如圖 2-4-4。

武殿試後除對外張貼的大金榜外，還有小金榜。小金榜在殿試傳臚之日，由鴻臚寺官於五更時分赴內閣領取，由內閣學士率典籍官奉榜至乾清門，交由奏事處進呈，放置於太和殿設黃案上供皇帝御覽，傳臚儀式完畢後交大內存檔。在第一歷史檔案館，現存武殿試小金榜共計 81 榜（存 89 榜，其中 8 科為複件），具體存留情況如表 2-4-3 所示。

〔註 306〕（清）景清等：《欽定武場條例》四庫未收書輯刊玖輯玖冊，北京出版社，
　　　　　2000 版，9-310。
〔註 307〕秦國經，中華明清珍檔指南〔M〕，北京：人民出版社，1994：40。

圖 2-4-4：光緒三年武科大金榜

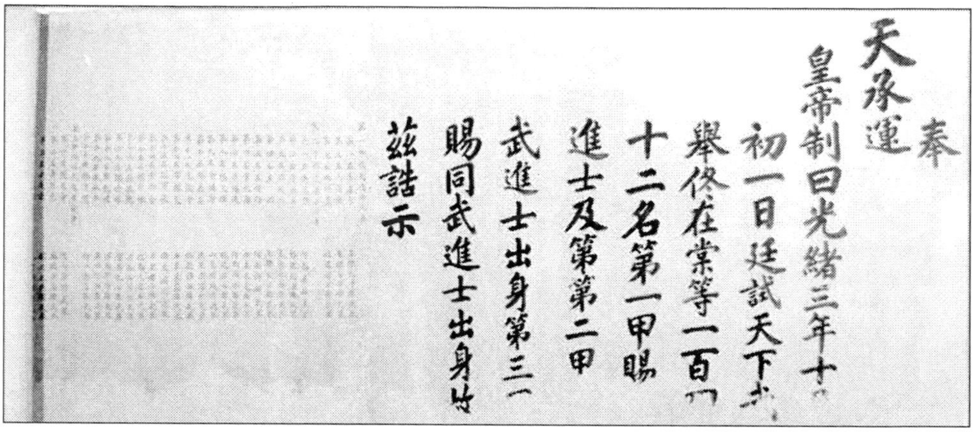

資料來源：馬金科主編、馬世曄，許樹安本卷副主編，中國考試史文獻集成，第9卷，圖片，
北京市：高等教育出版社，2003.07。

表 2-4-3：第一歷史檔案館存武殿試小金榜數量統計表

朝　　代	武殿試次數	武科小金榜	備　　　　　　　註
順治朝	8科	0榜	
康熙朝	21科	3榜	
雍正朝	5科	3榜	
乾隆朝	27科	27榜	
嘉慶朝	12科	13榜	小金榜有複件，嘉慶元年有2榜
道光朝	15科	15榜	實際存14科，道光三十年有2榜
咸豐朝	5科	5榜	
同治朝	6科	5榜	
光緒朝	11科	17榜	光緒六、九、十六、二十、二十一年各有2榜

資料來源：王金龍，也談清代小金榜〔J〕，歷史檔案，2010（3）：59～60。

　　武殿試小金榜的具體內容，據江慶柏先生考證：「殿試小金榜均用滿、漢
兩種文字各寫一份。經摺裝。摺頁高330毫米，寬84毫米。每一摺頁填寫五
行。有些封面頁上題有『金榜』二字。」〔註308〕另據王金龍老師考證，殿試

〔註308〕江慶柏，清小金榜考述〔J〕歷史檔案，2008（1）：50～53。

小金榜是用紙包裹後存放的，包裹紙上題寫有金榜簽收記錄，如嘉慶元年武殿試小金榜的簽收記錄爲：「嘉慶元年十月二十日奏事太監王進福交來武進士小金榜一道，另一份則爲乾隆六十一年十月二十日奏事太監王進福交來武進士小金榜一道。」〔註309〕等字樣。在《中國考試史文獻集成》中，收錄光緒二十一年武科小金榜一摺，如圖 2-4-5 所示。

圖 2-4-5：光緒二十一年武科殿試小金榜

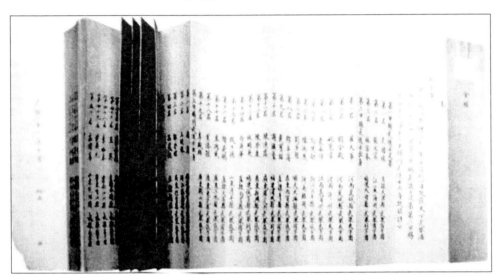

資料來源：馬金科主編，馬世曄，許樹安副主編，中國考試史文獻集成，第 9 卷〔M〕，北京：高等教育出版社，2003：216。

從圖中可以看出，小金榜首頁爲制誥一道，內容包括考試時間、及第士子籍貫、數量等信息，具體內容爲「奉天承運皇帝制曰：某年某月某日策試天下武舉某某等若干名。第一甲賜武進士及第，第二甲賜武進士出身，第三甲賜同武進士出身。故茲誥示。某年某月某日。」〔註310〕值得注意的是，誥示中記錄士子數量時寫「策試武舉潘濤等一百三十六名⋯⋯」。而根據光緒二十年武進士登科進呈錄〔註311〕記載，潘濤並非當科武狀元，甚至在及第時名次僅列三甲頭名，卻成爲殿試諸位武舉的代表。與大金榜以中狀元作爲代

〔註309〕王金龍，也談清代小金榜〔J〕歷史檔案，2010（3）：59～60。
〔註310〕馬金科主編，馬世曄，許樹安副主編，中國考試史文獻集成，第 9 卷〔M〕，北京：高等教育出版社，2003：216。
〔註311〕《光緒二十年武進士登科進呈錄》（清光緒刻本）。

表、位列誥示欄中的做法並不相同。再查同年武會試錄，潘濤爲武會元，由此推知武殿試小金榜所錄爲武會元而非武狀元，武科小金榜是否在武會試之後、殿試之前提前製作，尚待進一步考證。小金榜的第二部分是當科全部武進士名單，其中籍貫只填寫省、縣兩級，在籍貫下寫明武會試所在闈的名稱。小金榜最後標出的是發榜日期「光緒二十一年十月初五日」。

三、清代武殿試的士子待遇

在武殿試結束後，新科武進士除了經歷殿試傳臚和金榜題名等恩賞活動外，還享受到其它鄉會試及第後所未能有過的待遇。不僅參加武殿試的士子能夠獲得各種恩賞，參與武殿試的考官們也同樣能夠收穫朝廷對於自己拔取士子的一份獎勵。武殿試之後的諸多待遇主要包括考試期間的各種筵席，傳臚盛典後的會武宴和相應恩賞以及武進士的授官和落地士子安置等。

（一）筵席與恩賞

從武殿試時間安排表中可以得知，清代的每科武殿試從首場策論開始到技勇考試結束大約需要 5 天左右，參加殿試的考官和士子在這個期間均能享受賜予飯食的待遇，參加殿試的考官能夠擁有豐盛的筵席，以武殿試讀卷爲例，考試期間對其賜飯用漢席，每人每日的食品內容非常豐富（表 2-4-4）。除官員可以享受宴席之外，對於參加考試的中式武舉每天也享兩餐食物配給，具體爲朝餐給湯一碗，饅頭四、午餐給餅四、梨二、茶一巡。

表 2-4-4：清代武殿試讀卷官每日宴席表

日　　期	菜　肴	水　果	主　食	酒　水	肉　　類	其它類
平日早餐	看饌十椀	乾果八盤	糕餅四盤	酒一斤		
平日午餐	看饌十椀	乾果八盤 鮮果一盤	糕餅三盤	酒一斤		
閱卷末日午餐	看饌十椀 小菜四碟	乾果八盤 鮮果一盤	糕餅三盤 餅餌四盤	酒一斤	鵞肉一盤	寶裝花一座

資料來源：（清）昆岡，欽定大清會典圖 1～5〔M〕，臺北：新文豐出版公司，1976.10。

在傳臚盛典結束後第二天，兵部爲武科新進士舉行慶賀宴會，稱爲會武宴。會武宴由一名「內閣大臣」或領侍衛內大臣主持筵席，參加殿試的監射大臣、較射大臣，兵部堂官以及各個執事官員和新中式的武進士均出席。在

宴會當天，由光祿寺預先「將與宴官各照衙門官品姓名貼注席上。」〔註312〕各位大臣「以次照名就席，不得越次失儀。」〔註313〕

　　會武宴的座次根據官員的尊卑依次為：主席大臣在「堂上當後楣席」處居中而坐、讀卷大臣則位於主席大臣左右、提調官，兵部尚書、侍郎等官位

圖 2-4-6：會武宴位次圖

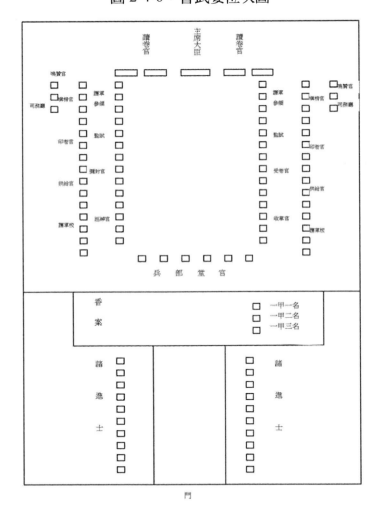

資料來源：(清) 崑岡等撰，欽定大清會典圖〔M〕，臺北：新文豐書局，1976。

〔註312〕（清）景清等：《欽定武場條例》四庫未收書輯刊玖輯玖冊，北京出版社，2000 版，9-311。
〔註313〕（清）景清等：《欽定武場條例》四庫未收書輯刊玖輯玖冊，北京出版社，2000 版，9-311。

於「同行外向當前楣席」、護軍參領、試官、受卷官、彌封官、收掌官和巡綽官依次在「堂左右各一行的同行內向分席處」落座、填榜官，印卷官，供給官和護軍校則在「其後又各一行」分左右席而坐、鳴贊官、司務廳官則在「其後又各一行均左右向」分席而坐、一甲三名武進士席位於「月臺之左」、二甲、三甲諸進士則在「月臺下左右設席」左右向而坐。此外在香案前專門設立「謝恩行禮位」，堂簷之下設諸進士拜主席大臣、讀卷大臣、提調官暨執事各官之位。具體情況如圖 2-4-6 所示。

作為招待武科舉最高級別考官和考生——殿試考官和武進士的宴會，會武宴的筵席菜品內容十分豐富，分為上桌和中桌兩個等級，分別用於宴請考官和武進士，具體內容如表 2-4-5。

表 2-4-5：會武宴菜品表

菜品類型	上桌（主宴大臣、讀卷大臣兵部堂官一人一席）	中桌（一般執事官員和武進士二人一席）
擺件類	寶妝一座（用麵粉二斤半製成寶裝花一攢）	寶妝一座（用麵粉二斤半製成寶裝花一攢）
	小絹花一座	小絹花三朵
	羊半體	羊肉二方
	雞一隻	雞一隻
	豬肉一方，三斤	牛肉二方
	鵝一隻	
	前蹄一個	
主食類	大饅頭二個，小饅頭二十個	中饅頭二個，小饅頭二十個
	大錠八個、小錠二十個（麵粉、香油、白糖製成）	中錠八個、小錠二十個（麵粉、香油、白糖製成）
	糕餅三盤（蒸餅、糖包子、包子）	糕餅四盤（圓酥餅、白花餅、夾皮餅、糖包子）
	米糕二盤	
熱菜類	看饌八椀 東坡肉一碗（十二兩）、木耳肉一碗（八兩）、鹽煎肉一碗（八兩）、白菜肉一碗（八兩）、肉圓一碗、方子肉一碗、海帶肉一碗、炒肉一碗（以上四種各用豬肉八兩、六兩不等）	看饌八椀 東坡肉一碗（十二兩）、木耳肉一碗（八兩）、鹽煎肉一碗（八兩）、白菜肉一碗（八兩）、肉圓一碗、方子肉一碗、海帶肉一碗、炒肉一碗（以上四種各用豬肉八兩、六兩不等）

熟食類	羊肉二盤（每盤一斤）	炒羊肉一盤
	鵝肉一盤	醃魚一尾
	雞肉一盤	
	鮮魚一尾	
小菜類	小菜四例 醬瓜一碟，醬茄一碟，醬苤藍一碟，十香菜一碟（各五錢）	小菜四例 醬瓜一碟，醬茄一碟，醬苤藍一碟，十香菜一碟（各五錢）
果品類	果品五盤 桃仁一盤，紅棗一盤，柿餅一盤，栗子一盤，鮮葡萄一盤（每盤八兩）	乾果五盤（待考）
酒水類	每官一員酒七鍾（共計一斤）	每桌酒七鍾（共計一斤）
		湯三椀

資料來源：蘇同炳編，人物與掌故叢談〔M〕，紫禁城出版社，2010：118～119，王仁湘著，飲食與中國文化〔M〕，人民出版社，1993：117～118。

　　從上表可以看出，無論主席大臣等所用的上席，還是一般官員和武進士所用的中席，菜的種類和數量都非常豐盛。奢侈的灑席饌品在一定程度上承載著一種科舉最高級別考試的地位和榮耀。由於宴席多數情況下並不能當場用盡，因此也允許各官在宴會之後「收領席面」，但為了防止出現「人數多混雜」影響筵席的莊重性，特規定將隨從人數限定在二人以下。

　　除了筵席菜品豐盛之外，由於會武宴所招待的考官和士子級別較高，其規程極為隆重。在傳臚次日清晨，新晉中式的武進士先赴兵部，與「俱穿朝服」的兵部堂官及執事官員一同齊集署內，等候主宴大臣及讀卷大臣等官赴宴，主宴大臣和讀卷大臣與兵部堂官相見後，帶領武進士在香案前排班序立，聽鴻臚寺官贊禮，行三拜九叩之禮後，光祿寺官遞酒給主宴大臣，由其「在滴水簷前，向外祭酒三杯」。之後光祿寺官再遞酒三杯，由「主宴大臣等賜三鼎甲各一杯」，待其飲完之後，諸武進士俱在露臺上按序排列，向「主宴大臣、讀卷大臣、兵部堂官行四拜禮」。禮畢後主宴大臣、讀卷大臣並執事各官和武進士分別照宴圖入坐，期間有和聲署作樂，會武宴時所奏之樂為「兔罝之章」〔註314〕，主要內容為：「肅肅兔罝，椓之丁丁。赳赳武夫，公侯干城。肅肅兔罝，施於中逵。赳赳武夫，公侯好仇。肅肅兔罝，施於中林。赳赳武

〔註314〕錢杭編著，詩經選〔M〕，上海市：上海書店出版社，1993：226。

夫，公侯腹心。」〔註315〕樂章以詩經的歌詞爲託，通過由衷讚美狩獵戰士圍
驅虎豹和武夫沙場殺敵的刹那間時空轉換，體現出對武進士成爲干城之選、
捍衛國家疆場的美好寄希。宴會臨近尾聲時，由主宴大臣並執事各官出席，
率領諸位武進士到香案前再行一跪三叩頭禮，然後武進士隨各官散出，會武
宴至此結束。

　　除了會武宴本身是對武進士的恩賞外，武進士在殿試及第後還可以接受
額外的封賞，其中主要包括銀兩和物品兩大類。在銀兩封賞方面，恩澤惠及
所有中式武進士，銀兩的數量在順治三年（1646 年）時定爲「諸武進士准照
文進士一體穿戴賞給帽頂，並給折鈔銀十兩。」順治六年（1649 年）改爲
「一、二甲銀各十兩、三甲銀各八兩」，此後每科賞銀數量在五至十兩不等，
由朝房將所需頒給銀兩數知照戶部，由戶部照數包封後送交兵部，在會武宴
時散發給武進士。而對於鼎甲武狀元，則在賞銀之外，另有「甲冑、帶、靴、
腰刀、弓、箭」等物品。賞賜武狀元的甲冑，由於年代久遠，未能留下實物，
但《清禮器圖示》中對武狀元甲和武狀元冑有詳細的記錄，從其描述中可依
稀看出當年的風貌，特記錄如下：

　　1、武狀元甲：「煉銅爲之，紅綢裏紅片，金綠通簇貝文銅碟，兩袖銅碟，
四重裾下周結綠縧，下垂紅綾前後各四十行。」如圖 2-4-7 所示。

圖 2-4-7：武狀元甲圖

資料來源：清蔣溥《清禮器圖式》卷十三。

〔註315〕錢杭編著，詩經選〔M〕，上海市：上海書店出版社，1993：226。

2、武狀元冑：「煉銅爲之，不鏤花，文頂植三刃，如古戟形。下爲圓珠貫槍植管，周垂朱氂，前後梁加鳳首，尾旁爲鳳翼，護項及護耳俱貝文銅碟紅片，金綠紅布裏。」如圖 2-4-8 所示。

此外，在《唐土名勝圖彙》中，通過圖片的方式，詳細記錄下清代武狀元身穿御賜鎧甲時英姿，如圖 2-4-9 所示。

圖 2-4-8：武狀元冑圖　　　　圖 2-4-9：武狀元身著甲冑圖

資料來源：清蔣溥《清禮器圖式》卷十三。　　資料來源：岡田玉山，唐土名勝圖繪〔M〕，上海：上海古籍出版社，1985。

在會武宴和賞賜武進士之後的第二天，舉行武進士上表謝恩儀式。這一儀式自清初的首次武殿試後就開始施行，「順治三年十月初二日，一甲一名武進士率諸進士於午門前上表謝恩。」〔註316〕此後一直延續實行。具體的做法爲：由一甲一名武狀元率領所有武進士「於午門前上表謝恩」，鴻臚寺在午門前陳設表案，並派贊引官會同都察院所派的監禮御史，引導武進士按次序分左右站立在午門前甬道上，武狀元面向北方跪於表案前，三叩首之後將

〔註316〕（清）景清等：《欽定武場條例》四庫未收書輯刊玖輯玖冊，北京出版社，2000 版，9-343。

謝恩表呈上表案，鳴贊官引所有武進士面向北方行三叩九拜禮，同時聽鳴贊官鳴贊。禮畢之後，其它進士退散，武狀元在兵部堂官帶領下，將表文送與內閣。

（二）授官與安置

清代武進士的待遇比之前的宋明兩朝更爲優厚，這不僅表現在傳臚大典以及之後一系列的恩賞活動中，在及第授官方面更是如此。宋代武鼎甲進士授官多爲三班奉職、左侍禁、承義郎，保義郎等從八品、九品官階，其它武進士的官階更低、明代武進士的授官，對於原來出任武官的中式者在原職務上酌加一到二級，對於原本沒有官職的武進士也只授予千戶、百戶之類官職。總體來看這兩朝武進士的授官級別都較低，清代的武進士授官與之相比有了很大的改善。

順治三年（1646 年）規定一甲一名武進士授參將（正三品），二名授游擊（從三品），三名授都司（正四品），二甲進士爲守備（正五品），三甲進士爲署守備。由於正在一統中原的用人之際，需要大量的中下級武官補充進軍隊之中，因此這一時期武進士的授官爲實授，且級別不低。順治六年（1649 年）武殿試也遵循了這一授官原則。順治九年（1652 年）兵部修訂授官標準，改爲一甲三名武進士初授官職，以都司僉書（從三品）管掌印都司事。順治十二年（1655 年）是清代皇帝第一次親自主持殿試，順治帝親試選中的「弓馬、策問、才技可取」的武進士共有二十三名，其中一甲三名，分別爲于國柱、單登龍、范明道、二甲十九名分別爲邵一仁、張其毓、頗君德、曾以信、劉燧、馬之迅、繳應緣、劉秉仁、樊英、劉世明、張可久、繳正經、白文燦、孔弘憲、王宇泰、姚典、周彝、楊煥斌、張靖。對這些武進士在授官之時特例調高一級，第一名著授副將品級（從二品），第二名著授參將品級（正三品），第三名著授游擊品級（從三品），第四名以至二十三名俱照例授以應得品級。由於此科武殿試首次仿照文科殿試大典一體舉行，因此對士子的任用也仿照文科進士考選庶吉士作養教習之例，令武進士也簡選教習。由領侍衛內大臣專門推舉的兩員教習官負責進行教授。這些武進士著隨在京侍衛學習騎射，滿一年後由兵部題請選授，期間所需要的生活費用，俱著先行照所授品級發給。順治十五年（1658 年）在武進士授官上延續此前的優待政策：「授一甲一名武進士劉炎副將品級，二名武進士張國彥參將品級，三名武進士賈從哲游擊品級。二甲三甲武進士繳應善等守備品級。」

〔註 317〕仍令其隨侍衛學習，由巴圖魯公鼇拜負責教授。兩年後，所有武進士學習騎射日久俱嫻熟可用，其中張國彥、劉秉禮、李登相、王肇春、於昌祐、周於仁等六員留充侍衛，其餘所有武進士由兵部照例選授外放。順治十七年（1660 年），選取武進士林本直、黃建中、武灝、謝文、王鼐、蔡昶、孫萬茂、耿念祖、馬成龍、張鴻元、杜量謙等人隨侍衛學習騎射。在授官方面則與之前兩科一致：「一甲第一名林本直授爲副將，第二名黃建中授爲參將，第三名武灝授爲游擊、二甲謝文等俱爲守備。」在京學習期間按照所受品級「各支俸祿」，一年後視學習情況題請選授。

康熙七年（1668 年）對於授官制度又作出調整：「武殿試一甲一名進士以參將用，二名進士以游擊用，三名進士以署游擊管營都司僉書用。」〔註 318〕在清代前期，除一甲三名武進士外，其餘二三甲武進士均根據需要被兵部推選爲營守備和衛守備，通常情況下按照名次分別推選，位列前半者候選營缺、在後半者候選衛缺。康熙年間營缺和衛缺的比率逐漸失衡，出現營缺多而衛缺少，甚有偏枯的現象，爲了避免入仕之途壅滯，康熙二十七年（1688 年）特下令不拘營缺衛缺將武進士挨次補用。康熙四十二年（1703 年）由於當科武進士成績優異者頗多，康熙帝在武科授官時修改了「不許本籍爲臨民之官」的規定，提出「武官須習知本地形勢，方有裨益」，〔註 319〕爲武進士更好地發揮作用創造條件。此舉推行近十年後，爲了使武進士能夠更好地在軍旅任上履行約束兵丁、整飭營伍之責，康熙五十一年（1712 年）規定：「考取武進上，未補官以前，不可不先令其學習，亦著勿回原籍。」〔註 320〕武進士隨年滿千總等官「分撥八旗，隨圍學習行走。」康熙五十九年（1720 年）規定宗人府、鑾儀衛、兵部在取士時專取武舉，將武生、官員子弟停其取用，武進士中有「情願效力者」在效力這些部門三年後嚴加考試，成績位列一等者以營守備推用，位列二等者以衛守備推用。

雍正年間吸收借鑑康熙時期將「騎射優長，人才強壯」的武進士擢授爲侍衛的做法，在雍正元年（1723 年）對武進士授官方式進行了改革：「武狀元授爲一等侍衛，榜眼、探花授爲二等侍衛，二甲十三名武進士授爲三等侍衛，

〔註 317〕章開沅，清通鑑　順治朝　康熙朝〔M〕，長沙：嶽麓書社，2000：423。
〔註 318〕印鸞章編著，清鑑綱目〔M〕，長沙：嶽麓書社，1987：167。
〔註 319〕中國人民大學清史研究所編，林鐵鈞，史松主編，清史編年，第三卷，康熙朝（下）〔M〕，北京：中國人民大學出版社，1988：226。
〔註 320〕王鴻鵬編，中國歷代武狀元〔M〕，北京：解放軍出版社，2002：302。

令戴孔雀翎、三甲記名三十六人俱授藍翎。」〔註321〕同年在川陝地區軍前效力的武進士，由於自備鞍馬資糧，勤勞邊外，應川陝總督年羹堯所請均「題補守備」。雍正二年（1724年）因為上一科雍正元年的武進士「大半皆授為侍衛，餘亦依次俱得選用」，當年武進士能充任侍衛者人數有限，為防止武進士因為未得一時錄用而出現置之閒散的情況，根據其出身不同分別作出規定：未選為侍衛中的滿洲、蒙古武進士「授為藍翎侍衛，交與領侍衛內大臣效力行走」、漢軍武進士「教與該旗以驍騎校補用」、漢族武進士「有人材可用者，分發各省，賞食千總俸，令督撫、提鎮試看，如果材力壯勇、效力勤謹者，以守備題補。」〔註322〕此規定出臺後，在實際運行中出現一些問題，如滿、蒙武進士在京充任侍衛者人數過多，一些被安置於綠營者「營務未諳，且壅滯漢族士子升遷之路」、漢族武進士在分發各省時一些督撫、提鎮「不計科分之淺深、弓馬之優劣，概以為合例」，導致「科分尚淺、營伍未諳」〔註323〕的武進士題補營中，於營務並無裨益。因此，雍正七年（1729年）再次對武進士任職作出兩項補充規定：分發各省試用之漢族武進士「必須弓馬優嫺、熟諳營伍方可題補，若科分不及應選之期，即屬不合例」、滿洲、蒙古武進士「除特恩挑選侍衛外，其餘請交該旗，於護軍校、驍騎校等缺挨次補用，行走三年，諳練稱職者入於應升人員內帶領引見補授。」

　　乾隆年間武進士的及第授官基本延續了雍正時期的做法，分別在一、二、三甲武進士中揀選侍衛，對於武進士的任職則有一些新的規定。乾隆元年規定「到部之武進士」由欽點大臣簡選，分為三等，其中一等、二等者以營守備用，三等者以衛守備用。在乾隆五年，特地針對各省兵丁出身的武進士中式後出現「除選取侍衛外，餘者皆離營候選，開除名糧，導致衣食匱乏，未免拮据，且恐離營日久，漸疏技藝」〔註324〕的現象，作出規定：「兵丁中式武進士之後，有情願回營效力者，准仍留本身馬糧，隨營差操，遇有署事之處，准一體酌量委署學習。」〔註325〕乾隆七年（1742年）為解決武進士「惟候選

〔註321〕章中如著，清代考試制度資料〔M〕，臺北：黎明書局，1934：71。

〔註322〕齊木德道爾吉等編，清朝世宗朝實錄蒙古史史料抄〔M〕，呼和浩特市：內蒙古大學出版社，2009：130。

〔註323〕清實錄，第八冊，世宗憲皇帝實錄，雍正七年至十三年〔M〕，北京：中華書局，1985：599。

〔註324〕（清）高宗敕撰，清朝通典〔M〕，北京：商務印書館，1935：2417。

〔註325〕（清）高宗敕撰，清朝通典〔M〕，北京：商務印書館，1935：2418。

守備外，別無進身之路」的困境，規定兵部「效力差官一項遇有缺出」時，考評位列一、二等的武進士如情願充補者可以參與揀選。乾隆八年規定，情願隨營學習的候選武進士，如果在兵部「投供者由兵部考驗，分發有題缺之省分學習試用」，如果在各省「令其在督撫衙門具呈考驗，分發有題缺之鄰省學習試用。」〔註326〕在試用期間「給額內馬糧一分，隨報兵部註冊」，令所在省份的督撫、提鎮留心試看，以五年爲考察期，其中弓馬嫻熟、諳練營務者遇到「人地相宜之題缺」即行補用、「弓馬次等，人材尚可驅使」者，由督撫、提鎮「出具切實考語」，造冊送交兵部，按照揀選年月、等第、名次選用、如果「弓馬庸劣，怠惰廢弛」則令其退回本籍，不再銓選。對於漢軍八旗出身的武進士，在揀選時位列一、二等者如果「有情願隨標學習」的意向，則可以分發到巡捕營、直隸馬蘭鎮、泰寧鎮隨營學習。乾隆三十七年（1772 年）停止揀選之制：「新科武進士，朕御紫光閣親試騎射技勇，原係一體通行閱看，即可定其等第，無庸另派大臣揀選。著兵部即於紫光閣校閱時，將上屆分別營衛人數，開單進呈，候朕一併酌量分記錄用。」〔註327〕此後成爲定制，武進士除選爲侍衛之外，其餘均以營守備和衛守備選用，僅在嘉慶四年出現特例，因當年加恩廣額導致武進士及第者數量稍多，授官時將此科武進士，除挑用侍衛外，其餘俱分發川陝楚豫及曾經調兵各省，以營守備試用，俾得及時自效。」〔註328〕

　　爲了對清代武進士授官演變情況有一個更直觀的瞭解，特列表 2-4-6 示意。

表 2-4-6：清代武殿試進士授官情況變化表

年　　代	榜次	名　　次	官職	品級	相同品級文官
順治三年丙戌科1646	一甲	一名（狀元）	參將	正三品	通政使、大理寺卿、順天府尹
		二名（榜眼）	游擊	從三品	光祿寺卿、都轉鹽運使司鹽運使
		三名（探花）	都司	正四品	鴻臚寺卿，各省守巡道員

〔註326〕張友漁，高潮主編，中華律令集成，清卷〔M〕，長春：吉林人民出版社，1991：299。
〔註327〕續修四庫全書編纂委員會，續修四庫全書（817）史部‧政書類〔M〕，上海市：上海古籍出版社，1995：36。
〔註328〕續修四庫全書編纂委員會，續修四庫全書（817）史部‧政書類〔M〕，上海市：上海古籍出版社，1995：26。

	二甲	全部	守備	正五品	通政司參議、同知、直隸州知州
	三甲	全部	署守備	正五品	
順治十二年乙未科 1655	一甲	一名（狀元）	副將	從二品	內閣學士、巡撫、布政使
		二名（榜眼）	參將	正三品	通政使、大理寺卿、順天府尹
		三名（探花）	游擊	從三品	光祿寺卿、都轉鹽運使司鹽運使
	二甲	全部	守備	正五品	通政司參議、同知、直隸州知州
	三甲	全部	守備	正五品	
康熙九年庚戌科 1670	一甲	一名（狀元）	參將	正三品	通政使、大理寺卿、順天府尹
		二名（榜眼）	游擊	從三品	光祿寺卿、都轉鹽運使司鹽運使
		三名（探花）	署游擊、管營都司	正四品	鴻臚寺卿，各省守巡道員
	二甲	全部	守備	正五品	通政司參議、同知、直隸州知州
	三甲	全部	守備	正五品	
雍正元年癸卯科 1723	一甲	一名（狀元）	一等侍衛	正三品	通政使、大理寺卿、順天府尹
		二名（榜眼）	二等侍衛	正四品	鴻臚寺卿，各省守巡道員
		三名（探花）	二等侍衛	正四品	
	二甲	部分	三等侍衛	正五品	通政司參議、同知、直隸州知州
	三甲	部分	藍翎侍衛	正六品	內閣侍讀、國子監司業、通判

資料來源：筆者根據《清實錄》、《清通鑒》、《清朝文獻通考》等史料整理而得。

　　從上表授官發展歷程可以看出，清代武進士所授官職級別普遍很高，順治年間武狀元授官最高曾為副將，級別達到從二品，與文官系統中內閣學士、巡撫、布政使一類地方大員平級，武榜眼和武探花所授官職也在三品左右，相當於通政使和順天府尹，其餘二三甲武進士也可以得到五品的職銜。康熙年間，武進士的授官品級雖略有降低，也在三品至五品之間。雍正元年改革後，武進士從直接授予軍職改為揀選侍衛，其中一等、二等侍衛品級為正三品和正四品，普通武進士所授的三等侍衛、藍翎侍衛品級為正五品和正六品。這樣的授官品級不僅遠超宋明時期的武進士，就是本朝文科進士所授官職級別都無法與之相比。其時的文狀元授從五品的翰林院修撰，榜眼和探花僅授正六品的翰林院編修，其餘進士無論外放知縣還是留京充任各部中書，多為七品左右官職。在清代前期三甲武進士的授官品級甚至高於文科狀元，這一

現象在千年科舉史上是獨一無二的。

　　當然，僅從初授官階的高低並不能判定武進士仕途發展就比文進士要順利，而實際結果恰恰相反，清代武進士的仕途之路與文科進士相比要相差很多，這是由多方面原因造成的。首先是武進士所授官階除選定侍衛外，其餘很多都不是實授，如順治十二年（1655 年）所有武進士全部在京城學習騎射，「先行照品級給俸祿頂戴，俟滿一年題請實授」〔註329〕，康熙五十一年規定「考中武進士，皆以參將、游擊、守備等項員缺補用。」〔註330〕由此看出武進士雖名義上有高官階，但並不能直接到任，與文科進士直接實授相比要遜色很多。其次是武進士仕進之路擁塞，在清代的軍事系統中，滿蒙八旗軍、漢軍和綠營是吸納武官的三大軍事組織。而大部分的武進士任職只能在綠營之中，本身就受到限制，綠營中還存在行伍出身者通過軍功得以提升和各地提督推舉人員等現象，很多武進士在候選時無法補缺，早在順治十五年（1658 年）時就出現歷科武舉、武進士未經選用者甚多的現象。為此，河南道御史朱裴在康熙六年（1667 年）上疏呼籲：「請將外委效勞等項、與武進士武舉等、較人數多寡、仿二八分缺之例、使科目人員、量行先選。」〔註331〕但此後武進士入仕之途擁塞的現象並未得到緩解，一直延續至乾隆年間。乾隆十五年（1750 年），兵部上奏「各省衛守備歸部選者三十九缺」，而「武進士以衛用者積至數百人，缺少班多，選用無期，今歲衛守備中又裁減數缺，壅滯較甚。」〔註332〕再次是清廷統治者對武科的輕視也在一定程度上影響了武進士的仕途發展。乾隆二十五年（1760 年）乾隆帝在駁斥學政馮成修奏請在武科中復開《四書》論題一條時，流露出明顯的輕視武科態度：「武科一項，不過舊制相沿，因仍不廢。」〔註333〕「我國家用兵，自開創以來，暨近日平準夷、蕩回部，皆我滿洲及索倫勇將健卒折衝萬里，蔵成大功，綠營兵尚無所用，更何嘗恃武科出身之人？」〔註334〕最後是武進士自身弓馬武藝嫻熟，

〔註329〕（清）鄂爾泰等修，李洵點校，八旗通志〔M〕，長春：東北師範大學出版社，1985：1271。

〔註330〕鐵玉欽主編，清實錄教育科學文化史料輯要〔M〕，瀋陽：遼瀋書社，1991：256。

〔註331〕清史編纂委員會編纂，清史，第1～8冊〔M〕，國防研究院，1971：1336。

〔註332〕趙爾巽等撰，清史稿，卷八十四～一百三十〔M〕，長春：吉林人民出版社，1995：2188。

〔註333〕章開沅，清通鑒，雍正朝，乾隆朝〔M〕，長沙市：嶽麓書社，2000：656。

〔註334〕章開沅，清通鑒，雍正朝，乾隆朝〔M〕，長沙市：嶽麓書社，2000：656。

但營伍之事並不通曉，實際經驗的不足也導致其任職時有諸多不適應之處，在與行伍出身的軍官競爭中常處於下風，阻礙其成長的速度。清代武進士授官級別高但仕途發展慢也成為其有別於其它朝代的一個特殊現象，這一現象的出現與武進士自身的條件和國家用人機制是分不開的。

除了對武進士進行安置外，清廷對於未能通過武殿試的中式武舉人清廷也有相應的安排舉措。在殿試中不黜落士子的做法在宋代就已經出現，此後明清一直在文科殿試中遵照施行，清代武科殿試也同樣遵照這一原則。但是文科考試殿試僅策論一道，考核難度相對較小，而武科殿試需要士子參加騎射、步射，開硬功、舞刀、掇巨石和策論或默寫武經等多達五、六項的考試。武殿試外場考試雖然考試內容和成績評定都與武會試類似，但是外場考試對於士子身體要求較為嚴格，在應試過程中仍存在很大的偶然性，因此清代武科殿試中也存在少量未能通過的中式武舉。對於這些落榜者，清廷同樣給予較為優厚的待遇。具體來看主要有以下兩點：

第一是對殿試落第士子進行覆查和恩賞，在康熙三十六年（1697 年）武殿試後，康熙帝就曾下諭旨「今科落卷內，安知無騎射俱佳而被遺者乎？如其回籍則已，若有留此者令兵部察明復試。」〔註335〕雍正七年（1729 年）規定落第武舉可赴兵部參加揀選，其中位列一二等者有資格充任營千總，三等者有資格充任衛千總，如果有「具呈隨營差操者，由兵部咨回本省。分發各標協營效力。」〔註336〕三年效力期滿後「材技優嫺。曉習營伍」則可以分發「鄰近省分以營千總拔補。」嘉慶九年（1804 年）舉行殿試技勇時，湖南省武舉諶思棠、廣東省武舉鄧天保二名，「照所注弓力俱不能開。」本應罰停殿試，但嘉慶帝念其「草茅新進，初次違式」，因此不加以責備，仍將二名武舉人「以衛守備錄用。」〔註337〕

第二是對於殿試時因弓馬或技勇不符而未被取中的武舉，給予其下次繼續參加武殿試的機會。乾隆四十年（1775 年）規定：「殿試技勇不符之武舉罰停一科」〔註338〕，待下次武殿試時同新中武舉覆試，如果「技勇相符」即准許隨同本科中式武舉一體殿試，積至連續「三次不符」才將該武舉斥革。道

〔註335〕王鴻鵬編，中國歷代武狀元，北京：解放軍出版社，2002：288。

〔註336〕商衍鎏著，清代科舉考試述錄〔M〕，北京：生活·讀書·新知三聯書店，1958：196。

〔註337〕于敏中等，國朝宮史正續編1～5〔M〕，臺灣學生書局，1965：1615。

〔註338〕章開沅主編，清通鑒〔M〕，長沙市：嶽麓書社，2000：500。

光六年（1826 年）仍覺得「覆試積至三次即行斥革固覺過重」〔註339〕，因此
進一步放寬政策爲士子保留「登進之階」，在覆試之時規定「除弓刀石三項皆
係三號者不准合式外，如有一二項頭二號者固爲合式。」〔註340〕並且標明「初
次覆試因何項不符罰科」，在下屆覆試時，僅覆試該項通過即爲合式。對於
「三次覆試不能合式」的武舉，僅「將中式字樣註銷」仍保留其武舉的功
名，准許其與會試落地武舉一樣入營差操，且可以按照其武舉及第時的科分
照例銓選。

　　清代對於未能成爲武進士的這些中式武舉諸多優待舉措，無論是落地卷
中重新揀選、特開恩賞允許入仕還是提供多次覆試機會，都是之前宋明兩代
武科舉中所罕見的，這些士子享受的優厚待遇也反映出清代對於武科士子的
器重。

〔註339〕續修四庫全書編纂委員會，續修四庫全書（817）史部・政書類〔M〕，上海：
　　　　上海古籍出版社，1995：28。
〔註340〕王鴻鵬等編著，中國歷代武狀元〔M〕，北京：解放軍出版社，2002：386。

－205－